제국의 오케스트라

베를린 필하모닉 1933~1945

미샤 애스터 지음 · 김효진 옮김

제국의 오케스트라
베를린 필하모닉 1933~1945

1판 1쇄   2026년 2월 25일

지은이   미샤 애스터
옮긴이   김효진
편집   김효진
교열   황진규
디자인   최주호
펴낸곳   마르코폴로
등록   제2021-000005호
주소   세종시 다솜1로9
이메일   laissez@gmail.com
페이스북   www.facebook.com/marco.polo.livre

ISBN   979-11-24110-08-9   03920

The Reich's Orchestra:
Berlin Philharmonic

목차

서문

1882년 봄, 빌제 오케스트라의 단원들은 바르샤바 연주 여행을 앞두고 4등석 기차표만 받았다는 사실에 격분했다. 그들은 이미 지휘자이자 악단장인 벤야민 빌제의 혹독한 통제 아래 오래도록 고통받아 왔다. 이번 일은 말 그대로 마지막 한 방울[1]이었다. 결국 단원들은 반기를 들고 빌제와 결별했다. 이탈한 54명의 단원은 스스로 새로운 오케스트라를 만들었는데, 처음에는 옛 빌제 오케스트라라는 이름으로 출발했지만, 이후 '베를린 필하모닉 오케스트라'라는 이름으로 명성을 떨쳤다.

이 새로운 오케스트라는 독립적이고 자치적으로 운영되는 음악 단체, 즉 단원들이 지분을 가진 일종의 협동조합으로 설립되었다. 이후 반세기 만에 세계적 명성을 얻었고 유럽 전역을 순회했다. 베를린의 콘서트 에이전트 헤르만 볼프가 합류하면서 최고의 지휘자와 솔리스트들이 필하모니에 모여들었다. 한스 폰 뷜로, 클라라 슈만, 요하네스 브람스, 파블로 데 사라사테, 구스타프 말러, 요제프 요아힘, 페루초 부소니, 세르게이 라흐마니노프, 야샤 하이페츠, 아르투어 니키슈 등 당대의 거장들이었다. 니키슈의 사망으로 젊은 빌헬름 푸르트뱅글러가 지휘봉을 넘겨받았다.

---

1 컵을 넘치게 하는 것은 언제나 마지막 한 방울(It's always the last drop that makes the cup overflow)이라는 속담의 은유이다.

예술적으로는 비교할 수 없을 만큼 번영했음에도, 1933년 나치가 집권하던 시점, 오케스트라는 심각한 재정난에 빠져 있었다. 히틀러 정권은 이 단체가 자신들에게 얼마나 유용할지 간파했고, 결국 베를린 필하모닉을 국가가 매입해 요제프 괴벨스의 제국 선전부(Reichspropa-gandaministerium)의 감독 아래 두었다. 한때 독립성을 자랑스럽게 여겼던 이 음악가들은 공무원처럼 일하게 되었다. 이후 12년 동안, '제국의 오케스트라(Reichsorchester)'로 격상된 베를린 필하모닉은 나치 독일의 가장 중요한 음악적 외교 도구로 기능했다. 전쟁 전후로 해외 투어를 다녔고, 뉘른베르크 전당대회, 1936 베를린 올림픽 개막식, 히틀러 생일 등 수많은 공식 행사에서 연주했다.

나치 문화정책에서 베를린 필하모닉이 차지하는 독보적 위치를 고려하면, '제국의 오케스트라'에 대한 연구가 거의 없었다는 사실은 오히려 놀라운 일이다. 이 책은 히틀러 정권과 그들의 음악적 '보석' 사이의 관계를 종합적·체계적으로 서술하려는 시도다. 이 책의 제목(제국의 오케스트라: 베를린 필하모닉 1933-1945)이 말해주듯이 음악사나 나치 미학을 분석하려는 목적이 아니라, 두 집단—베를린 필하모닉과 나치 국가—사이의 관계가 어떤 방식으로 형성되고 작동했는지를 재구성하려 했다. 그 관계를 일방적 종속이 아니라 두 집단의 상호작용으로 보기 때문이다. 이 책은 방대한 1차 자료에 근거하여, 정권이 어떻게 오케스트라를 이용했는지, 또 오케스트라는 어떻게 정권을 활용했는지를 보여준다.

나치의 보호 아래 베를린 필하모닉은 당시 독일의 다른 어떤 문화 기관과도 비교할 수 없는 특권을 누렸다. 오케스트라는 이 혜택을 감사와 불안 그리고 자기정당화가 뒤섞인 감정으로 받아들였다. 단원들은 이 특권적 지위를 바탕으로 자율성을 유지·확대하려 했지만, 이 과정에서 이념, 개인적 신념, 현실적 타협 사이의 충돌이 빈번하게 발생했다. 그 결과는 나치 국가가 결코 단일하거나 치밀하게 조직된 집단이 아니었음을 보여준다. 물론 나치의 악질적인 영향은 어디에서도 떼어내기 어렵지만, 그럼에도 오케스트라 운영자들은 나름대로 합리적인 규정을 마련하며 생존해야 했다. 1933~1945년 사이에 만들어진 구조 중 일부는 오늘날까지도 남아 있다.

정권의 활동을 둘러싼 의도주의적 해석과 기능주의적 해석에 관한 중요한 연구 성과들은, 무엇보다도 티머시 메이슨의 [제3제국의 사회정책, 노동계급과 민중공동체], 게르하르트 히르슈펠트의 [총통국가: 신화와 현실], 그리고 한스 몸젠의 저술에서 제시되었다. 이들 저작은 베를린 필하모닉 오케스트라와 국가사회주의 국가의 복잡하게 얽힌 관계를 풀어내는 데 유용한 도구다. 의도주의적 해석은, 특히 히틀러의 [나의 투쟁]과 그 밖의 핵심 저작들에서 규정한 국가사회주의 이념이 하나의 정치적 행동 강령을 구성했으며, 국가사회주의 정부의 정책을 이런 구상의 체계적인 실행으로 이해할 수 있다는 전제에서 출발한다. 이에 반해 기능주의적 해석은, 독일을 통치하는 복잡한 과업이 실용적 타협을 불가피하게 만들었고, 국가가 관할하는 많은 영역에서 장관과 관료들이 명백한 국가사회주의자였음에도 불구하고 실제로는 이념이 부차적인 역할만을 수행했다고 가정한다. 두 접근법 모두, 국가가 지침을 실행하고 통제를 행사하는 수단으로서 활용한 행정 체계의 관료적 성격을 인정한다. 베를린 필하모닉 오케스트라의 사례는 이러한 두 강력한 경향 사이에 존재하는 긴장을 분명하게 보여준다.

베를린 필하모닉 오케스트라는 국가사회주의 독일의 음악사에 관한 여러 저술에서 언급된다. 프레트 K. 프리베르크의 [국가사회주의 국가에서의 음악], 마이클 마이어의 [제3제국에서의 음악정치], 에리크 레비의 [제3제국의 음악], 그리고 미하엘 카터의 [남용된 뮤즈, 제3제국의 음악가들]이 좋은 예다. 이 분야의 개척자였던 프리베르크의 방대한 연구 성과, 무엇보다도 [독일 음악가 1933-1945]라는 편람은 대단히 귀중한 자료다. 레비의 서술은 읽기 편하지만 근거 제시는 다소 빈약한데, 그가 베를린 필하모닉 오케스트라에 관해 내리는 여러 판단은 확인할 수 없었다. 마이어는 많은 부분을 프리베르크의 연구에 의존하며, 카터는 저서 제목이 암시하듯 대체로 개별 사례에 초점을 맞춘다. 그럼에도 카터는, 국가사회주의 독일에서도 음악가의 경력에서 질적 요소가 얼마나 중요한 역할을 했는지를 보여준다는 점에서 중요하다. 다만 그는 정권에서 성공을 거둔 이들을 도덕적으로 단죄하는 데에 주저하지 않는 경향이 있다.

푸르트뱅글러와 오케스트라 내 유대계 단원들의 운명은, 1933년부터 1945년까지 오케스트라의 전반적인 문화와 발전에 관한 다른 측면에 대한 고찰을 가릴 정도로 많은 관심을 받았다. 푸르트뱅글러는 그 자체로 하나의 주제이며, 프리베르크의 [힘의 시험], 시라카와의 [악마의 음악가], 하프너의 [푸르트뱅글러]를 비롯한 수많은 학술, 대중 전기의 주제가 되었으며 수많은 다큐멘터리 영화와 연극까지 만들어졌다. 물론 이 시기에 푸르트뱅글러는 오케스트라에서 결정적인 역할을 맡았다. 그러나 그의 영향력은 과대평가될 위험도 있으며, 1933년에 약

100명에 달하던 단원(이중 유대계 출신은 5퍼센트도 미치지 못했다)들의 개인적 결정, 강요된 상황, 경험, 그리고 예술적·정치적 이력을 가려서는 안 된다. 반면 푸르트뱅글러의 비서였던 베르타 가이스마르의 회고록인 [정치적 그늘 속의 음악] 또는 [지휘봉과 군화]는 1920년대부터 1935년에 이르기까지 오케스트라가 겪은 변화를 세부적으로 묘사한, 생생한 기록이다. 저자 자신이 유대인이었던 만큼, 그녀는 국가사회주의 초기 통치 시기의 반유대주의적 성격을 다소 지나치게 강조하는 경향이 있다. 그 결과, 그런 정책이 베를린 필하모닉에 미친 영향이 실제로는 놀라울 정도로 제한적이었음을 충분히 고려하지 못한다.

에리히 하르트만의 [영점의 시간에 선 베를린 필하모닉]은 1944년부터 1946년에 이르는 시기를 경험한 오케스트라 단원의 시각으로 서술한, 매우 가치 있는 개인적 기록이다. 1943년부터 오케스트라의 콘트라바스 주자였던 하르트만은 개별 단원의 운명에 관한 중요한 정보를 제공하는 한편, 이른바 '영점의 시간'에 놓인 오케스트라 내부의 분위기를 생생하게 그려낸다. 그러나 전쟁 기간, 특히 그 말기의 오케스트라 생활은 국가사회주의 시기 전체에 걸친 오케스트라의 일반적인 경험을 대표한다고 보기는 어렵다. 또한 하르트만이 오케스트라에 합류한 시점이 1943년 말이었기 때문에, 그는 국가사회주의 정권에서 전개된 베를린 필하모닉 오케스트라의 구체적인 발전 과정에 대해서는 제한적으로만 인식할 수 있었다.

[베를린 필하모닉 오케스트라 100년: 문헌을 통한 서술]은 문헌을 통해 살펴본 이 오케스트라의 표준적 역사로 평가된다. 오케스트라의 노련한 비올라 주자였던 페터 무크가 편집한 이 세 권의 책은 베를린 필하

모닉 오케스트라에 관해 지금껏 출판된 가장 방대한 저작으로, 1982년 이후의 모든 관련 문헌에서 상세하게 인용되었다. 1933년부터 1945년에 이르는 시기에 대해 무크는 탄탄한 선별 자료를 제시하나, 이는 조직적-정치적 전개보다는 음악적 측면을 더 강하게 반영하며, 오케스트라의 저항을 다소 부적절하게 강조한다. 팀파니 주자였던 게라시모스 아브게리노스는 1972년에 자비로 두 권의 저서를 출판했다. 하나는 [예술가 전기]로, 베를린 필하모닉에서 활동한 모든 음악가를 망라한 백과사전이며, 다른 하나는 [독립된 조직으로서의 베를린 필하모닉 오케스트라, 유한회사 70년]이다. 아브게리노스의 저작은 출처 표기가 빈약하다는 한계가 있으나, 두 책이 제공하는 백과사전적 정보의 가치는 매우 유용하며, 아주 신뢰할 만하다.

이 주제가 학계에서 외면받은 이유 중 하나는 자료가 사라졌다는 통념 때문이다. 1943~44년 공습으로 베를린 필의 행정 사무실과 공연장(옛 필하모니)이 파괴되면서 방대한 문서가 소실되었다. 그럼에도 베를린 연방기록보관소에는 괴벨스 선전부의 문서가 대량 보존되어 있으므로 오케스트라와 선전부 간 공식 소통의 내용과 분위기를 제대로 복원할 수 있다.

베를린 다렘의 비밀국가문서보관소는 주로 1933년 이전의 문서를 보존하고 있어, 이 책의 프로젝트에는 부분적으로만 도움이 된다. 이들 자료 가운데 특히 중요한 것은 프로이센 내무부 문서들이다. 여기에는 1920년대 말에서 1930년대 초, 베를린 필하모닉을 위한 재정 모델을 모색하던 과정이 드러나 있는데, 이미 그때부터 훗날의 변화가 암시되어 있다.

필하모닉 오케스트라의 문서고는 1945년 이후에는 주로 전(前) 단원들과 그 가족들이 기증한 자료들을 바탕으로 재구성되었다. 개인 사진 자료들은 투어, 이동, 공연의 사적이고 비공식적인 순간들을 보여준다. 수십 개의 폴더에는 공식 문서들—병역면제 확인서, '아리아인 증명서', 비자 신청서, 여행 계획 등—이 들어 있다. 또한 전쟁 이후 작성된 음악가 명단도 보존되어 있어, 상호 보완적 자료로 활용할 수 있다.

가장 큰 성과는 개인 소장 자료의 발굴이었다. 오케스트라 단원이었던 요하네스 바스티안, 카를 회퍼, 하인츠 비비오라의 자료는 오케스트라 단원들의 삶을 폭넓게 들여다볼 수 있게 해 주었다. 그 안에는 회람, 여행 계획, 이사회 공지, 그리고 단 한 번도 다뤄진 적 없는 문서들이 포함되어 있다. 이 자료들은 또한 연방기록보관소의 관료적 성격의 문서들에 대한 균형추 역할을 한다.

연방기록보관소가 베를린 필하모닉 오케스트라 행정과 여러 제국부처 사이의 공식 서신을 보존하고 있다면, 개인 소장 자료들은 필하모닉 내부의 의사소통, 그리고 오케스트라 행정과 단원들 사이의 수평적 소통을 보여준다. 이 서로 다른 출처들을 대조하면, 양방향으로 흐르는 정보와 권력의 흐름이 한층 뚜렷해진다. 조사 범위를 가능한 한 넓히려 했지만, 자료부족 때문에 여전히 많은 질문이 남아 있다. 억지로 추측을 덧붙이기보다는 물음표를 남기기로 했다. 이것이 더 많은 연구를 자극하리라 믿기 때문이다. 또한 이용 가능한 모든 문서를 바탕으로, 후속 학술 연구를 위한 기초 자료를 공개하는 것, 그리고 전문 연구자가 아닌 일반 독자에게도 이 역사적 환경의—때로는 불안하고, 때로는 충격적이며, 때로는 기묘하게 평온한—'일상성'을 느낄 수 있게 하는 것이 나의 바람이다. 이 책은 연대순이 아니라 주제별로 구성되어 있다. 각 장은 다음의 영역을 다룬다.

1. '제국의 오케스트라'로 가는 길
2. 오케스트라 단원들: 음악적·정치적 공동체로서의 모습
3. 오케스트라의 변화하는 재정 상황
4. 오케스트라가 연주한 장소들, 그리고 그 청중
5. 프로그램 구성에 대한 예술적·정치적 제약: 추방된 혹은 찬양받은 작곡가, 지휘자, 솔리스트들
6. 순회 공연: 앞서 다룬 모든 주제의 종합이자, 선전 활동과 예술적 완성이라는 위험한 이중성이 응축되는 지점

마지막으로 에필로그는 전후 시대를 다룬다. 이런 구성 방식은 여러 주제가 병렬·교차·중첩되는 패턴을 만들어, 역사적 인물들과 그 격동의 시대에 대한 입체적인 인상을 보여줄 것이다.

나치 시대에 베를린 필하모닉의 삶은 특권적 존재로서—누군가 '유리 덮개 아래 사는 듯한 삶'이라고 표현했듯—푸르트뱅글러의 보호와 괴벨스의 후원 아래 있었다. 동시에 오케스트라의 존재는 나치 시대 독일의 복잡한 현실(절망, 두려움, 순진함, 야망, 도피, 기회주의 사이를 진동하던 그 분위기)의 축소판이기도 했다. 어쩌면 지금에서야 이 이야기를 할 때가 온 것인지도 모른다. 베를린 필하모닉의 경우, 헤르베르트 폰 카라얀의 개인사가 나치 시대의 빛과 어둠에 복잡하게 얽혀 있었던 까닭이다. 그는 독일이 과거와 맺고 있는 도덕적 모호성—그리고 그가

이끌던 오케스트라의 모호성—을 상징하는 인물이었다.

카라얀 시대에는 새 필하모니 건물 안에서 오케스트라와 나치 정권의 관계를 논의하는 일 자체가 사실상 금기였다. 그러나 오늘, 위대한 지휘자가 세상을 떠난 지 거의 20년이 지나고, 푸르트뱅글러가 사망한 지 50년이 넘었으며, 베를린이 벌인 전쟁이 그 기원으로 되돌아온 지 60년이 흐른 지금, 우리는 비로소 그 오래 묻혀 있던 호기심을 충족시킬 수 있게 되었다. 때마침 오케스트라 창단 125주년을 맞아 더욱 그렇다. 나는 이 책이 몇몇 어두운 구석을 밝히고, 오래된 신화를 뒤흔들며, 이 불안하면서도 매혹적인 시대에 대한 추가 연구를 촉발하는 계기가 되기를 바란다.

미샤 에스터, 2007

아르투어 니키슈는 베를린 필하모닉 오케스트라의 초창기에 중요한 인물이었다.

1

'제국의 오케스트라'로 가는 길

반란에서 탄생한 베를린 필하모닉 오케스트라는 1882년 창립 이후, 처음에는 느슨한 연합체에 가까운 형태로 운영되었다. 이를테면 베를린의 콘서트 기획사들을 통해 공연을 진행하고, 수익을 나누어 갖는 식이었다. 훗날 한스 폰 뷜로, 아르투어 니키슈, 리하르트 슈트라우스, 빌헬름 푸르트뱅글러 같은 거장들이 오케스트라에서 막중한 역할을 맡았음에도, 그들의 권한은 '필하모니 콘서트' 시리즈로 제한되었다. 그들은 결코 베를린 필하모닉이 독립적이고 민주적으로 운영되는 기관이라는 근본적 헌장을 흔들 수 없었다.

1903년, 단원들은 유한책임회사를 설립해 처음으로 오케스트라를 법적 인격체로 만들었다. 재직 중인 모든 단원이 연공서열을 바탕으로 지분을 가지는 형태였다. 은퇴할 경우 해당 지분은 후배에게 매각해야 했다. 단원들은 내부에서 이사진을 선출했고, 1년 임기의 3인 이사회가 단체를 관리하며 대표 역할을 맡았다. 프로그램 구성, 계약 체결, 예산 책정, 연습 일정 등 조직 운영의 실무는 의장(혹은 총감독)과 두 명의 이사가 담당했다. 오케스트라는 기획사와 동등한 파트너로서 계약을 체결했다. 그러나 조직적·재정적 부담은 세월이 흐르며 이상적

이기만 했던 '자유의 기쁨'을 점차 냉정한 현실로 바꾸어 놓았다. 제1
차 세계대전의 결과로서 전후 인플레이션은 심각한 재정난을 불러왔
다. 1920년대 후반으로 갈수록 상황은 악화되었다. 자립을 선언하며
출발했던 음악가들은 오케스트라의 생존을 위해 재정 지원을 받아야
하는 처지에 내몰렸다.

베를린 시의 한정된 지원 속에서, 필하모닉은 1920년대 내내 곤두박
질치는 재정 상태로 인해 국가의 지원을 얻게 만들었다. 이들은 자신들
의 오케스트라를 '독일 전체를 대표하는 오케스트라'로, 그리고 더 나
아가 세계를 향한 '독일 음악의 상징'이라는 이미지를 내세웠다. 물론
단원들의 자부심을 반영하는 전략이었지만, 동시에 베를린 정치가들
에게도 매력적이었다. 그러나 오케스트라를 국가적 '문화적 대표단체
(flagship)'로 만들려는 구상에는 여러 난점이 있었다.

첫째, 실업과 초인플레이션, 사회적 갈등이 폭증하던 시기였기에, 좌
파도 우파도 어느 쪽도 엘리트 문화기관에 세금을 투입하는 데 호의적
이지 않았다.

둘째, 1920년대의 독일 정부는 해외에서 독일 문화 선전을 적극 펼
치려는 의지가 거의 없었다. '문화 관광객' 유치는 아직 설득력 있는 논
리가 아니었다.

셋째, 예술적 명성이나 비평가의 호평은 지나치게 주관적이라 정치
의 언어로 전환하기 어려웠다.

오케스트라는 해외 투어도 하고 라디오에도 출연했지만, 정치인들에

게 '베를린 필하모닉'을 국가 재정으로 지원하라고 설득하는 일은 매우 어려웠다. 여기에 더해, 당시에는 정부에서 '문화 정책'을 책임지는 부서가 없었다. 결국 오케스트라의 논리는 각 부처의 이해관계에 맞게 정교하게 변주되어야 했다.

초기에는 정부가 베를린 필하모닉 오케스트라의 요구를 철저히 무시했다. 공식 입장은 명확했다. "문화기관의 유지 책임은 기본적으로 지방정부와 시·군·읍에 있다." 프로이센 주 정부 역시 다음과 같이 선을 그었다. "베를린 필하모닉은 베를린에 있을 때는 오직 수도의 예술 활동을 위해 봉사한다. 국내 투어에는 프로이센의 영토에 한정되지 않는다. 해외 투어에서는 전체 독일의 문화적 이익을 대변한다."

베를린 필의 끈질긴 로비와 시의 지원 덕분에, 마침내 내무부와 프로이센 주 과학부는 재정 지원에 동의하게 된다. 1929년 5월 23일, 베를린 시장 구스타프 뵈스는 시청에서 회의를 열어 필하모닉의 재조직을 논의했다. 정부와 프로이센은 지원의 대가로 재정 운용에 대한 책임 구조를 새로 도입해야 한다고 요구했다. 그 결과 오케스트라의 재정을 감독하기 위한 '실무위원회(Arbeitsgemeinschaft)'가 설립되었는데, 시·국가·프로이센 주가 재정을 부담하는 대신, 유한회사 내에서 과반 지분을 확보하는 구조였다. 세 기관의 지분은 총 114,600제국마르크 가운데 51%를 차지하게 되어 있었다. 프로이센 주는 처음에 이 협약을 즉시 수용하는 데 망설였지만, 조만간 동의가 이루어지리라 예측되었다.

일련의 상호 연계된 계약들은 정부·시·프로이센 주를 '실무위원회'에 결속시키고, 베를린 필하모닉 유한회사에 이들이 어떻게 참여할지를 규정했으며, 다수 주주와 소수 주주의 관계를 정의했다. 계약서의 서문은 이렇게 명시했다. "본 조직의 목적은 베를린과 외부 지역에서 음악 공연을 공익적 방식으로 제공함으로써 예술을 증진하는 오케스트라 연합을 구성하는 데 있다." 계약은 재정 적자가 발생해도 오케스트라의 존속을 보장해야 한다고 명시했다. 반대급부로, 단원들은 유한회사의 주주총회에서 과반 의석을 실무위원회 측에 넘겨주고, 13명으로 구성된 감독위원회도 시 7명, 정부 2명, 오케스트라 대표 4명으로 구성하도록 했다. 또한 오케스트라는 매 시즌 최대 32회의 대중 콘서트·마티네·실내악 공연을 해야 했으며, 베를린 시 또는 독일 제국의 특별 행사에서는 모든 단원이 무보수로 연주했다. 이 조치는 오케스트라의 완전한 재편성과 다름없었다. 자율성과 독립성을 자랑하던 단체가 47년 만에 재정 압박 속에서 스스로의 체제를 부분적으로 포기하는 상황에 이른 것이다. 오케스트라는 다음과 같은 이유로 이 조건을 받아들였다.

첫째, 안정적 재정, 즉 개별 단원과 오케스트라 전체의 생존이 보장된다는 점.

둘째, 실무위원회가 유한회사 체제를 유지하기로 동의함으로써, 제도상 단원들의 전통적 권리를 인정하고, 적어도 부분적이거나 형식적이더라도 자율성이 유지될 가능성이 제시된 점.

셋째, 실무위원회의 역할은 재정 확보와 비용 관리였지, 예술적 결정에 개입하거나 오케스트라를 정치적 행사에 상시 동원하는 것이 아니라고 이해했기 때문이다.

격렬한 협상과 편지 왕복, 그리고 세부 조정의 시간이 흐른 뒤, 1929년 가을 무렵에는 마침내 일이 정리된 듯 보였다. 그러나 갑작스럽게 전 세계 주식시장이 붕괴했고, 정부는 약속을 철회했다. 불안정한 상황과 더불어 새로운 법적 논쟁, 그리고 정치적 우려가 겹치면서, 이후 몇 달—그리고 몇 년—동안 모든 시도는 실패로 돌아갔다. 그 사이 베를린 필하모닉의 재정 상태는 급격히 악화되었다. 오케스트라 대표 로렌츠 회버는 모든 행정기관을 상대로 지원을 구걸해야 하는 처지에 놓였다. 베를린 시 당국 또한 절박한 편지를 프로이센과 정부의 여러 부처에 보냈다. 오케스트라는 베를린 시가 마련한 자금과, 몇몇 개인 후원자들의 도움을 통해 가까스로 버틸 수 있었다. 때때로 국가의 보조금이 들어오기도 했지만, 그마저도 불규칙했고, '실무위원회' 계획에서 예상했던 금액에는 한참 못 미쳤다.

협력 파트너로는 라디오방송국(베를린 방송국 A.G.)이 있었으나, 중계료는 적자의 일부만을 상쇄할 뿐이었다(그래도 공화국 정부의 보조금보다 많았다). 1933년 1월 30일 히틀러가 총리로 임명되며 나치가 정권을 잡았을 때도, 처음에는 아무 변화가 없는 듯 보였다.

1933년 2월 7일, 베를린 시장 하인리히 잠은 제국 내무부에 다시 요청을 보내며, "새해에도 필하모닉 오케스트라를 위해 어떤 조치가 필요한지 함께 검토하자"고 했다. 그 후 몇 주 동안 분위기는 달라지기 시작했다. 3월 17일자 발표에서 제국 내무부는 오케스트라를 지원하지 않는다는 입장을 유지하면서도, 공식적으로 예외를 인정했다. "베를린 필하모닉 오케스트라를 제외하고도, 올해는 브레슬라우의 슐레지엔 필하모니—국경 지역 관련 사유로—그리고 나치 제국 심포니 오케스트라에만 보조금이 지급되었다.”

나치 정권은 오케스트라가 자신들의 ‘국가적 중요성’을 주장하며 내세워 왔던 논거들을 프로파간다로서 활용했다. 베를린 필하모닉 오케스트라는 급격히 재편되고 있던 문화정책 안에서 국가적 상징에 해당하는 다른 음악 기관들과 나란히 놓였다.

히틀러가 집권 이후 나치의 초기 문화 정책 가운데 하나는 ‘선전부(Propagandaministerium)’의 창설이었다. 히틀러의 최측근인 요제프 괴벨스가 이끄는 부서였다. 이 새로운 부처는 학교부터 스포츠, 라디오 편성, 미술 보조금에 이르기까지 엄청난 영향력을 행사했다. 바이마르 시대에 종종 필요성이 제기되곤 했던 사실상의 문화부 역할을 수행했다. 괴벨스의 부처는 곧 베를린 필하모닉 오케스트라의 역사에서 핵심적인 역할을 담당하게 된다.

괴벨스에게 문화란 민족적 특성이 드러나는 영역일 뿐 아니라, 그 특성을 형성하는 데 필요한 도구이기도 했다. 게다가 필하모닉은 독일 음악의 상징 같은 존재였다. 1933년 정권 교체 당시 오케스트라는 내무부 관할이었으나, 괴벨스는 지휘권을 자신의 부처가 행사하도록 만들고자 했다.

1933년 3월 23일, 선전부와 내무부의 관료들은 베를린 필하모닉을 지원하기 위한 협력 방안을 논의하기 위해 만났다. 당시 선전부는 아직 예산이 없었기 때문에 괴벨스 측 인사들은 사실상 내놓을 것이 없었다. 그럼에도 양측은 논의를 계속하기로 합의했다.

“총리가 선전부의 업무범위를 지정하는 규정을 준비하고 있다.”

이후 몇 주 동안 상황은 빠르게 진전되었다. 오케스트라의 수석지휘자 빌헬름 푸르트뱅글러가 괴벨스에게 도움을 요청한 것이다. 선전부 장관은 이를 절호의 기회로 여기고, 푸르트뱅글러와의 면담 후 오케스트라의 소관 부처를 자임했다. 내무부는 즉각 반발했다. 협력은 가능할지 몰라도, 관할권을 통째로 빼앗기는 것은 완전히 다른 문제였다.

1933년 4월 8일, 내무부는 정치적 '포커게임'의 장이 되었다. 내무·재무·선전부의 관료들, 베를린 시 대표 2인, 프로이센 주 공무원들, 그리고 푸르트뱅글러까지 한 자리에 모였다. 회의 초반부터 분명해진 것은, 프로이센 주가 오케스트라에 보조금을 지급하기가 어렵다는 사실이었다. 베를린 시 역시 오케스트라에 대한 부담에서 벗어나고 싶어 했다. 역설적으로, 다른 곳의 지원이 줄어든 지금, 필하모닉의 가장 중요한 수입원은 선전부 산하의 제국 방송국이 되어 있었다. 선전부는 오케스트라에 대한 서면 보증을 제시했다. 내무부는 그에 맞서 기존 65,000제국마르크의 보조금을 120,000제국마르크까지 거의 두 배로 늘리는 안을 내놓았다. 그러자 제국 방송국은 기존 75,000제국마르크의 지원금을 155,000제국마르크로 올리기로 결정했다. 이 같은 분위기 속에서 베를린 시장 하페만은 "제국이 오케스트라의 관리를 맡아야 한다"고 제안했다. 이런 상황에서 회의는 중단되었으며, 판돈은 더 커졌다.

이 정치적 줄다리기는 오케스트라의 상황을 개선하기는커녕 오히려 악화시켰다. 베를린 시는 연간 보조금을 상한으로 묶었고, 추가 지원은 없다고 선언했다. 필하모닉 대표 회버는 내무부에 절박한 편지로 "베를린 필하모닉 오케스트라를 절망의 구렁텅이에서 구해 달라"고 호소했다. 오케스트라는 "정부 역시 우리의 붕괴를 원하지 않을 것"이라 기대했다. 그러나 내무부는 그를 선전부로 돌려보냈고, 선전부는 예산이 없다며 다시 내무부로 돌려보냈다. 베를린 시의 특사들 역시 아무 성과도 얻지 못했다. 그야말로 관료적 악몽이었다.

오케스트라는 활동을 지속하기 위해 투어를 떠났고, 또다시 '국가적 의미'라는 카드를 꺼내들었다. "베를린 필하모닉 오케스트라는 제국 내무부께 간곡히 요청드립니다. 필하모닉이 그토록 놀라운—특히 프랑스에서—예술적 성공을 거두고 돌아오는 바로 이 시점에 무너지지 않도록 막아 주시기를."

이 호소는 의도치 않게 괴벨스에게 유리하게 작용했다. 오케스트라가 투어에서 돌아왔을 때, 선전부는 내무부와의 싸움에서 승리하고 있었다. 괴벨스는 재무부에서 필요한 자금을 마련해 오케스트라의 긴급 부채와 적자를 해결했다. 이어 선전부와 오케스트라 사이의 관계를 공식화하기 위한 협상이 시작되었다.

1929년의 '실무위원회' 개념이 다시 등장했다. 필하모닉은 선전부가 "유한회사에 참여하고, 제국과 오케스트라 사이에 장기적 안전을 보장하는 계약을 체결하자"고 했다. 국가가 유한회사의 구성원이 된다는 이 모델은 필하모닉의 지위를 확정하는 데 중요한 기반이 되었다. 오케스트라의 협상 목표는 1929년과 동일했다. 재정적 안정 보장과 동시에 독립적 유한회사 형태를 유지하는 것. 그러나 국가의 목표는 1929년과 같지 않았다. 이번에는 더 강력한 '목적'이 있었다. 오케스트라를 문화정책의 수단으로 활용하는 것이다.

또 하나의 차이점은, 1933년에는 국가가 모든 카드를 쥐고 있었다는 것이다. 베를린 시가 손을 떼자 오케스트라는 무력해졌다. 1933년의

'실무위원회' 협약에는 오케스트라가 애초에 원했던 것처럼 선전부가 참가한 것이 아니라, 선전부가 대표하는 제국 회사가 유한회사에 참여했다. 그것도 지분을 소유한 파트너로서가 아니라, 독점적인 통치자로서 말이다. 몇 달 동안 서류 절차가 이어졌고, 재정 기반이 마련되기까지 더 시간이 걸렸다. 1933년 6월 30일, 회버는 처음으로 선전부에 "하일 히틀러"라는 인사말이 들어간 편지를 보냈다. '제국의 오케스트라(Reichsorchester)'가 탄생한 것이다.

1933년 11월 1일, 베를린 필하모닉 오케스트라는 히틀러의 직접 승인 아래 공식적인 '제국의 오케스트라'가 되었다. 1934년 1월 15일, 단원 85명은 자신들의 600제국마르크 상당 지분을 제국 정부에 매각했고, 베를린 시 역시 보유 지분 3,000제국마르크를 무상으로 넘겼다. 1934년 2월 말, 제국은 유한회사의 지분 100%를 통제하게 되었다. 회버의 보고서에는 안도감과 새로운 불안이 뒤섞여 있었다.

"1934년 1월의 전환으로, 필하모닉은 근본적으로 다른 구조가 되었다. 단원들은 오케스트라의 주인에서 직원이 되었고, 제국에 지분을 넘겨줌으로써 그동안 누려왔던 자기결정권을 내려놓았다. 이제 오케스트라의 존립은 보장되었지만, 오케스트라는 단지 거기에 만족하지는 않는다. 오케스트라는 앞으로 선전부와 협력하면서 봉사하고자 한다. 선전부에 감사하면서 오케스트라는 그 소유권을 반대급부로 제공했으며, (선전부와 함께) 적극적인 협력 관계를 이루기를 희망한다."

베를린 필하모닉과 독일 제국 사이의 관계를 완성한 인물은 빌헬름 푸르트뱅글러였다. 그는 독일에서 절대적인 권위를 지닌 지휘자였고, 음악 애호가가 아니더라도 널리 알려진 존재였다. 상류 부르주아 가문 출신으로 문화·정치 엘리트와의 교류에 익숙했고, 1933년 전후에도 그 끈을 놓지 않고 있었다. 고위층과 관계를 맺는 것은 그에게 자연스러웠다. 우려를 제기할 사안이 있을 때, 그는 히틀러나 괴벨스라 할지라도 고위급 인사와 접촉하는 데 결코 주저하지 않았다. 히틀러와 괴벨스도 푸르트뱅글러를 높이 평가했다. 그는 종종 개인적·직업적 문제를 그들에게 토로했고, 특히 괴벨스와는 매우 긴밀한 관계였다. 괴벨스의 일기에는 그에 대한 언급이 자주 등장한다. 예를 들어 1936년 여름 일기에는 다음과 같은 문장이 있다. "어제 아침에 반프리트[1] 정원에서 푸르트뱅글러와 긴 대화를 나눴다. 그는 자신의 고민을 이야기했는데, 나는 그를 도울 수 있는 곳에서는 어디든 돕는다. 특히 필하모닉 오케스트라에 관해서." 푸르트뱅글러가 실제로 얼마나 나치스와 가까웠는지, 혹은 그저 개인적이고 정치적인 수완을 활용해서 괴벨스로부터 시민적 불복종 행위에 관한 양보를 이끌어 냈는지는 오늘날에도 매우 광범위하고 뜨거운 논쟁거리지만, 이 책의 핵심적인 쟁점은 아니다.

괴벨스는 베를린 필하모닉 오케스트라가 문화선전의 강력한 도구라고 생각했고, 자신의 통제 아래 두고자 했다. 법적으로는 괴벨스가 지휘권을 갖고 있었지만, 실제 영향력은 전적으로 푸르트뱅글러에게 달려 있었다. 푸르트뱅글러의 관점에서, 괴벨스는 필하모닉 오케스트라에게 울타리를 제공했고, 자신에게는 압도적인 지위를 부여했다. 전시 오케스트라의 총감독이었던 게르하르트 폰 베스터만은 나중에 "푸르트뱅글러는 괴벨스에게 영향력을 행사하려 했으며, 종종 성공하기도 했다"고 회고했다.

---

1 리하르트 바그너가 바이로이트에 건설해 말년을 보낸 집으로, 뒷마당에 바그너의 무덤이 있다.

푸르트뱅글러는 1917년 처음으로 베를린 필을 지휘했고, 1922년에는 아르투어 니키슈의 후임으로 필하모닉 콘서트의 지휘자가 되었다. 이후 그는 오케스트라와 음악적 파트너십을 구축했다. 다소 거리감 있는 성격이었던 푸르트뱅글러는 애정이나 연대감보다는 일종의 자기중심적 책임감으로 오케스트라를 아꼈다. 그에게 오케스트라는 자신의 표현 도구였기 때문이다. 오케스트라의 민주적 전통은 그다지 중요하지 않았다. 하지만 결과가 만족스러웠기에, 그의 동기는 문제로 여겨지지 않았다. 오케스트라가 생존의 벼랑 끝으로 몰렸을 때, 그는 자신이 나서서 구해야 한다고 생각했다.

1933년까지 51년의 역사 동안, 베를린 필하모닉은 예술감독을 둔 적이 없었다. 1924년 이전까지 수석지휘자조차 오케스트라 소속이 아니라, 필하모닉 콘서트를 주관하던 기획사(볼프 & 작스) 소속이었다. 실제로 한스 폰 뷜로, 아르투어 니키슈는 정기 콘서트를 지휘한다는 이유로 사실상 음악감독으로 여겨졌던 것이다. 1924년, 단원들이 푸르트뱅글러를 상임지휘자로 선출하면서 오케스트라와 공식적으로 연결되었다.

1929년 '실무위원회' 논의 과정에서, 푸르트뱅글러는 필하모닉 유한회사와 10년 계약을 체결했다. 연봉 50,000제국마르크에 15,000제국마르크의 부대비를 받으며 연간 30회 연주를 맡는 조건이었다. 그의 '필하모닉 콘서트'는 계약에서 별도로 강조되었다. 또한 "필하모닉 콘서트를 제외한 모든 공연에서도 푸르트뱅글러의 의견을 들어야 한다"고 명시되어 있었다. 그는 신입 단원 오디션, 해직, 오케스트라 내 좌석 배치, 상임 이사 선출 등에서도 고문 역할을 해야 했다. 이것은 오케스트라의 민주적 전통에서는 전례 없는 양보였다. 비록 지휘 이외의 활동에서는 고문 위치였음에도, 1929년의 계약은 여러 중요한 방향을 설정한 것이었다.

필하모닉이 푸르트뱅글러에게 이렇게까지 엄청난 양보를 하게 된 데에는 몇 가지 이유가 있었다. 첫째, 정치적·행정적 관계의 특성상, 베를린 시와 제국 정부는 단일 창구를 원했다. 새로운 '실무위원회'를 통해 시와 제국은 오케스트라라는 기관으로 직접 통합되었다. 오케스트라 이사회는 연주자들을 대변할 수 있었지만, 세 주주 그룹을 조정하는 의장 역할을 맡을 집행 기관이 필요했다. 둘째, 베를린 시와 필하모닉 오케스트라 모두 푸르트뱅글러가 떠날 것을 두려워했다. 그는 빈이나 뉴욕 등에서 상임지휘자로 파격적인 제안을 받고 있었다.

단원들은 푸르트뱅글러가 사라지면 보조금마저 완전히 끊긴 채, 연간 회원권 판매가 감소하며, 결국 필하모닉 자체가 붕괴될 것이라고 걱정했다. 베를린 시 역시 그가 떠나고, 그 결과 필하모닉이 몰락하면 도시의 명성이 손상될 것을 두려워했다. 푸르트뱅글러의 오케스트라에 대한 애착을 더 강화하기 위해, 그에게 베를린의 한 오페라극장 자리까지 제안되었다.

셋째 이유는 푸르트뱅글러 본인의 책임감과 권력욕에 관련된 것이었다. 그는 자의식이 매우 강한, 상당한 권력 의식을 지닌 사람이었다. 오케스트라와 '실무위원회'를 상대로 한 협상에서 푸르트뱅글러는 절대적으로 유리한 위치에 있었다. 그는 오케스트라가 자신에게 얼마나 의존하고 있는지 잘 알고 있었고, 그 상황을 내심 즐겼다. 물론 오케스트라는 푸르트뱅글러를 존중하고 신뢰했기에 이런 양보를 조금 더 수월하게 받아들였다. 다른 선택지가 없었기 때문이다.

반면, 푸르트뱅글러는 베를린에 남겠다는 결정을 통해 오케스트라에 대한 자신의 지배적 위치를 더욱 강화했다. 그는 "앞으로 세계가 '베를린 필하모닉'을 말할 때 내 이름도 함께 언급되고, 반대로 푸르트뱅글러라는 이름이 나오면 베를린 필하모닉이 함께 떠오르게 될 것"이라는 약속을 요구했다. 이러한 목표는 '실무위원회' 계획이 실패한 뒤에도 유지되었다.

1933년 8월 1일, 즉 제국 정부가 오케스트라의 인수를 마무리하기 훨씬 전, 푸르트뱅글러는 베를린 필하모닉 단원들에게 다음과 같은 편지를 보냈다. "여러분! 총통과 제국 정부는 어떠한 경우에도 베를린 필하모닉 오케스트라를 유지하겠다는 보장을 약속했습니다. 괴벨스 장관은 이 보증에 덧붙여, 오케스트라 예술·행정의 모든 측면의 절대적 지휘권이 저에게 위임될 것을 조건으로 삼았습니다. 이에 따라, 앞으로 오케스트라 내부에서 어떠한 동요도 사라지기를 바랍니다. 저와 제 동의 없이는 어떠한 결정도 내릴 수 없습니다. 지난 12년간 여러분과 맺어온 유대는 제가 취하는 모든 조치가 오케스트라의 이익을 위한 것임을 보장해 줄 것입니다."

이 편지에서 푸르트뱅글러는 오케스트라가 단지 예술적 문제뿐 아니라 개인적·정치적 문제에서도 자신을 신뢰해야 한다고 촉구했다. 그는 필하모닉의 복지를 책임지겠다고 하면서 동시에 단원들의 완전한 복종을 요구했다. 이것은 오케스트라의 민주적 전통과 자치 구조로부터의 중대한 이탈이었다. 1929년의 계약 협상에서도 큰 양보들이 있었지만, 푸르트뱅글러가 주장한 '절대적 지휘권'은 정부가 요구한 것이 아니라 그의 바람이었다. 즉, 그는 단순한 자문권이나 거부권을 넘어, 전체 통제권의 공식적 이양을 요구한 것이다.

한쪽에서는 정부가 오케스트라의 유한회사로서의 정체성을 포기하도록 요구했고, 다른 한쪽에서는 푸르트뱅글러가 모든 권한의 무조건적 양도를 요구했다. 제국의 인수 절차와 동시에, 그는 자기 방식대로 오케스트라의 재편을 추진하고 있었다.

1933년, 푸르트뱅글러가 베를린 필하모닉을 자신의 통제 아래 새롭게 재편하겠다는 계획을 내놓았을 때, 그는 자신과 오케스트라 모두에게 전례 없는 길을 제시한 것이었다. 오케스트라의 '지도자(총통)'로서 그는 위대한 문화기관의 행정적·음악적 최고 권위를 동시에 갖게 되었다. 이를 통해 자신이 행정 업무로부터 보호받으면서도, 정부에 대한 재정·정치적 책임을 충족시키는 조직 구조를 만들고자 했다. 이 재편 과정에서 두 명의 최측근이 조력자로 나섰다. 로렌츠 회버(1923년부터 오케스트라 대표였으며, 푸르트뱅글러가 절대적으로 신뢰했던 인물)와 베르타 가이스마르(푸르트뱅글러의 오랜 비서)가 그들이었다.

로렌츠 회버와 그의 형제 빌리 회버는 필하모닉의 비올라 수석이었다. 푸르트뱅글러의 베를린 취임 1년 뒤 회버는 오케스트라 대표로 선출되었고, 히틀러 집권까지 이어진 격동의 10년 동안 오케스트라를 행정·재정적으로 이끌었다. 그는 오케스트라의 재정·법률 문제, 계약, 예술 계획, 정부와의 연락, 내부 운영 등 거의 모든 실무를 책임졌다.

푸르트뱅글러는 필하모닉의 경영 방식이 "여러모로 미흡하다"고 인정하면서도, 회버를 계속 곁에 두고자 했다. 원칙적으로 오케스트라 대표는 필하모닉 사무국의 책임자로서, 공연 기획과 투어를 담당하고, 내부 운영—급여·연금 명단, 업무 배정, 리허설 일정 등—을 조정하는 것이었다.

베르타는 푸르트뱅글러의 의도에 따라 예술 기획 업무를 맡아야 했다. 푸르트뱅글러는 1915년 만하임(베르타의 고향)에서 처음 그녀를 만났다. 베르타는 만하임에 이어 베를린에서도 그의 서신을 관리하고, 계약과 정산을 처리하며, 프로그램 계획과 연주 여행을 담당했다. 1922년부터 1933년까지 베르타는 푸르트뱅글러의 개인 비서였으며, 따라서 베를린 필하모닉 행정조직의 인물은 아니었다.

나치의 '권력 장악' 이후 오케스트라의 재편 과정에서, 푸르트뱅글러는 베르타를 위한 '비서실장(Chefsekretariat)' 직책을 만들고, 그 급여를 오케스트라가 부담하도록 강력히 요구했다.

푸르트뱅글러는 다음과 같이 적었다.

"독일 최고의 연주 단체인 필하모닉을 이끄는 사람으로서 저는 당연히 비서실을 필요로 합니다. 최근 몇 년의 경험에 비추어 볼 때, 제 비서실 업무는 매우 방대했습니다. 저의 연주회는 곧 오케스트라의 연주회이기도 하므로, 제 비서실이 오케스트라 사무국과 가능한 한 긴밀한 관계를 유지하는 것이 실용적이고 바람직한 것으로 드러났습니다. 이는 제 개인적 일들과는 아무 관계가 없습니다."

또한 그는 베르타가 유럽(그리고 미국)의 음악 중심지에 대한 깊은 이해와 외국어 능력을 갖추고 있으므로, 단지 자신의 비서가 아니라 오케스트라에도 유익한 인물임을 강조했다. 따라서 베르타의 연봉으로 10,000제국마르크를 요구했다.

푸르트뱅글러는 자신의 주장을 관철시키기 위해 정치 권력 간의 경쟁을 전략적으로 이용했다. 그는 헤르만 괴링이 자신에게 슈타츠오퍼 감독을 제안하며 국가고문 직함과 함께 비서까지 딸려주겠다는 말을 괴벨스의 부처에 슬쩍 흘렸다. 또한 자신이 필하모닉과 함께 연간 70~80회 무대에 오르며, 오케스트라 수입의 절반 이상을 책임지고 있다는 점을 상기시켰다. 그러나 아무리 실용적·재정적·정치적으로 논리를 쌓아도, 선전부는 "가이스마르 여사는 새로운 제국 오케스트라의 직원이 될 수 없다"는 입장을 거듭 밝혔다. 이유는 하나였다. 베르타 가이스마르는 유대인이었다.

나치가 권력을 잡은 뒤, 그들의 인종이론은 사실상 국가 이념으로 자리 잡았다. '아리아 민족공동체'는 유대인을 배제했으며, 사회 전체에 극심한 반유대 분위기가 퍼졌다. 음악계에서도 그녀가 유대인이라는 사실은 널리 알려져 있었고, 베르타는 그에 따른 적대감을 직접 겪었다. 유대인 음악가들을 독일 음악가보다 우대하려는 음모에 가담했다는 비난까지 받았다.

1933년, 필하모닉의 바이올린 주자이자 열렬한 나치였던 구스타프 하베만이 그녀에게 전화를 걸어, 다음과 같은 헛소리를 퍼부었다고 베르타는 자서전에서 회상했다. "나는 방금 빈 브람스 축제 프로그램을 봤소. 이게 그대로 열릴 거라고 생각지 마시오! 당연히 솔리스트 선정은 당신이 유대인으로서 지닌 영향력 때문일 테지."

그가 문제 삼은 연주자들은 브로니수아프 후베르만, 아르투어 슈나벨, 파블로 카잘스였는데, 모두 당대 최고의 연주자였다. 오스트리아는 1933년 당시 나치의 직접 통제 밖에 있었으므로, 하베만의 공격은 개인적 악의에서 비롯된 것이었다. 베르타는 그런 공격을 수없이 견뎌야 했다. 그럼에도 푸르트뱅글러는 자신의 비서를 지지했고, 공식적 인사 승인은 받지 못했지만 한동안 그녀의 급여를 오케스트라에서 지급하도록 만들었다. 결국 그는 다른 비서, 즉 페르다 폰 레헨베르크를 채용했다. 베르타는 페르다가 "순수 아리아인이었기 때문에 당국과의 접촉에서 그를 대신할 수 있었고, 나는 여전히 뒤에서 푸르트뱅글러를 도울 수 있을 것이라고 생각했다"고 회고했다.

베르타는 1935년 봄까지 오케스트라 운영에 관여했지만, 결국 압력이 지나치게 커져 독일을 떠났다. 미국을 거쳐 영국 런던에 정착해, 그곳에서 토머스 비첨 경의 비서가 되었다. 반면 레헨베르크는 나치 시대 내내 푸르트뱅글러의 개인 비서로 남았다.

1933년, 베르타 가이스마르는 푸르트뱅글러가 베를린 필하모닉을 재구성하는 계획의 중요한 축이었다. 오케스트라를 이끈다는 것은 그가 혼자 짊어지기에는 너무 큰 공적 책임을 수반했다. 푸르트뱅글러는 또한 정부가 오케스트라 운영진에 나치 인사를 포함하기를 원한다는 사실을 알고 있었다.

1933년 9월, 베를린 필하모닉의 '대표 및 고문'으로 루돌프 폰 슈미트제크 박사가 임명되었다. 이 인사가 괴벨스의 발상이었는지, 혹은 푸르트뱅글러의 요청이었는지는 명확하지 않다. 베르타는 폰 슈미트제크를 '보호용 나치(Schutznazi)'로 묘사했다. 무엇이 되었든, 푸르트뱅글러는 회버와 베르타와 함께 일할 공식 대리인을 필요로 했다. 이후의 기록에서, 슈미트제크는 푸르트뱅글러의 신뢰를 받고 있었음이 분명해진다. 푸르트뱅글러가 직접 이 직책을 제안하지 않았다고 해도, 후보자 선정과 인사 결정에는 큰 영향력을 행사했다.

루돌프 폰 슈미트제크에 대해서는 알려진 것이 거의 없다. 1933/34 시즌에 그는 베를린 필하모닉 연주회를 일곱 번 지휘했다. 그리고 나치 당원이기도 했다. 푸르트뱅글러는 그가 재정, 인사, 계약, 그리고 정부를 위한 회계 관련 업무를 담당한다고 설명했다.

또한 그는 다음과 같은 역할도 맡았다.

"나치당원으로서, 국가사회주의적 이익을 수호할 책임."

"나의 개인적 대리인으로서, 내가 참석할 수 없거나 참석을 원하지 않는 공식 행사에 대한 책임."

푸르트뱅글러는 이미 특정 나치 행사나 정치 행사에 직접 참석하지 않으려는 의도를 갖고 있었다. 슈미트제크의 존재는 오케스트라를 그런 행사에서 완전히 벗어나게 만들지는 못했지만, 나치 정권을 향한 '겉보기용' 조치를 맡아줄 인물을 둠으로써, 오케스트라와 자신을 보호하는 완충 장치를 마련한 셈이었다. 슈미트제크는 오케스트라의 임시 제1 경영이사로 임명되었고, 그의 계약은 푸르트뱅글러에게 종속되어 있었다. 1934년 말, 푸르트뱅글러가 상임지휘자직을 사임하자 그는 즉시 휴직 처리되어 결국 복귀하지 못했다.

베를린 필하모닉 유한회사의 제국 정부 인수 협상은 성공적으로 마무리되었고, 이는 구조와 행정에서 중대한 변화를 가져왔다. '실무위원회' 모델에서 행정·감독위원회(Verwaltungs- bzw. Aufsichtsrat)가 계승되었으며, 이는 예술·재정·계약·인사 등 오케스트라의 모든 영역을 통제하는 최고 기관이었다. 총회는 폐지되었으며(이제 주주는 국가 한 곳이었으므로), 국가는 더 이상 다른 집단과 권한을 나눌 필요가 없었다. 1934년의 감독위원회 구성은 다음과 같았다.

선전부 국가장관 제1차관 발터 풍크(위원장)

내무부 차관 한스 푼트너

선전부 국장 에리히 그라이너

재무부의 요하힘 폰 만토이펠

선전부의 오이겐 오트

오케스트라 대표로 유일하게 로렌츠 회버.

회버는 사실상 형식적 조치에 불과했다. 괴벨스가 푸르트뱅글러에게 약속했던 보장들은 개인적 호의에 기댔지만, 감독위원회는 푸르트뱅글러의 '절대적 지도력'마저 능가하는 법적 권력을 갖고 있었다. 푸르트뱅글러의 목표는 오케스트라 공동체의 전통을 지키는 게 아니라, 자신의 권력을 유지한 채 최고의 음악적 도구를 운용하는 것이었다. 반면 감독위원회는 필하모닉의 예술적 위상보다는 오케스트라를 제국의 강력한 문화 선전 도구로 재편하는 데 집중했다. 갈등은 불가피했다.

1934년 3월 10일, 선전부의 에리히 그라이너와 발터 풍크는 회의를 열어 오케스트라 재편 계획을 제시했다. 그 계획은 푸르트뱅글러의 역할을 '오케스트라 지휘자'로 축소하자는 것이었다. 이는 그가 1933년 개혁 이전에 가졌던 권한 수준, 즉 지휘자이지만 행정적 권한은 거의 없는 상태로 되돌리는 것이었다. 또한, 계획은 두 개의 새로운 행정 직책을 도입했다. 예술 행정 이사(부지휘자)와 재정 담당 행정 이사. 두 직책 모두 새로운 것이었으며, 오케스트라 운영을 전문적 단계로 끌어올렸고, 동시에 푸르트뱅글러의 절대적 영향력을 견제하려는 의미도 있었다. 특히 두 번째 직책인 재정 담당 이사는 오케스트라의 재정, 행정, 정부와의 실무를 모두 담당하는 핵심적 역할로, 기존의 회버를 대체하는 자리였다.

나치의 집권 뒤 조직 구조와 관행은 즉각적으로 바뀌지 않았다. 물리적·법적·이념적 변화가 자리 잡는 데는 시간이 필요했다. 그 중심 목표는 '획일화(Gleichschaltung)', 즉 조직과 사회를 나치 이념에 강제 정렬하는 것이었다. 이는 인종 정책뿐 아니라, '지도자 원칙'에 따른 위계적 구조 확립, 그리고 '지도자·당·조국'을 위한 충실한 업무 수행을 의미했다. 베를린 필하모닉 오케스트라는 나치 정권의 획일화 정책으로부터 예외가 될 수 없었다. 그라이너와 선전부는 오케스트라의 재정적 업무를—신뢰할 만한 당원을 이사로 임명하여—감독하도록 하고자 했다. 후보자는 오케스트라 행정을 원활하게 처리할 수 있어야 할 뿐 아니라, 정부의 요구사항을 충실히 수행할 수 있는 사람이어야 했다. 푸르트뱅글러는 이틀 후 이 계획을 접하고, 재정 담당 이사의 필요성에 반대했다. 그는 "회버 씨와 슈미트제크 씨의 역량이면 충분하다"고 주장했다. 그러나 푸르트뱅글러의 반대에도 불구하고, 괴벨스의 선전부는 적임자를 찾기 시작했다.

나치 체제의 행정 시스템에서는 채용과 계약 체결 조건이 가변적이었다. 각 부처의 인사과는 기본적으로 족벌주의적 방식으로 운영되었고, 암암리에 추천을 바탕으로 선발했다. 채용 결정은 각 부서 책임자, 혹은 필하모닉의 경우 감독위원회의 결정에 따라 단독으로 이루어졌다. 나치 체제는 불확실성과 임의성이 만연했다. 기회주의, 불만, 불신, 탐욕이 사회 전반을 관통했고, 필하모닉의 정치적 인사 결정과 관련해서는 언제나 음모와 견제가 도사리고 있었다.

1934년 봄, 오케스트라의 재정 담당 이사를 찾는 과정에서 선전부는 여러 후보자를 검토했다. 처음에는 뮐러라는 인물이 떠올랐는데, 푸르트뱅글러는 "아주 좋다"고 평가했지만, 그는 곧 후보군에서 제외되었다. 푸르트뱅글러의 의견은 영향력을 갖고 있었지만, 그에게 공식적인 권한은 없었다.

뤼베크 출신의 셸슈롭은 잠시 후보로 떠올랐지만, 슈미트제크 밑에서 일하는 것을 거부함으로써 등용되지 못했다. 파울 베헤 역시 "탁월한 경영자이자 조직가"였고, "뛰어난 책임감을 지닌 정직한 인물"로 평가되었으며, 1930년부터 나치당 회원이었다. 그럼에도 임명되지 않았다. 슈미트제크가 거의 틀림없이 푸르트뱅글러의 의중에 따라 반대 의견을 제시했기 때문이다.

베헤에게 전달된 통지문에는 이렇게 적혀 있었다.

"존경하는 베헤 씨, 부처에서의 개인 면담과 푸르트뱅글러 국무참사관과의 회의를 참조하여, 베를린 필하모닉 오케스트라 유한회사의 이사직에 귀하를 임용할 수 없음을 알려드립니다. 푸르트뱅글러 씨의 희망이 특정 방향으로 매우 강하게 나타나, 저희가 이를 무시할 수 없다고 판단했습니다."

베헤에게 거절 통보가 내려진 날, 푸르트뱅글러는 자신의 기대에 부합하는 다른 후보, 카를 슈테크만을 만나게 된다. 슈테크만에게 음악적 배경은 없었고, 가족은 섬유사업을 했다. 그는 추천서를 가지고 있었고("탁월한 회계 지식과 실무 경험"), "철저한 국가사회주의자"로 평가되었다. 선전부는 마침내 카를 슈테크만을 선택했고, 1934년 6월 1일, "언제든지 철회 가능"이라는 조건으로 베를린 필하모닉 오케스트라의 임시 재정 담당 이사로 임명했다. 그는 약 11년간 이 직책을 수행했다.

2년 후, 슈테크만은 훨씬 더 심각한 심사를 받아야 했다. 익명의 밀고로 나치스에서 제명되었기 때문이다. 그에게는 과거에 드루이드 로지[2] 회원이었음을 문제 삼는 혐의가 제기되었다. 슈테크만은 당에 변호문을 보내며, "1934년 6월 선전부에 의해 현재 직위에 임명되었으며, 이 자리에서도 국가사회주의적 관점에서 활동할 기회를 얻었다"고 강조했다. 그는 괴벨스 부처 공무원과 감독위원회 지지자들에게 자신을 도와달라고 요청했다.

1937년 2월, 감독위원회 의장 발터 풍크는 청원서를 작성했다.

"슈테크만 씨는 1934년 필하모닉 오케스트라 유한회사의 이사로 임명되어, 오케스트라에서 당의 프로그램과 재정을 확립하는 특별한 임무를 부여받았습니다. 그는 두 가지 임무 모두를 훌륭히 수행했습니다. 그리고 항상 정직하고 확고한 국가사회주의자로서 임무를 수행했음을 확인할 수 있습니다. 탈당할 경우 그는 필하모닉 이사직을 포기해야 하며, 이는 오케스트라 운영에 큰 손실이 될 것입니다."

운이 좋았다. 당시 베를린 나치당의 가울라이터[3]는 괴벨스였고, 그는 사실상 슈테크만의 상사였다. 청원은 최고위층, 즉 히틀러에게까지 전달되었고, 1938년 5월 31일 총통의 서명이 있는 문서에서 "과거 드루이드 로지 회원이었음에도 나치당 회원 자격을 유지할 수 있다"는 결정이 내려졌다.

2　드루이드 결사는 계몽주의를 배경으로 만들어진 친목, 의례 단체로, 고대 브리튼의 켈트 신앙과는 관련이 없는 근대적 조직이다. 프리메이슨과 비슷하게 인본주의를 기반으로 관용과 인권, 회원들의 친교를 지향했다. 독일에서는 나치스 정권의 탄압을 받아 1935년에 해산되었으며 전후 1947년에 재건되었다.

3　나치당의 지구당을 총괄한 당료 직책이다. 나치당의 계급 중 두 번째로 높은 계급이다.

슈테크만이 필하모닉에서 수행한 나치 관련 업무의 범위는 정확히 평가하기 어렵다. 내부 문서에 특별히 강압적이거나 이데올로기적인 지침은 남아 있지 않다. 정치적으로 민감한 시기에, 신념과 형식적 선언, 이데올로기적 태도와 기회주의를 문서를 통해 구분하기는 어렵다. 결국 그의 나치 업적보다는 업무 능력이 그를 구해주었다. 명백한 사실은, 정치적 배경 없이는 누구도 오케스트라 행정직에 임명될 수 없었다는 것이다.

1934년 6월, 재정 담당 이사직이 확정되자, 그라이너는 법인과 조직 개편을 신속히 추진할 것을 지시했다. 6월 18일, 필하모닉 오케스트라 유한회사의 새 정관이 임시 총회에서 승인되었다. 오케스트라 구성원들은 이미 그들의 주식 권리를 국가에 매각했으므로, 형식적 승인 절차에 불과했다. 정관상 다수결 투표 및 정족수 규정은 남아 있었지만, 국가가 단독 주주로서 언제든지 자신의 의사를 관철할 수 있었다.

새 정관은 조직을 세 개 기관으로 나누었다. 경영진, 감독위원회, 주주총회. 실제 권한은 주로 경영진과 감독위원회에 집중되었다. 경영진은 공동 대표 두 명으로 구성되었고, 유한회사를 함께 대표했다. 이 피라미드 구조는 '지도자 원칙(Führerprinzip)'에 따른 계층 조직의 아이디어와 일치했지만, 실제 권력 흐름은 역방향이었다. 국가를 대표하는 선전부가 단독 주주였고, 감독위원회 구성과 경영진 임명은 선전부와 괴벨스의 승인으로 이루어졌다.

두 명의 경영진 체제는 '지도자 원칙'의 이례적인 변형으로, 말하자면 푸르트뱅글러와 국가 행정의 공존을 의미했다. 슈미트제크는 예술 경영이사와 제2지휘자로서 푸르트뱅글러의 대리인 역할을 맡았다. 애초에 그라이너와 감독위원회는 이 직책을 푸르트뱅글러에 대한 강력한 견제 장치로 구상했지, 협력자로 상정하지는 않았다. 상업-경영 담당 이사(제2경영이사로도 불림)로 임명된 슈테크만은 오케스트라의 경영 구조를 재정비하고 정부와의 위태로운 관계를 조화롭게 만드는 일에 착수했다. 그러면서 그는 아마도 '어려운 사람들과 일할 수 있다'고 칭찬받은 능력을 발휘할 수 있는 기회를 얻었을 것이다. 하지만 푸르트뱅글러가 공식적인 지위는 아니더라도 사실상 오케스트라의 지도자로 있는 한, 이 체제는 불안정할 수 밖에 없었다. 조직은 새로운 관리에 맞춰 재편될 수 있었지만, 음악적 공동체와 프로그램 기획은 여전히 국가의 권한 밖이었다. 이를 결정하는 권한은 명백히 오케스트라의 상임지휘자에게 있었다. 갈등은 예산, 재정, 연주자 계약, 프로그램 기획 등 다양한 영역에서 드러났다. 1934년, 선전부는 푸르트뱅글러의 자율성을 제한하려 시도하며 다음과 같이 요구했다. "필하모닉 콘서트 솔리스트 선정 권한은 국무참사관 푸르트뱅글러에게 있으며, 솔리스트 1인당 최대 850제국마르크까지 단독으로 결정할 수 있다. 예외의 경우 경영진 승인을 받아야 한다. 아리아인이 아닌 솔리스트는 불허한다."

푸르트뱅글러가 실제로 더 높은 출연료를 지급하거나, 비아리아인 솔리스트를 기용할 의사가 있었는지는 중요하지 않았다. 그의 주된 목표는 정치적 간섭을 배제하는 것이었다. 이는 도발이었다. 1934년 내내 양측의 갈등은 점점 격화되었다. 제국은 획일화 과정을 진행시키고자 했고, 푸르트뱅글러는 예술의 자유를 수호하려 했다. 결국 결렬은 1934년 12월에 발생했다.

1934년 3월 12일, 푸르트뱅글러는 베를린 필하모닉 오케스트라의 공연에서 파울 힌데미트의 『화가 마티스』 초연을 지휘했다. 작곡가의 동명 오페라를 미리 엿볼 수 있는 작품으로, 그해 겨울 슈타츠오퍼에서 푸르트뱅글러의 지휘로 공연될 예정이었다. 당시 베를린에 거주하던 파울 힌데미트는 작곡가이자 비올리스트로서 오케스트라와 오랜 협력 관계를 맺고 있었다. 그는 1932년에 『변주곡』을 푸르트뱅글러와 베를린 필하모닉 오케스트라에 헌정하며, 푸르트뱅글러의 50번째 생일을 기념했다.

『화가 마티스』 교향곡은 초연 당시에 비판적인 평가를 받았는데 힌데미트의 진보적 음악 언어와 나치당의 반동적 예술 취향의 부조화와 관련이 있었을 수 있다. 무엇보다도, 이 교향곡의 기반이 된 오페라의 줄거리는 '예술과 자유'라는 주제를 중심으로 하고 있어 정치적으로 매우 민감한 상황이었다. 1934년 7월, 푸르트뱅글러는 슈타츠오퍼에서 『화가 마티스』 공연이 허용되지 않는다는 최종 통보를 받았다. 자신의 권위에 대한 또 다른 공격에 분노한 푸르트뱅글러는 몇 달 동안 히틀러, 괴링, 괴벨스 등 고위 인맥에 도움을 요청했으나, 아무런 성과를 얻지 못했다.

푸르트뱅글러는 정치적 연극성과 윤리적 신념에 기반한 행동으로 1934년 12월 4일, 체제에 '분명한 입장'을 밝히도록 압박했다. 그는 정부에 공식 청원서를 제출하며 슈타츠오퍼, 필하모닉 오케스트라 지휘, 그리고 제국음악국의 부회장으로서의 모든 직무에서 즉시 사임을 요청했다. 이 극단적인 조치의 직접적 계기는 괴벨스의 책임이 아니었다(슈타츠오퍼는 괴링 관할). 다음 날, 선전부 장관은 푸르트뱅글러의 사직을 수용하고, 법적·재정적 세부 사항을 정리하기 위해 부처와 접촉할 것을 요청했다.

한편으로는 체제의 명성에 큰 타격이었지만, 다른 한편으로 푸르트뱅글러의 퇴임은 괴벨스 부처가 오케스트라 재편을 방해받지 않고 진행할 수 있는 기회를 제공했다. 사퇴 며칠 만에 푸르트뱅글러의 동료 루돌프 폰 슈미트제크가 정직당했다.

푸르트뱅글러의 사퇴 소식은 베를린 필하모닉 오케스트라와 관객에게 큰 충격을 주었다. 이후 며칠 동안 약 1,000명의 연간 회원 중 350명이 회원권을 취소하거나 반납했는데, 이들 중 일부는 한스 폰 뷜로 시절부터 이어진 이들이었다. 오케스트라 내부에는 위기감이 퍼졌다. 단원들은 푸르트뱅글러가 자신들을 제국의 오케스트라로 이끌 것이라 믿었으나, 그는 떠났다. 일부는 배신감을 느꼈고, 또다른 단원들은 그의 태도를 저항의 제스처로 존중했다. 푸르트뱅글러가 오케스트라에 남긴 작별 편지는 다음과 같이 끝난다. "거의 20년에 걸쳐 만들고 성장한 공동 작품을 떠난다는 것은 쉽지 않습니다. 우리가 함께 일했던 시간은 결코 잊지 않을 것입니다." 그가 남긴 인상은 분명히 엇갈렸다. 오케스트라가 겪어온 모든 어려움을 고려하면, 해체 직전으로 보일 정도였다. 슈테크만은 감독위원회 의장 발터 풍크에게 서면으로 상황을 설명했다. "푸르트뱅글러 박사가 퇴임하면 가장 뛰어난 단원들이 오케스트라를 떠나게 되고, 자연스럽게 오케스트라의 명성은 점차 떨어지며, 이는 괴벨스 장관에게 해외 문화 선전의 가장 중요한 수단 중 하나를 잃게 할 수 있습니다."

선전부 관리들은 사태의 심각성을 인식하고 진화에 나섰는데, 사람들이 푸르트뱅글러의 조치를 '제국 정부의 도덕적 패배'로 했기 때문이었다. 독재 체제에서도 여론은 정치적 결정에 중요한 역할을 한다. 푸르트뱅글러는 공식적으로 '휴가 상태'로 간주되었고, 언론은 그가 곧 다시 무대에 설 것이라는 기대를 조성했다. 오케스트라의 단원들에게는 푸르트뱅글러가 사퇴했음에도 봄에는 객원지휘자로 복귀할 수 있다는 약속이 주어졌다. 그 사이 카를 슈테크만은 로렌츠 회버에게 연락했다. 푸르트뱅글러는 뮌헨의 은신처에서도 자신의 의견을 계속 표명했다. 푸르트뱅글러의 사퇴와 이를 계기로 공연을 취소한 에리히 클라이버로 인해, 당시 계획된 6회의 필하모닉 공연 시리즈에 큰 공백이 생겼다. 따라서 1935년 1월 2일, 슈테크만과 회버는 제국음악국 대표들과 만나 1934/35 시즌 나머지 기간을 위한 임시 프로그램을 마련했다. 제국음악국은 괴벨스가 작곡가, 음악가, 평론가, 에이전트의 이해를 대변하기 위해 설립한 기관이었다. 설립 당시 초대회장은 리하르트 슈트라우스였고 푸르트뱅글러는 부회장으로 임명되었다. 이 새로운 상황은 베를린 필하모닉 오케스트라의 예술적 리더십에 공백을 만들어냈다. 푸르트뱅글러가 떠나고 오케스트라가 위축된 것으로 보이자, 기회주의자들이 움직였다. 선전부에는 전국 각지에서 나치당과 연계된 지휘자들의 편지가 도착했고, 이들은 푸르트뱅글러의 후임이 되고자 했다. 예를 들어, 나치당원이자 '베를린 리더타펠 음악 감독'으로, 1925년부터 바이에른 바그너 페스티벌에서 활동해 왔던 프리드리히 융은 직접 괴벨스에게 편지를 보내 면담을 요청했다. 레오폴트 라이히바인 역시 제국음악국에 상임 또는 객원지휘자로 지원했다. 나치당원들은 오케스트라 경영권을 확보하고 자신들의 방식대로 조직을 운영할 기회를 포착한 셈이었다. 선전부의 한 관리는 제국음악국에 다음과 같은 서신을 보냈다. "베를린 필하모닉 오케스트라의 운영, 객원지휘자 활용, 프로그램 구성(독일 현역 음악가 중심)에 관하여 강력히 조언해야 한다는 점에서 저와 의견이 일치하리라 확신합니다." 이처럼 이해관계가 얽힌 혼란 속에서—푸르트뱅글러, 괴벨스, 오케스트라, 관료, 제국음악국, 나치당—이데올로기와 실용주의 간 경쟁에서 나치 체제의 정치적 관행의 모호함이 다시 한번 드러났다.

푸르트뱅글러의 사퇴로 촉발된 위기에서, 최종적으로 부상한 인물은 헤르만 슈탕에라는 작자였다. 그는 이전에 소피아(불가리아)와 헬싱키(핀란드)에서 지휘자로 활동한, 겉보기에는 평범한 재능을 가진 지휘자였다. 그러나 야망, 인맥, 끈기로 똘똘 뭉친 그는 결국 독일의 대표적 음악 기관의 최고위직에 올랐다.

1933년 5월, 제국선전부 문화담당 국무위원 한스 힌켈은 슈탕에로부터 편지를 받았다. 슈탕에는 1930~1932년 소피아 국립오페라 총지휘자 경력을 자랑했지만, 귀국 후 독일 음악계에서 인정받지 못했기에 좌절과 실망 속에서 발버둥치고 있었다. 실업 상태였던 그는 이를 '유대인 세력' 탓으로 돌렸고, 1932년 독일문화전투연맹에 가입했으며, 같은 해 나치당에도 가입했다. 그는 나치 정권의 국무위원과 면담을 요청했다.

1933년 6월 13~14일, 슈탕에는 괴링과 괴벨스에게 편지를 보냈다. 그는 불가리아에서의 업적을 나열하고, "특히 독일 문화를 선전하고 싶다"는 뜻을 밝혔다. 독일로 돌아와 나치 사상에 충실하게 된 슈탕에는 정치인들에게 일자리를 달라고 요청했다. 편지는 따분하고 자신을 돋보이게 하려는 의도가 뚜렷했지만, 사상적인 수사를 들먹였음에도 불구하고 진정한 의미에서의 나치 열정을 제시하지는 못했다. 가령 그가 자랑스럽게 열거했듯이 불가리아에서 이탈리아와 러시아 고전 작품 대신 모차르트와 훔퍼딩크를 지휘한 것은 정권이 추구했던, 급진적이지만 종종 세련되었던 문화 선전과는 거리가 멀었다. 또한 슈탕에의 반유대적 발언은, 인종주의적 신념보다는 자신의 평범한 재능 때문에 겪은 직업적 좌절에서 비롯된 것으로 보인다. 그러나 슈탕에는 힌켈과 연락을 유지하면서, 독일 전역의 오케스트라와 극장에서 자리를 구하기 위해 노력했다. 1년이 넘는 시간 동안 어떤 기회든 잡으려고 발버둥쳤고, 결국 성공했다. 전해진 바로는 힌켈의 추천을 받아 1934년 11월 히틀러의 부대표이자 당 지도자인 루돌프 헤스에게 접근했다. 그는 불가리아에서의 활동을 간단히 소개한 뒤 본론으로 들어갔다. "독일로 돌아온 후, 저는 즉시 나치 운동에 참여하였으며, 제 경력에 어울리는 직위를 얻기 위해 노력했습니다."

해외에서 돌아온 독일인으로서 귀국 후 나치당에 가입한 그는 '새로운' 독일에서 합당한 직위를 요구할 자격이 있다고 생각했다. 이러한 바람은 나치가 의도적으로 부추긴 많은 당원들의 기대와 일치했다. 슈탕에가 헤스, 괴링, 괴벨스에게 보낸 편지가 실제로 얼마나 효과를 발휘했는지는 불분명하다. 하지만 그의 돌파구는 분명히 힌켈과 제국음악국의 '손길' 덕분이었다.

푸르트뱅글러는 체제와 결별했을 때, 베를린 필하모닉 오케스트라의 상임지휘자직뿐만 아니라 제국음악국 부회장직에서도 물러났다. '제국 문화 감시인'이라 자칭한 힌켈은 제국음악국의 행정을 담당하는 가장 중요한 관료였다. 힌켈은 이 자리를 급히 채워야 했고, 1934년 12월 슈탕에를 푸르트뱅글러의 후임으로 임명했다. 푸르트뱅글러 퇴임 후 형성된 베를린 필하모닉 오케스트라와 제국음악국 간의 연결고리는 슈탕에에게 독일 콘서트 무대 복귀의 기회를 열어주었다.

1935년 1월 2일, 슈테크만과 회버가 제국음악국 대표와 회의할 때 슈탕에는 참석하지 않았지만, 그의 존재감은 느껴졌다. 하인츠 일러트는 "선전부 요청으로" 새 부회장이 1월 14일 다음 필하모닉 콘서트를 지휘할 것이라고 발표했는데, 이는 푸르트뱅글러 시절의 콘서트 시리즈 중, 그의 퇴임 후 첫 공연이었다. 슈탕에가 배후에서 교묘히 움직인 결과였다. 그러나 슈테크만은 재정 문제를 이유로 우려를 표했는데, 불안해진 구독자들을 달래려면 유명 지휘자가 필요했기 때문이다. 결국 오이겐 요훔이 맡았고, 슈탕에는 이후의 콘서트를 지휘하기로 했다. 물론 슈탕에는 회버에게 "부차적인 콘서트는 자신에게 맞지 않다"고 밝혔다. 그러나 단원들은 동의하지 않았다. 당시 상황에서 세계 어느 지휘자도 푸르트뱅글러의 후임으로서 베를린 필하모닉에 적합하지 않았지만, 특히 슈탕에는 어울리지 않았다. 그럼에도 그는 필하모닉의 객원 지휘자로 자리매김할 뿐 아니라, 슈미트제크의 빈 자리까지 차지했다. 1935년 1월 21일, 발터 풍크는 주주총회 명의로 "슈탕에를 슈미트제크 박사의 후임으로서 오케스트라 제1총괄 및 지휘자 직무를 수행하도록 임명한다"고 발표했다. 이 조치로 회버의 영향력은 약화되었다. 푸르트뱅글러가 없는 상태에서, 슈탕에는 전권을 가진 총감독, 예술감독, 상임지휘자를 겸하게 되었다.

슈탕에의 계약은 1935년 6월 30일까지였으며, 그때까지 푸르트뱅글러의 지위 문제가 완전히 정리되기를 바랐다. 계약은 이후 3개월 연장되었다. 슈탕에가 제1총괄로서 어떤 업무를 수행했는지는 불분명하다. 다만 그는 새로운 직책에 강한 열의와 사업적 기질을 보였다. 그러나 오케스트라를 위한 그의 계획은 연주자들의 반감을 더욱 키웠다.

푸르트뱅글러는 뮌헨 '망명지'에서 슈탕에를 강하게 비판했다. 제국 국무차관에게 보낸 편지에서 그를 "통제 불가능한 아이디어를 가진 몽상가"라고 지칭했다. 슈탕에는 필하모닉 콘서트 지휘에 적합하지 않았으며, 일요일이나 화요일 공연으로 제한할 것을 주장했다. 제1총괄 후보로는 라디오 프로듀서 겸 지휘자인 한스 폰 벤다를 추천했다. 그는 과시적인 슈탕에와 달리 음악적 사안에 필요한 '세심함'을 갖춘 인물이었다.

몇 주 후, 슈탕에는 사회민주당 가입 사실이 알려지면서 명성이 크게 떨어졌다. 그는 제국음악국의 프리드리히 말링에게 과거 약 6개월 정도 사회민주당원이었다고 인정했다. 사회민주당은 나치스가 적대하는 정당이었으며, 더구나 그가 처음에 힌켈에게 보낸 편지에서 1932년에 나치스에 가입하기 전에 어느 정당에도 가입한 적이 없다고 확언했던 것과도 배치되었다. 비록 슈탕에는 단호하게 혐의를 부정했지만, 이런 비난은 그의 정직성에 의혹이 제기된 세 번째 사례였다. 그를 띄워주었던 인맥도 재빨리 그에게 등을 돌렸다. 제국음악국 사무국장 하인츠 일러트는 힌켈에게 보고했다. "슈탕에는 병적 허영심으로 제국음악국을 곳곳에서 우스꽝스럽게 만들고 있습니다. 예를 들어, 한 도시 대표들에게 슈탕에 자신이 지휘할 때 다음 직함을 반드시 명시해야 한다고 주장했습니다. 제국음악국 부회장, 필하모닉 오케스트라 예술감독이자 총감독."

이 시점에서 슈탕에는 기반을 잃기 시작했다. 오케스트라는 그에게 반대했고, 제국음악국은 부회장직에서 교체하려 했다. 언론은 그의 예술적 역량을 강하게 의심했다. 푸르트뱅글러는 문제 해결을 위해 괴벨스의 개입을 요청했다. 결국 1935년 2월 히틀러가 공식적으로 푸르트뱅글러를 '제국 예술정책 책임자'로 인정하면서 그는 지휘 활동을 재개했다. 1952년까지 공식 직위를 회복하지 못했지만, 1935년 4월 그의 복귀는 사실상 슈탕에 실험을 종료시켰다. 슈탕에는 시즌 종료와 함께 해임되었다.

슈테크만 사건은 정부가 행정 전문가를 배치할 수 있음을 보여주었지만, 슈탕에 사례는 기회주의와 알력으로 인한 재앙이었다. 선전부 관료들은 오케스트라를 장난감처럼 다룰 수 있다고 잘못 판단했다. 예술적 능력은 이념적 공식과 관료에 대한 아첨으로 대체할 수 없었다. 푸르트뱅글러가 배후에 있는 한, 슈탕에는 실패할 수밖에 없었다.

새로운 제1총괄을 찾는 과정은 오래 걸리지 않았다. 푸르트뱅글러는 이미 3월 1일 슈탕에를 공격하는 글에서 자신이 선택한 인물을 지명했는데, 바로 한스 폰 벤다였다. 비록 푸르트뱅글러가 그해 2월 히틀러와 정권 앞에서 굴복하는 굴욕을 당한 것은 사실이지만, 역설적으로 그의 사임은 베를린 필하모닉 오케스트라에 대한 그의 입지를 오히려 강화했다. 오케스트라가 자신에게 얼마나 크게 의존하는지를 분명히 보여주었기 때문이다. 정권이 이 오케스트라에 투입하는 막대한 재정을 고려할 때, 제국의 "문화 선전을 위한 최상의 수단 중 하나"를 더 이상 위험에 노출시키는 일은 피해야 했다. 푸르트뱅글러가 폰 벤다와 협력할 수 있다면, 부처 역시 그와 함께 일할 수 있다고 판단했다. 폰 벤다는 필하모닉 오케스트라를 몇 차례 지휘했지만, 원래 라디오 콘서트 프로듀서로서 나치당원이었다. 제1총괄 및 예술감독으로서 그는 부처와 긴밀히 협력하며 오케스트라와 지휘자의 관계 등 복잡한 연결망을 신중히 관리했다. 앞선 두 해 동안 몇몇 인물이 오케스트라에 대한 독점적인 통제권을 장악하려 시도한 이후, 1935-36년 시즌에는 다소 특이하기는 하지만 안정적이며 서로 평행하는 영역과 영향력의 구조가 형성되었다. 선전부는 유순한 관리자들을 핵심 직위에 배치함해서 제도의 법적-재정적 사안을 본질적으로 통제했고, 그 결과 실질적으로 프로그램 구성과 내부 조직 사안에 대한 책임까지 떠안았다. 반면 푸르트뱅글러는 오케스트라의 명예 지도자로 남았지만, 개별 사안에서 행정부에 지시할 수 있는 괴벨스와 직접 접촉할 수 있다는 정치적 '트럼프 카드'를 보유했다. 그러나 오케스트라에서 어떤 공식 지위도 지니지 않았기에, 일상적인 운영 사안에서는 배제될 수밖에 없었고, 그 결과 오케스트라는 정권의 온갖 이용과 착취에 그대로 노출되었다.

예술적 측면에서 폰 벤다는 필하모닉 10회 공연의 프로그램을 푸르트뱅글러의 의도에 맞게 조정했다. 푸르트뱅글러는 상황과 기분에 따라 6~9회 공연을 지휘하며, 모두를 만족시켰다. 나머지 공연에서는 폰 벤다가 오케스트라의 음악적 프로필을 발전시켰다. 4년 임기 동안 그는 '대중적' 콘서트 수를 줄이고, 저렴한 가격으로 주제별 '고전음악의 밤'을 도입했다. 그는 라디오와 객원 연주를 줄였지만, 월요일 저녁에 라디오로 송출되는 연주 실황에 앞서 연설을 해서 자신이 주목받을 수 있는 방법을 찾아냈다.

폰 벤다와 푸르트뱅글러는 비교적 긴장 없이 협력했으나, 1939년 5

월 푸르트뱅글러가 갑자기 괴벨스에게 제1총괄 교체를 요청하면서 불협화음이 생겼다. 폰 벤다에게 이 조치는 충격이었지만, 푸르트뱅글러 입장에서는 상당 기간 준비했던 것 같다. 부처 관리들로부터 "괴벨스 박사가 저를 보호하고 지지할 것"이라는 다짐을 받았음에도, 폰 벤다가 소문을 듣기도 전해 이미 문제는 종결되었다. 폰 벤다는 유력한 관료들과 인맥이 있었지만, 그보다 더 높은 당국자의 변덕 앞에서 할 수 있는 일은 없었다. 케스트라와 부처 상급자를 위해 헌신적으로 일했지만, 그는 결국 대체 가능한 소모품이었다. 폰 벤다의 해임은 푸르트뱅글러와의 협력을 보장하기 위한 괴벨스의 소소한 양보였다. 폰 벤다의 해임 이유로는 이해 충돌이 언급되었다. 푸르트뱅글러는 필하모닉 단원들로 구성된 실내악단, 즉 '베를린 필하모닉 체임버 오케스트라'(일명 '벤다 체임버 오케스트라')에서 폰 벤다가 수행한 역할을 못마땅하게 여겼다. 푸르트뱅글러는 폰 벤다의 후임자 계약서에 "필하모닉의 예술감독으로서 지휘하지 않을 것"이라는 조항을 넣도록 했다.

폰 벤다는 체임버 오케스트라 활동을 "17~18세기 독일의 뛰어난 보물을 탐구하는 것을 일생의 과제로 삼고 있기 때문"이라고 설명했다. 또한 정치적 이유도 있었다. 그는 "약 25명의 체임버 오케스트라를 통해 독일음악의 우수성을 해외에 알릴 수 있다는 장점"을 주장했다. 여기서 고려해야 할 여러 측면이 있다. 폰 벤다는 지휘자로서 야망이 있었으며, 베를린 필하모닉 오케스트라의 직책을 맡은 후에도 이를 포기할 수 없었을 것이다. 실제로 체임버 오케스트라와 필하모닉 오케스트라 간 활동에서 충돌이 발생했다. 특히 소규모 앙상블이 연주 여행을 떠나고 오케스트라가 대체 연주자를 활용해야 할 때 문제가 생겼다. 이는 연간 최대 4주까지 발생했다. 사실 푸르트뱅글러와 선전부는 폰 벤다의 지휘 활동과 체임버 오케스트라 창설을 알면서도 묵인했다. 폰 벤다는 종종 필하모닉 오케스트라를 지휘했지만, 상대적으로 덜 중요한 연주회만 맡았고, 재임 기간 동안 오케스트라를 필하모니홀에서 지휘한 적은 없었다.

벤다는 푸르트뱅글러가 비이성적이라고 비난하는 근거로, "푸르트뱅글러 박사와 나 사이의 긴장과 갈등은, 그의 이익을 보장하는 일뿐만 아니라 오케스트라와 선전부의 이해도 보호해야 했을 때만 발생했다"라고 주장했다. 폰 벤다는 푸르트뱅글러의 예측 불가능한 행동으로 인해 몇 달간의 계획이 무산된 사례들을 여러 번 제시했다. 또한 푸르트뱅글러가 필하모닉 오케스트라를 지휘할 책임이 있음에도 불구하고, 그렇게 하지 않았다고 비판했다. 폰 벤다는 "신에게 재능을 부여받은 예술가는 봉사하는 법을 배워야 한다는 인식의 결여"가 문제라고 썼다. 결국, 폰 벤다와 푸르트뱅글러 사이의 갈등과 관계 악화의 핵심 원인은 우선순위, 성격적 차이, 예술적 목표의 불일치보다는 경쟁 심리였다. 물론 폰 벤다는 푸르트뱅글러의 상대가 아니었고, 실제 위협은 1938년에 나타난 헤르베르트 폰 카라얀이었다. 1937/38년 베를린 지휘계의 새로운 스타로 떠오른 카라얀은 곧 고위층과 인맥을 쌓았다. 푸르트뱅글러는 카라얀을 자신에게 반대하는 세력들의 도구로 보았다. 그는 물론 다수와 마찬가지로, 슈타츠오퍼 책임자 헤르만 괴링뿐만 아니라 괴벨스도 이 '음모'에 관여했다고 확신했다. 훗날 자신의 비나치화 심문 과정에서 푸르트뱅글러는, 폰 벤다의 행동이 괴벨스로 하여금 카라얀을 후원하도록 부추겼다는 의심을 명확하게 표명했다.

폰 벤다의 후임인 게르하르트 폰 베스터만은 폰 벤다의 해임과 소위 '카라얀 사건' 사이에 직접적 연관을 지을 수는 없지만, "폰 벤다가 카라얀 영입에 큰 관심을 보였다"고 보고했다. 폰 벤다의 행동 때문에 푸르트뱅글러는 괴벨스가 카라얀을 지원한다고 판단했고, 결국 폰 벤다를 해임시켰다.

1939년 8월 26일, 폰 벤다는 베를린 필하모닉 오케스트라와의 잔여 계약 기간인 6개월 동안 공식적으로 '휴직' 처리되었다. 계약이 즉시 종료되지 않은 것은 그의 해임이 가진 민감성을 어느 정도 인정한 것일 수 있다. 몇 달 후 괴벨스는 폰 벤다에게 편지로 감사의 뜻을 전했는데, 이 시차는 히틀러의 폴란드 침공과 제2차 세계대전 발발로 설명된다. 편지에서 괴벨스는 "지난 몇 년 동안 베를린 필하모닉 오케스트라를 위해 헌신해 주신 것에 대해 감사드립니다"라고 적었다.

게르하르트 폰 베스터만은 푸르트뱅글러의 추천으로, 1939년 6월 초에 '업무 관련' 면담을 위해 베를린에 호출되었다. 만남이 이루어졌고, 계약 조건에 대해 신속히 합의했다. 3주도 채 안 되어 폰 베스터만은 필하모닉에서 근무를 시작했지만, 형식상 폰 벤다는 여전히 경영자 지위에 있었다. 선전부가 공식적인 교체를 완료하는 데 추가로 6개월이 걸렸다.

폰 베스터만은 이전 베를린 필하모닉의 경영자들과 달리 지휘자가 아니라, 작곡가였다. 그는 나치당원이었으며, 뮌헨 방송국(1925-1935), 베를린 단파 방송국(1935-1938), 자르브뤼켄 방송국(1938/39)에서 관리자였다. 그는 초기 계약 3년, 월 1,200제국마르크 급여 및 300제국마르크 수당, 연 6주 휴가, 직책은 '인텐던트'[4]를 요구했다.

마지막 항목인 '인텐던트' 직함은 논란이 있었다. 베를린 필하모닉의 최고위직 명칭은 불명확했다. 푸르트뱅글러의 공식 직함에서부터 슈미트제크, 회버, 슈테크만, 슈탕에, 폰 벤다까지 관리자·지휘자·예술감독 등 다양한 명칭이 혼재해 있었다. 후속 문헌에서 '인텐던트'가 추가되었지만, 1939년 폰 베스터만의 요구는 사실상 새로운 것이었다.

그 직책에 대한 이해는 획일화 및 공동 관리 시대 이후에도 발전했다. 획일화 프로젝트들은 완료되었거나(관리, 프로그램, 구조개혁) 휴지 상태였고(인종정치 관련), 오케스트라 이사회는 내부 이해관계 대변에 집중하게 되었다. 오케스트라와 국가 간 재정 관계는 안정적이었고, 슈테크만의 감독하에 원활히 운영되었다.

푸르트뱅글러는 공식 권한을 더 이상 갖지 않았지만, 예술적 사항에 대해 은밀히 조율을 요구했고, 일정 수준에서 통제할 수 있었다. 오케스트라 단원들과 청중은 만족했고, 정부는 해외 공연의 효용에 흡족해했다. 이전 수십 년의 격동을 거친 후, 베를린 필하모닉 오케스트라 경영에는 어느 정도 평정이 찾아왔다.

1939/40년, 오케스트라는 무엇보다도 안정된 손길을 필요로 했다. 이는 절대적이면서도 유연한 권위를 요구했다. '인텐던트' 직함은 그의 최고위 직위를 명확히 했지만, 괴벨스와 선전부를 불편하게 만들었다. 폰 베스터만은 자신의 요구를 관철했고 여러 근거를 제시했다. 그는 그냥 '감독'이나 '경영자' 직함은 예술적 지휘를 충분히 담보하지 못

---

4   Intendant: 여러 국가, 특히 프랑스 구체제 하에서 왕실의 행정 공무원이나 고위 관리직을 의미
     했다. 오케스트라의 고위 행정 공무원이나 극장, 오페라 하우스 등의 예술감독 또는 총지배인을
     뜻한다.

하고, '예술감독'은 행정적 역할을 충분히 반영하지 못한다고 보았다. 푸르트뱅글러는 '인텐던트' 직함을 선택하는 것을 지지했는데, 폰 벤다가 마지막으로 사용한 '총음악감독(Generalmusikdirektor)'과의 거리감을 강조하기 위해서였다. 선전부 내에서 긴 논의 끝에, 1939년 6월 말 폰 베스터만의 요구가 수용되었다. 그러나 괴벨스가 8월에 새 계약서를 직접 검토한 다음, "그런 직위는 실제로 인텐던트 역할을 수행하는 경우에만 부여해야 한다"라며 이 조항을 기각했다. 베를린 필하모닉을 둘러싼 실용적·정치적·상징적 차원의 경계는 이미 매우 모호했고, 괴벨스가 폰 베스터만에게 프로그램 기획과 경영을 맡기는 데는 동의했지만 '실제로 기능하는 인텐던트'의 자유를 허용할 생각은 없었다. 이는 슈테크만의 직위나 괴벨스 자신의 명예 '후원자' 직책과도 무관했다. 푸르트뱅글러가 제국의 예술 정책이 "오직 총통과 그가 임명한 장관들의 결정에 따른다"고 공손하게 인정한 것처럼, 괴벨스의 주장 뒤에는 하나의 근본적인 진실이 있었다. 바로 나치 독일에서는 오직 하나의 권력이 있다는 사실이었다. 베스터만이 그의 임명에 관한 조건을 나열할 수는 있었지만, 이를 실행하기 위해서는 행정 조직이 필요했다. 국가 행정조직은 합법적이고 체계적으로 한 기구를 바꿀 권한이 있었지만 더 높은 장관들을 거스를 수는 없었다. 푸르트뱅글러는 사람들을 기용하고 해고하는 데 영향을 미칠 수는 있었지만, 그 역시 꺾일 수 있었다. 정권이 언제나 오케스트라와 관련된 사안에 개입할 수 있는 권리를 스스로 유보하는 한, 베스터만은 결코 진정한 인텐던트가 될 수 없었다. 뿐만 아니라, 베를린 필하모닉 오케스트라는 이미 정권의 상징이자 독일의 상징인 제국 오케스트라가 되어 있었다. 그렇기에 오직 한 사람의 진정한 '지도자'가 있을 뿐이었다.

베를린 필하모닉 오케스트라는 이제 국가적 오케스트라, 즉 정권의 심볼, '신(新) 독일'의 상징이 되었으며, 진정한 '지도자(총통)'는 하나뿐이었다. 결국 폰 베스터만은 '제1경영자 및 예술감독' 직함에 만족했다. 그는 계약의 법적·재정적 세부사항을 꼼꼼히 챙기고, 선전부 관료들에게 자신을 함부로 다루지 못하도록 명확히 했다. 이후에도 오케스트라의 명성을 강화하고, 동시에 전쟁으로 인한 최악의 영향에서 단원들을 보호했다.

폰 베스터만은 푸르트뱅글러에게는 공손했지만 거리를 두었다. 오케스트라는 그를 호의적으로 평가했다. 선전부나 정치인은 그의 결정을 의문시하거나 뒤집은 기록이 없다. 그는 히틀러 독일 붕괴가 일어난 1945년 5월까지 직위를 유지했다. 폰 베스터만은 결국 '인텐던트'라는 직함을 사용했지만, 공식적인 승인은 받지 못했다. 나치 독재 체제 붕괴 후 7년이 지나서야 그는 비로소 공식적으로 이 직함을 부여받았다.

나치 독일의 군수부 장관 알베르트 슈페어는 제2차세계대전 막바지에 베를린 필하모닉의 마지막 운명을 결정지었다.

2

오케스트라 공동체

1931년 9월, 베를린 시는 문화 예산을 삭감하기로 결정하며, 베를린 필하모닉의 급여를 즉시 12% 감축했다. 그해 2월에도 이미 오케스트라 단원, 솔리스트, 지휘자들의 보수가 6% 삭감된 바 있었다. 그러나 불과 몇 달 만에 추가 조치가 이미 어려웠던 상황을 심화시키고 있음이 분명해졌다.

베를린 시는 필하모닉뿐 아니라 베를린 심포니 오케스트라, 즉 유명 피아노 제조업자 블뤼트너가 1907년에 창단한 '블뤼트너 오케스트라'도 지원하고 있었다. 필하모닉에 비해 심포니 오케스트라는 지역적 성격이 강했으며, 시 주최 행사에서 연주하거나 대중을 위한 음악회를 열었다. 많은 정치인들은 이러한 활동이 공익적 측면에서 더 중요하다고 판단했다. 두 오케스트라는 줄어드는 시 지원금을 두고 경쟁하게 되었고, 공공 자금 사용의 기준과 방향을 둘러싼 정치적 논쟁 속으로 빠져들었다. 한동안 필하모닉은 언론과 시의회에서 벌어진 논쟁에서 불리한 입장에 놓인 듯 보였다.

필하모닉 오케스트라가 정치권에서 회의적인 시선을 받았더라도, 독일 음악계에서 차지하는 위상은 심포니 오케스트라와 비교해 여전히 절대적인 강점이었다. 결국 필하모닉은 시 정부보다 상위 기관의 지원을 확보할 수 있었다. 제국 정부와 국영 라디오가 필하모닉의 음악적 수준과 국가적 중요성을 인정하고 있는 한, 필하모닉은 심포니 오케스트라보다 항상 유리한 위치에 서 있었다.

1932년 4월 13일, 베를린 시는 재정 위기와 필하모닉 문제를 해결하기 위한 계획을 제국 내무부에 제출했다. 그 계획에는 심포니 오케스트라를 해체하고 일부 단원을 필하모닉으로 이전시키며, 필하모닉의 프로그램을 더욱 '사회적 과제'에 초점을 두도록 한다는 내용이 포함되어 있었다. "최근, 베를린 심포니 오케스트라의 일부 단원을 필하모닉으로 편입하고, 나머지 단원의 안정도 보장하는 프로젝트가 진행 중이다." 이 조치를 통해 시는 오케스트라 하나를 줄이고, 연간 약 170,000제국마르크를 절약하면서도 문화적 혜택은 유지할 것으로 보았다.

1932년 6월 4일, 베를린 시청에서 열린 필하모닉 감독회의에서 합병의 구체적 조건이 발표되었다. 필하모닉은 단원 수를 86명에서 105명으로 확대하기로 했고, 그에 따라 단원 50명으로 구성된 심포니 오케스트라의 약 40%가 필하모닉에 편입되었다. 나머지 단원들은 베를린의 극장과 카페 오케스트라에 배치되었다. 필하모닉은 앞으로 시즌당 푸르트뱅글러 지휘로 6회의 음악회, 다른 지휘자에 의한 25회의 음악회, 2회의 합창 공연, 1회의 실내악 시리즈, 12회의 학교 음악회를 열기로 했다.

정치적 거래의 산물이라 할 수 있는 이러한 조치들은 필하모닉 내부에서 큰 불만을 일으켰다. 정치적으로 부과된 프로그램 편성은 예술적 자율성을 침해했고, 단원 편입은 필하모닉의 자치 전통과 정면으로 충돌했다. 재정적으로도 별로 도움이 되지 않았다. 1932년 봄, 오케스트라는 급여조차 충분히 지급하지 못하고 있었으며, 여기에 추가로 최대 20명을 받아들이는 것은 현실적으로 불가능했다. 실제로 1933년 3월, 베를린 시가 필하모닉 유지에 지출한 금액은 심포니 오케스트라 해체로 절감한 비용보다 더 많았다.

합병은 예정대로 진행되었다. 1932년 9월 7일, 푸르트뱅글러와 막스 폰 실링스(베를린 시립 가극장 대표), 그리고 필하모닉 단원들이 참석한 가운데, 이전 심포니 오케스트라 단원들을 위한 오디션이 열렸다. 23명이 이 굴욕적인 심사를 통과해 필하모닉에 받아들여졌다. 1932년 10월 1일, 두 오케스트라의 합병이 공식화되었고, 1933년 1월 27일에는 새로 편입된 23명의 단원이 유한회사 지분을 취득하고 음악 협동조합의 정식 구성원이 되었다. 그리고 정확히 그로부터 3일 후, 히틀러가 제국총리에 취임했다.

새로 편입된 단원 23명 중 최소 6명은 나치당원이었고, 그중에는 첼로 주자이자 심포니 오케스트라의 이사였던 프리츠 슈뢰더도 있었다. 히틀러와 나치가 집권한 이후의 혼란스러운 시기, 옛 심포니 단원들과 필하모닉 단원 중 나치당원들은 오케스트라를 새로운 체제의 이념에 맞게 재편하려 했다. 슈뢰더는 1933년 봄과 여름 동안 자신들의 시도를 상세하게 기록으로 남겼다.

"베를린 필하모닉에서 일어난 사실 보고: 당원들에 의한 단체 조직 시도가 있었으나 오케스트라 지휘부가 이를 거부했다. 푸르트뱅글러 박사는 당국에 합병 철회를 요청했다. 그러나 괴벨스가 8월에 새 계약서를 직접 검토한 다음, "그런 직위는 실제로 인텐던트 역할을 수행하는 경우에만 부여해야 한다"라며 이 조항을 기각했다. 베를린 필하모닉을 둘러싼 실용적·정치적·상징적 차원의 경계는 이미 매우 모호했고, 괴벨스가 폰 베스터만에게 프로그램 기획과 경영을 맡기는 데는 동의했지만 '실제로 기능하는 인텐던트'의 자유를 허용할 생각은 없었다. 이는 슈테크만의 직위나 괴벨스 자신의 명예 '후원자' 직책과도 무관했다. 푸르트뱅글러가 제국의 예술 정책이 "오직 총통과 그가 임명한 장관들의 결정에 따른다"고 공손하게 인정한 것처럼, 괴벨스의 주장 뒤에는 하나의 근본적인 진실이 있었다. 바로 나치 독일에서는 오직 하나의 권력이 있다는 사실이었다. 베스터만이 그의 임명에 관한 조건을 나열할 수는 있었지만, 이를 실행하기 위해서는 행정 조직이 필요했다. 국가 행정조직은 합법적이고 체계적으로 한 기구를 바꿀 권한이 있었지만 더 높은 장관들을 거스를 수는 없었다. 푸르트뱅글러는 사람들을 기용하고 해고하는 데 영향을 미칠 수는 있었지만, 그 역시 꺾일 수 있었다. 정권이 언제나 오케스트라와 관련된 사안에 개입할 수 있는 권리를 스스로 유보하는 한, 베스터만은 결코 진정한 인텐던트가 될 수 없었다. 뿐만 아니라, 베를린 필하모닉 오케스트라는 이미 정권의 상징이자 독일의 상징인 제국 오케스트라가 되어 있었다. 그렇기에 오직 한 사람의 진정한 '지도자'가 있을 뿐이었다. 오케스트라는 경영진의 재선임과 유대인의 우월권을 제거할 것을 요구했다(가이스마르 문제). 이러한 요구는 오케스트라 대표 회의를 통해 전달되었다. 질서와 청결을 유지하고자 했던 당원들은 오히려 문제 인물로 지목되었다. 푸르트뱅글러 박사는 유대인 문제에 관해 괴벨스 장관과 협의한 후, 그들을 계속 오케스트라에 남겨 두었다."

1933년 6월 슈뢰더는 로렌츠 회버와 함께 오케스트라 이사로 선임되면서 오랫동안 오케스트라 단원이었던 리하르트 볼프를 대신했다. 두 사람 모두 나치당원은 아니었다. 슈뢰더가 이사로 선출된 과정은 형식적으로는 합법적이었으나, 이 조치는 트럼펫 주자 안톤 슐데스와 첼로 주자 볼프람 클레버라는 두 나치당원의 정치적 음모에 따른 비정상적 결과였다.

1933년 여름, 오케스트라는 독일 사회의 나치화와 함께 변화하는 듯 보였다. 그러나 8월, 푸르트뱅글러는 괴벨스와 히틀러에게 오케스트라의 상황을 직접 논의했다. 그로부터 약 5주 뒤, 루돌프 폰 슈미트제크가 오케스트라 관리자로 취임하고, 1933년 10월 19일, 베를린 필하모닉 오케스트라가 "총통 히틀러의 요청에 따라" 11월 1일부로 제국 오케스트라가 된다는 발표가 내려졌다. 이 조치와 동시에 15명의 단원 계약이 종료되었다. 이들은 모두 옛 심포니 오케스트라 출신이었으며, 프리츠 슈뢰더도 포함되었다. 결정은 정부 명령이었으므로 어떤 이의 제기도 불가능했다.

푸르트뱅글러가 괴벨스 또는 히틀러와 어떤 합의를 했는지는 확실하지 않다. 다만 제국의 오케스트라 인수와 심포니 오케스트라 합병 철회에 동의한 사실만큼은 분명하다. 그는 처음부터 합병에 반대했고, 이를 되돌리려 노력했다. 또한 합병을 통해 들어온 나치당원들의 음모도 거부했다. 푸르트뱅글러가 최고 권력층에 호소한 데에는 어느 정도 이념적 요인도 있었지만, 무엇보다도 내부 반란 속에서 자신의 지도력을 회복하기 위한 목적이 컸다. 그는 결국 괴벨스와 히틀러에게 도움을 요청했고, 원하는 결론을 얻어냈다.

　1932년 필하모닉 단원들이 23명의 신입 단원 편입이라는 정치적 책략에 분노했듯이, 1년 뒤 해고된 15명의 옛 심포니 오케스트라 단원들도 정치적 결정에 의해 부당한 취급을 받았다고 느꼈다. 그들은 변호사 하일 박사를 통해 권리를 주장하고 선전부와의 면담을 요구했다. 해고된 이들은 단지 일자리를 잃은 것만이 아니라, 약 3,600제국마르크에 해당하는 미지급 급여와 유한회사 지분조차 받지 못한 상태였다. 이들 상당수는 히틀러가 당원과 참전 용사를 해고해 거리로 내몰면서도, 외국인과 유대인을 오케스트라에 남겨 둘 것이라고는 믿을 수 없었다. 바이올린 주자 발터 네안더는 다음과 같이 썼다. "독일인으로서 참전 용사가 길거리로 내몰리고, 동시에 외국인과 유대인이 오케스트라에 남아 있는 것은 참담하다. 나는 이 불공정한 조치가 우리 총통의 의지와는 어긋난다고 확신한다."

　해고된 단원들은 선전부의 법률 담당 부서 책임자였던 한스 슈미트-레온하르트 참사관과 면담하는 자리에서 "참전 용사와 나치당원이 피해를 입고, 비(非)아리아인은 여전히 오케스트라에 남아 있다"고 항의했다. 슈뢰더에 따르면, 참사관은 격분해 자리에서 벌떡 일어서며 회담을 종료했다고 한다. 이에 대해 제출된 보고서에는 다음과 같이 기술되어 있다. "내가 자리에서 벌떡 일어났다는 것은 과장된 주장이다. 다만 참전 용사와 당원의 배제, 그리고 몇몇 유대인의 잔류에 관한 문제를 상부에 전달하기로 했고, 실제로 그렇게 했다."

　히틀러가 1933년 10월 19일 명령이 일부 당원에게 미치는 영향을 알고 있었는지는 불확실하다. 이는 분명 푸르트뱅글러에 대한 정치적 양보였고, 유명 지휘자의 협력을 확보하는 일이 수십 명의 열성 당원의 요구보다 더 중요하게 여겨졌음을 보여준다. 해고된 단원들의 재고용은 불가능했으며, 금전 보상 협상은 수개월 동안 이어졌다. 1934년 9월, 선전부는 미지급 급여와 유한회사 지분을 합쳐 총 5,000제국마르크를 제안했다. 단원들은 이를 수용했으나, 15명 모두가 390제국마르크를 실제로 받기까지는 추가로 3개월이 더 소요되었다.

그렇다면 '참전 용사이자 당원'들이 길거리로 내몰린 상황에서, 여전히 베를린 필하모닉에 남아 있던 유대인 단원들은 어떤 처우를 받았을까? 1933년 기준으로 100명 이상인 필하모닉 단원 중 네 명이 유대인이었다. 콘서트마스터 지몬 골드베르크, 제1바이올린 길베르트 바크, 그리고 첼로 주자 니콜라이 그라우단과 요제프 슈스터가 그들이었다.

1933년 4월 13일, 히틀러가 제국 총리로 임명된 지 10주도 지나지 않은 시점에, 베를린 시장 빌헬름 하페만은 '업무 수행을 위한 주정부 위임관'이라는 직책을 내세워 필하모닉 이사 로렌츠 회버를 소환하고, "오케스트라의 모든 유대인 단원의 악기와 국적을 명시한 명단"을 제출하라고 요구했다. 회버는 원칙적으로는 이에 동의했으나 실제로는 아무 조치도 취하지 않았다. 열흘 뒤에도 답변을 받지 못하자 하페만은 회버에게 서면 경고를 보냈다. 그는 "베를린 필하모닉 오케스트라의 유대인 단원 명단을 3일 내로 제출하지 않으면, 해당 단원들의 계약서 사본을 확보하여 언제 해고가 가능한지 즉시 검토하겠다"고 적었다.

나치 정권이 권력을 장악한 직후부터 잔혹한 반유대 정책이 추진되었지만, 회버는 두 가지 강력한 근거를 내세워 대응했다. 첫 번째는 법적 기반이었다. 베를린 필하모닉은 명망 있는 기관이자 공적 자금을 지원받긴 했지만, 1933년 4월 당시에는 민간 단체였다. 나치가 4월 7일

제정한 '공무원 제도 회복 법'에서 처음 도입된 '아리아인 조항'은 공무원·대학·국립 극장 등에서 유대인 고용을 제한했지만, 필하모닉에는 적용되지 않았다. 물론 상황이 오래 지속되기 어렵다는 점은 누구나 예상할 수 있었지만, 회버는 하페만의 위협이 실질적 법적 근거가 없다는 사실을 알고 있었으며, 최소한 시간을 벌 수 있다는 점을 알고 있었다.

두 번째 근거는 푸르트뱅글러와의 연대였다. 회버와 베를린 필하모닉은 푸르트뱅글러의 입장에 확고히 서 있었다. 푸르트뱅글러와 괴벨스는 이미 독일 문화계의 유대인 문제를 두고 신문 지면에서 공개적으로 논쟁을 벌인 바 있었다. 1933년 4월 11일, 푸르트뱅글러는 다음과 같이 썼다. "예술과 예술가는 사람들을 분리하기 위해 존재하는 것이 아니라, 서로 연결하기 위해 존재한다. 내가 인정하는 유일한 경계는 '좋은 예술과 나쁜 예술' 사이뿐이다. 그러나 지금 유대인과 비유대인 사이의 경계는—그들의 정치적 태도가 비난받을 이유가 없을 때조차—이론적 수준에서 무자비하게 그어지고 있다. 반면, 우리 음악계의 장기적이고 결정적인 경계인 '좋은 것과 나쁜 것'의 구별은 지나치게 방치되어 있다."

괴벨스는 이 발언에 반박하면서, 독일 문화에서 유대인을 뿌리 뽑기 위한 움직임이 혹시 지나치게 열성적이었다면 사과한다고 냉소적으로 언급했다. 이어서 지난 14년 동안 '진정한 독일 예술가들'이 망각에 내몰린 반면 브루노 발터, 오토 클렘페러, 막스 라인하르트 같은 유대인 예술가들이 지나치게 스포트라이트를 받았다고 차갑게 '설명'했다. 따라서 나치 정권 초기의 조치는 "지극히 자연스러운 반작용일 뿐"이라고 했다. 그는 일기에서 이렇게 적었다. "사람들은 우리가 좋은 정치인이 될 수는 있어도 예술의 친구일 수는 없다고 생각한다. 미래가 이 오해를 바로잡아 줄 것이다."

푸르트뱅글러는 공개적으로 유대인 음악가를 옹호할 때 매우 신중했지만, 회버는 그가 필하모닉의 유대인 단원들을 지지할 것이라는 점을 잘 알고 있었다. 회버는 결국 하페만이 정한 3일의 기한을 넘긴 뒤에야 답신을 보냈다. 그는 "이미 알고 있는 유대인 단원"에 관해 보고하면서, '반(半)유대인 혈통'을 지닌 단원을 식별하는 것은 시간이 더 필요한 일이라고 덧붙였다. 그리고 유대인 음악가들의 계약서와 지분 증서 사본도 첨부한 뒤, 오케스트라 투어가 끝난 후 3주만 더 기다려 달라고 요청했다. 이후 회버와 푸르트뱅글러, 그리고 당국 및 나치 선동가들 사이에서 벌어진 밀고 밀리는 대응전이 몇 달 동안 이어졌다. 오케스트라 투어에서 돌아온 5월, 푸르트뱅글러의 책상에는 해고·정직·위협을 받은 유대인 음악가, 작곡가, 학자들의 편지와 전보, 엽서가 산더미처럼 쌓여 있었다. 이들은 그의 개입을 간절히 청원했다.

푸르트뱅글러는 베를린 필하모닉의 네 명의 유대인 단원을 보호하기 위해 온 힘을 다했다. 그는 거의 변명하듯 괴벨스에게 편지를 보내 "세 명의 유대인 단원은 장기간의 오디션 끝에, 그들을 대신할 만한 아리아인 연주자를 찾지 못했기에 실력에 따라 채용되었다"고 썼다. 그는 오직 실력으로 판단했다고 강조했는데, 이는 그가 길베르트 바크의 유대인 정체성을 몰랐을 가능성을 시사하기도 하고, 혹은 그가 이미 검증된 제1바이올린 주자의 정체를 '기억하지 않는 척'했을 가능성도 있다. 푸르트뱅글러에게 이 문제는 단순한 편견의 문제가 아니라, 정치적 개입을 배제하려는 일관된 원칙의 문제이기도 했다. 그는 유대인 음악가 문제를 여러 차례 제기했으며, 그 과정은 필하모닉과 심포니 오케스트라의 합병, 제국 정부의 재정 지원, 자신의 지휘권 확보, 그리고 폰 슈미트제크의 임용 등 다른 중요 사안들과도 밀접하게 연결되어 있었다. 결국 푸르트뱅글러는 괴벨스를 설득해 네 명의 유대인 단원을 그대로 남길 수 있게 합의를 이끌어냈다.

괴벨스는 이 사안을 보다 큰 맥락에서 바라봤고, 향후 12년 내내 반복적으로 보여준 것처럼, 더 큰 이익을 위해 작은 양보를 할 준비가 되어 있었다. 그가 보기에 푸르트뱅글러를 수석지휘자로 유지하고 그 영향력을 선전에 활용할 수 있다면, 몇몇 유대인 단원의 박해를 늦추는 일쯤은 얼마든지 감수할 수 있는 사안이었다. 그러나 시대적 환경은 잔혹했다. 1933년 4월 26일, 푸르트뱅글러가 한때 총감독으로 있었던 만하임 국립 오케스트라와 베를린 필하모닉이 합동 공연을 했을 때, 몇몇 만하임 단원들은 필하모니의 유대인 수석 단원 뒷줄에 앉아야 한다는 사실에 격렬하게 항의했다. 베를린 필하모닉에 열 명도 넘는 유대인이 있다는 소문이 돌았지만, 실제 분노는 주로 콘서트마스터 지몬 골드베르크에게 집중되었다. "만하임 콘서트마스터는 훨씬 실력이 부족했지만, 당원으로서 즉시 새 정권과 보조를 맞추었다." 베르타 가이스마르의 회고록에 나오는 얘기다.

푸르트뱅글러는 좌석 배치는 자신이 결정할 문제라고 주장하며, 그게 아니라면 공연을 취소하겠다고 위협했다. 그의 단호함은 결국 관철되었고, 골드베르크는 만하임 공연에서 콘서트마스터 자리에 앉을 수 있었다. 그러나 사태는 끝나지 않았다. 푸르트뱅글러는 만하임 오케스트라 이사회에 항의 서한을 보내 자신의 입장을 다시 분명히 했고, 그 과정에서 괴벨스의 지원을 언급했다. "베를린 필하모닉 오케스트라의 유대인 단원 문제는 귀 기관의 관할이 아니라, 필하모닉을 관장하는 제국 정부의 관할에 속합니다. 정부는 잘 알고 있습니다—어쩌면 잊으셨겠지만—독일인으로 산다는 것이 무엇을 뜻하는지, 그리고 독일뿐 아니라 전 세계에서 독일 오케스트라 예술의 정점을 대표해야 하는 오케스트라에서는 무엇보다도 성과의 원칙이 최우선이며, 앞으로도 그래야 한다는 점을."

지몬 골드베르크는 1929년 베를린 필하모닉에 합류했다. 폴란드 출신인 그는 19세에 저명한 솔리스트로 인정받았으며, 피아티고르스키, 에트빈 피셔, 아르투어 슈나벨과 정기적으로 실내악을 연주했다. 이후 라두 루푸, 릴리 크라우스와도 듀오를 결성했다. 골드베르크와 첼로 수석 요제프 슈스터는 베를린 필하모닉의 현악 파트를 탁월한 기량으로 이어갔고, 수많은 독주무대에서도 활약했다. 1933년 오케스트라의 세 명의 콘서트마스터 가운데, 푸르트뱅글러는 특히 골드베르크에게 깊은 신뢰와 찬사를 보냈다.

"그는 현재 유럽에서 가장 뛰어난 콘서트마스터라고 평가받을 수 있을 것입니다."

1934년 초, 제국 정부가 베를린 필하모닉을 직접 관할하게 되면서, 단원들은 공식적으로 공무원 신분을 갖게 되었다. 따라서 오케스트라의 '유대인 문제'는 법적 문제로 성격이 바뀌었고, 이제는 유대인 단원을 보호하는 것이 더욱 어려운 일이 되었다. 1933/34 시즌 말, 골드베르크와 요제프 슈스터는 결국 독일을 떠났다. 이 결정이 정치적 명령 때문이라는 증거는 없으며, 오히려 독일 음악계와 사회 전반에서 증가하는 반유대적 적대감에 대한 자연스러운 대응으로 보는 것이 타당하다. 사실 골드베르크는 상당히 급하게 출국한 것으로 보인다. 오케스트라 회계장부에는 1935년까지 그에게 지급해야 할 잔액이 남아 있었다. 수십 년 후, 골드베르크는 미국에서 변호사를 고용해 과거 베를린 자택에 대한 권리를 주장했다. 언론에서는 그의 출국을 '갑작스러운 이탈'로 기술했다. 골드베르크의 후임으로는 후고 콜베르크가 임명되었고, 한편 '문서상 아리안 혈통이 입증된' 헝가리 출신의 티보르 데 머출러는 '유대인 슈스터의 후임'으로 임명되었다.

나치가 집권한 지 16개월이 지난 시점에서, 네 명의 유대인 단원 가운데 오케스트라에 남아 있던 이는 그라우단과 바크 두 명뿐이었다. 1934년 12월, 니콜라이 그라우단의 계약 갱신 시기가 다가왔다. 오케스트라의 섹션 단원과 달리 콘서트마스터 및 첼로 수석은 개인 계약을 맺었고, 더 높은 급여, 낮은 의무, 그리고 독주 활동 병행을 보장받았다. 라트비아 출신인 그라우단은 유대인이자 외국인이었다. 그는 1927년 그레고르 피아티고르스키의 후임으로 베를린 필하모닉에 들어왔으며, 베를린과 해외 무대에서 솔리스트로 활동했다. 또한 골드베르크, 파울 힌데미트, 루돌프 제르킨 등과 실내악을 연주했다. 그의 아내 요안나 그라우단도 재능 있는 피아니스트이자 교육자였다.

1934년 그라우단의 계약 갱신 과정은 푸르트뱅글러의 사임 시기와 맞물린다. 이는 노골적인 반유대 선전이나 직접적 정치 명령이 아닌, 보다 '세련된 방식'으로 원치 않는 인물을 제거하려는 전략의 일환이었다. 푸르트뱅글러가 부재했음에도, 그라우단의 계약은 자동 종료되지 않고 갱신되었다. "장관이 비아리아인인 그라우단의 고용을 승인했다.” 그러나 그에게는 급여 인상이 거부되었고, 대신 “개별 업무 수행을 늘릴 것”을 요구받았다. 세계적 명성을 지닌 음악가에게 내려진 이러한 조치는 사실상 해고보다 더 큰 굴욕이었다. 1935년 여름, 그라우단은 영국에서 새 일자리를 얻고 베를린 필하모닉과의 계약 해지를 요청했다. 오케스트라와 장관은 신속히 이를 승인했고, 카를 슈테크만은 수석 첼로 후임을 물색하며, 상부에 “아리아 혈통인 사람만을 고려할 것”이라고 보고했다. 그라우단이 오케스트라를 떠난 지 이틀 뒤, 그는 독일에서 공연 금지 조치를 받았다.

이제 유대인 단원은 단 한 명만 남았다. 그라우단이 떠난 지 일주일도 되지 않아, 선전부 국가 위임관 한스 힌켈은 슈테크만과 예술감독 한스 폰 벤다에게 베를린 필하모닉의 ‘유대인 단원 처리 상황’을 보고하라고 요구했다. 슈테크만과 폰 벤다는 다음과 같이 보고했다.

“유일한 유대인은 길베르트 바크인데, 1925년 10월 1일부로 오케스트라에 소속되었습니다. 바크는 재능 있는 바이올린 주자이며, 정치적으로 두드러진 활동은 없었고, 어떤 정당에도 소속된 적이 없습니다. 아버지는 소피아에서 첫 독일 학교를 설립했으며, 형은 제1차 세계대전 당시 오스트리아군 장교로 복무했습니다. 사촌은 독일군 통역관으로서 페르시아 사막을 가로지른 유명한 작전에 참여했습니다. 바크는 오스트리아 시민입니다.”

슈테크만과 폰 벤다는 바크를 고귀하고 애국적인 인물로 묘사하려 애썼지만, 힌켈 같은 이들에게 중요한 것은 그의 종교적·혈통적 배경이었으며, 음악적 업적이나 인간적 자질은 부차적이었다. 1935년 9월, 나치 정권은 악명 높은 뉘른베르크 인종법을 공포했다. 곧이어 바크는 약

16,000제국마르크라는 거액을 받고 오케스트라에서 배제되었다. 그는 결국 터키와 파리를 거쳐 미국으로 이주했다. 1935/36 시즌이 시작되었을 때, 베를린 필하모닉에는 더 이상 유대인 단원이 존재하지 않았다.

이 네 명의 유대인 단원 외에도, 부분적으로 유대인 혈통('반유대인' 또는 '혼혈'이라는 공식 용어)은 있었으나, 오케스트라 단원으로 남아 있었던 이들도 있었다. 18년 경력의 덴마크인 첼로 주자 한스 보터문드, 16년간 제2바이올린을 맡은 브루노 슈텐첼이 그 사례인데, 슈텐첼의 어머니는 헝가리 유대인이었다. 회버가 지적했듯 이러한 '부분 혈통'의 확인에는 상당한 어려움이 있었다. 어떤 보고서는 바순 수석 카를 로이슈너 역시 유대인 조상이 있었다고 기록한다. 1936/37 시즌부터 단원들은 '아리아인 증명서'를 제출해야 했으나, 실제로는 묵인된 것으로 보이며, 이는 아마 푸르트뱅글러가 괴벨스와 맺은 비공식적 합의 덕분일 수 있다. 괴벨스의 관점에서 '완전 유대인'은 국가적 상징인 오케스트라의 단원으로 무대에 설 수 없었지만, 몇몇 '반유대인' 연주자들은 일시적으로 용인될 여지가 있었다.

푸르트뱅글러가 골드베르크, 바크, 슈스터, 그라우단과 관련해 괴벨스와 일종의 합의를 이루어낸 것으로 보이지만, 채 2년도 지나지 않아 그 양보는 사실상 무효화되었다. 장기적으로는 장관이 완전히 우위를 점했지만, 단기적으로는 푸르트뱅글러와 오케스트라를 달래기 위해 몇몇 '반유대인' 단원을 남겨두는 데 동의했던 것으로 보인다. 다행히 보터문드, 슈텐첼과 다른 몇몇 단원들은 나치 시대에도 필하모닉에서 활동을 계속할 수 있었다.

나치의 인종정책에서 중요한 사실은, 당시 오케스트라 단원 중 최대

네 명이 유대인 배우자를 두고 있었다는 점이다. 콘서트마스터 후고 콜베르크, 바이올린 주자 리하르트 볼프, 클라리넷 수석 에른스트 피셔, 호른 주자 오토 헤스가 그들이다. 푸르트뱅글러는 콜베르크를 높이 평가해 솔리스트와 실내악 연주자로 자주 기용했다. 콜베르크의 첫 계약은 이례적으로 5년이었다. 계약 초안에는 "콜베르크 씨가 비아리아인과 결혼했음을 인지하고 계약을 체결한다"는 문구가 있었으나, 이후 삭제되었다. 이는 콜베르크에게 모욕이 될 수 있었기 때문일 수도 있고, 나중에 보다 엄격한 인종정책이 적용될 때 생길 수 있는 법적 허점을 피하기 위한 조치였을 가능성도 있다.

1934년 푸르트뱅글러의 추천으로 베를린에 온 후고 콜베르크는 곧 독일 음악계 전반에서 중요한 인물로 자리 잡았다. 그러나 그는 나치당국의 시선에서는 끊임없는 불신의 대상이었다. 1938년 8월 콜베르크는 미국에서의 일련의 콘서트를 위해 5주간 휴가를 요청했다. 장관은 이를 선전 기회로 활용할 수 있다고 보기보다는 그의 유대인 아내 때문에 "미국에 영구 정착할 가능성"을 우려했다. 결국 콜베르크는 귀국을 약속하는 서약서를 제출해야 했다. 반면 한스 폰 벤다는 콜베르크의 휴가를 반대하지 않았으니, 결국 1~2년 안에 그의 자리를 교체해야 할 거라고 내다봤기 때문이다.

콜베르크가 이미 출국 계획을 염두에 두고 있었는지, 혹은 오케스트라 측이 '아리아인화'를 더 서두르려 했던 것인지는 확실하지 않다. 그러나 결과적으로 콜베르크는 1939년 베를린 필하모닉을 떠나 미국으로 건너갔다. 이후 그는 피츠버그, 뉴욕, 클리블랜드, 시카고 등 주요 미국 심포니 오케스트라에서 18년 동안 콘서트마스터로 활약했다.

1958년, 비록 유대인 아내와는 이미 이혼한 상태였지만, 그는 독일 정부에 보상을 요구했고 요구는 받아들여졌다. 그는 경력의 마지막 5년인 1958년~1963년에 다시 베를린 필하모닉의 콘서트마스터로 복귀했다.

베를린 필하모닉 오케스트라의 구성원이었던 콜베르크 부부의 사례에서, 푸르트뱅글러가 관련 당국에 개입했는지, 개입했다면 어떤 조건이 있었는지는 명확히 기록되어 있지 않다. 그러나 제1차 세계대전 이전부터 오케스트라 단원이었던 에른스트 피셔의 경우는 훨씬 분명하다. 그는 공개적으로 푸르트뱅글러에게 평생 감사해야 한다고 말했다. 1946년 푸르트뱅글러에 대한 탈나치화 절차에서 피셔는 이렇게 진술했다. "당시 나는 유대인 아내와 함께 큰 압력을 받고 있었습니다. 1933년 이후, 푸르트뱅글러는 게슈타포와 정부가 내린 모든 조치에 대해 항상 우리를 도와주었습니다."

피셔와 그의 아내는 전쟁 기간 무사히 살아남았다. 오토 헤스 역시 그와 비슷한 감사와 감정을 표했다고 전해진다. 반면 리하르트 볼프는 유대인 아내 때문에 처음에는 제국음악국(국가 음악행정 기관)에서 제외되었다. 그러나 이 경우에도 푸르트뱅글러는 조치가 실제적인 불이익으로 이어지지 않도록 중재한 것으로 보인다. 그의 아내가 1937년에 사망하자, 볼프는 아무런 문제 없이 다시 제국음악국으로 복귀했다.

전해지는 바에 따르면 푸르트뱅글러는 유대인 음악가의 배우자가 금지된 콘서트에 참석할 수 있도록 허용하는 데에도 개입했다. 1937년 8월 2일, 괴벨스는 일기에 이렇게 적었다. "오케스트라에는 여전히 몇몇 혼혈 유대인이 있다. 나는 그들을 제거하려 한다. 쉽지는 않을 것이다.

푸르트뱅글러는 그들을 지키기 위해 온 힘을 다하고 있다." 여기서 괴벨스가 말한 '혼혈 유대인'이 배우자들을 의미하는지, 혹은 단원 중 어떤 인물을 가리키는지는 명확하지 않다. 어쨌든 필하모닉 안에 유대인이 남아 있었다는 사실 자체가 문제가 된다는 점은 분명했다.

1939년 9월, 어떤 한 여성이 자신을 '베를린 필하모닉 단원의 아내'라고 밝히며, 유대인 아내가 콘서트에 있다는 사실에 대해 선전부에 강하게 항의하는 편지를 보냈다. 이에 선전부는 오케스트라 측에 확인을 요구했다.

이에 대해 슈테크만은 다음과 같이 명확하게 답했다.

"제보자는 오케스트라 단원의 아내가 아닐 가능성이 큽니다. 또한 이러한 정보는 오해를 불러일으킬 수 있습니다. 실제로 콘서트마스터 콜베르크가 퇴사한 이후, 오케스트라 단원의 유대인 아내는 세 명뿐입니다. 어떤 경우에도, 오케스트라 콘서트에서 이 유대인 여성들이 참석하는 경우는 없습니다. 필하모닉 경영진은 유대인 여성들의 행동에서 불미스러운 일이 발생할 경우, 당연히 필요한 조치를 취할 것입니다."

이 통보는 여러 의미에서 주목할 만하다.

첫째, 슈테크만이 편지의 진위를 의심한 점은, 편지가 여론을 자극하려는 조작이었거나, 단원 몇몇이 동료를 속이는 이중적 행동을 했기 때문이었을 가능성도 배제할 수 없다.

둘째, 유대인 배우자들이 실제로 콘서트 참석 허가를 신청했다는 사실을 인정한 점은, 푸르트뱅글러가 이들을 위해 개입했다는 여러 보고를 뒷받침한다.

셋째, 슈테크만이 "인종정책에 어긋나는 어떤 행동도 즉시 오케스트라 경영진이 처리할 것"이라고 강력히 천명한 점은, 4년 전 사건에서의 대응과 유사하다. 당시 경영진은 "유대인의 영향력은 완전히 배제되었으며, 1930년 이후 유대인은 오케스트라에 채용되지 않았고 앞으로도 그럴 것이다"라고 선언한 바 있었다.

그러나 이러한 '보장'은 실제 효과가 거의 없었다. 슈테크만과 폰 벤다의 행동을 보면—두 사람 모두 선전부에서 임명되었고 나치당원이었음에도—한편으로는 유대인 음악가를 보호하려 하고, 다른 한편으로는 유대인의 영향력을 배제하겠다고 약속하는 모순된 태도가 드러난다. 그들은 오케스트라의 '공동체 정신'을 무엇보다 중요하게 여기고, 이를 지키고자 했을 가능성이 있다. 그렇다면 이 '신화적 공동체 정신'은 무엇일까? 1930년 이후 오케스트라에서 유대인 음악가가 새로 채용된 적이 없었다는 사실은 단순한 우연이었을 수도 있을 것이다. 당시 채용 규정에 따르면 오디션에는 모든 단원이 참석해야 했으며, 최종 합격자는 최소 3분의 2 이상의 찬성과 푸르트뱅글러의 승인을 받아야 했다. 그 뒤에는 1년의 수습 기간이 뒤따랐다. 오디션 과정에서 무의식적 편견이 작용했을 수 있으나, 대부분의 단원들은 음악적 실력, 오케스트라의 공동체 정신, 몰입과 열정, 그리고 전체 집단의 의지에 복종할 수 있는 능력을 더 중요한 기준으로 여겼다.

1933년 당시 오케스트라의 유대인 음악가는 전체의 4% 미만에 불과했지만, 독일 전체 인구에서 유대인이 차지하던 비율보다 높았다. 나치들은 이들의 빠른 탈출을 환영했다. 반면 단원들의 반응은 대부분 수동적이었다. 일반적 공동체라면 소수 집단의 처지에 강렬한 반응을 기대하기 어렵지만, 베를린 필하모닉은 자신들이 특별한 공동체라는 정체성을 유지하려 했다. 그럼에도 정치·사회적 변화는 오케스트라 내부에도 영향을 미쳤다.

베를린 필하모닉의 창립 자체가 정치적 행위였고, 오케스트라는 민주적 문화를 자랑해왔다. 단원들은 경영진을 비밀투표로 선출했고, 중요한 결정은 합의를 통해 이루어졌다. 나치가 오케스트라를 장악하고 전문 경영진을 임명한 뒤에도, 단원 문제에 대해서는 자치가 유지되었다.

비올라 주자 로렌츠 회버는 1923년부터 오케스트라 이사로 활동했다. 그는 공식적으로 경영진에서는 물러났지만 여전히 근무표 작성, 연주 배치, 여행 및 숙소 조율 등을 담당했다. 단원 수가 97~106명 사이에서 변동하고 프로그램이 수시로 바뀌었던 만큼, 이는 큰 과제였다.

1933년, 베를린 심포니 오케스트라와의 합병 이후 프리츠 슈뢰더가 이사회에 도전했다. 그는 트럼펫 주자 안톤 슐데스, 첼로 주자 볼프람 클레버, 그리고 옛 심포니 오케스트라 출신 몇몇 단원과 함께 오케스트라의 나치화를 시도했다. 이들은 자신들이 '청결과 질서'를 위해 행동한다고 주장했으나, 그 개념에는 이미 인종적 요소가 포함되어 있었다. 1933년 슐데스와 클레버는 단원 리하르트 볼프를 몰아냈고 자유투표에서 슈뢰더가 그 후임으로 선출되었다. 이후 푸르트뱅글러의 개입으로 결과가 취소되었고, 9개월 뒤 슈뢰더와 옛 심포니 오케스트라 출신 단원 14명이 물러났다. 하지만 베를린 필하모닉 공동체에 의해 민주적으로 수여되었던 슈뢰더의 짧은 권한은 중요한 선례를 남겼다.

1933~1945년 오케스트라의 나치당원 수를 정확히 파악하기는 어렵다. 기록이 불완전하고, 입당 시기도 제각각이었으며, 많은 단원들이 사망하거나 퇴직했기 때문이다. 문서상으로는 15명이 당원으로 확인

되며, 약 3명 정도가 추가로 추정된다. 1946년 오케스트라 자료에는 연필로 "Pg(당원)" 표시와 입당 날짜가 적혀 있어 실제로는 20명 이상이었을 가능성이 높다. 이에 대해 두 가지 비교가 흥미롭다.

1. 소련이나 동독과 달리, 당원 가입은 권장되었지만 필수는 아니었다. 모든 단원이 나치 시절 제국음악국에 가입해야 했지만, 나치당원이 아니어도 정부 지원을 받을 수 있었다.
2. 필하모닉 단원의 20%가 당원이었다 하더라도, 1943년 빈 필하모닉의 42%와 비교하면 낮은 수치이다.

핵심은 통계가 아니라, 그들이 오케스트라 공동체 내에서 수행한 역할, 그리고 이들의 존재에 대해 다른 단원들이 보인 반응이다. 단원들이 나치당에 가입한 이유는 다양했다. 확고한 이념적 신념을 가지고 행동한 이들도 있었다. 여기에 첼로 주자 볼프람 클레버, 트럼펫 주자 안톤 슐데스, 비올라 주자 라인하르트 볼프, 베를린 심포니 출신 비올라 주자 베르너 부흐홀츠, '블루트훈트[1]'라는 별명이 붙은 바이올린 주자 알프레트 그라우프너, 그리고 리허설 때도 나치 제복을 착용하고 나타났다고 알려진 바이올린 주자 한스 비보트가 포함된다. 이들은 특정 당의 노선을 지지하고 동료를 위협하기도 했다. 반면 정치적 동기가 분명하지 않은 음악가들도 있었다. 예를 들어 바이올린 주자 한스 기젤러, 콘트라바스 주자 아르노 부르크하르트, 트롬본 주자 프리드리히 크반테의 경우, 직업적 이익을 기대했거나 압력을 받았거나, 혹은 개인적 성

---

1   Bluthund, 피의 사냥개.

향에 따른 가입일 가능성이 있다. 이들은 비교적 '무해한' 추종자였을 수 있지만, 그렇다고 해서 베를린 필하모닉 대부분의 단원이 당에 참여하지 않았다는 사실을 도외시한 채 이들을 전혀 비난하지 않는 것도 공정하지 않을 것이다.

나치당 가입은 국가사회주의 체제에서 경력에 도움이 될 수 있었다. 이것이 주된 동기였든 부수적 효과였든, 콘서트마스터 에리히 뢴에게도 해당되는 사실이었다. 그는 카를 회퍼, 베르너 부흐홀츠, 볼프람 클레버와 함께 필하모닉 사중주단에서 활동하며 나치의 강력한 후원을 받았다. 그가 실제 당원이었는지는 확실하지 않지만, 오케스트라의 가장 적극적인 당원들과 밀접히 연계되어 있었기에 당원 가능성이 있는 인물로 분류된다. 반면 필하모닉 이사 로렌츠 회버는 나치당에 가입하지 않았다. 그는 성실성과 탁월한 조직력으로 음악공동체에서 존경을 받았으며, 오케스트라 운영의 핵심 인물로 남았다. 따라서 필하모닉의 나치 세력에게는 눈엣가시였고, 그의 영향력을 약화시키려는 시도는 끊이지 않았다.

1937년, 내부 구조 개편과 관련된 공문이 배포되었다. 그 내용은 다음과 같았다. "전 이사 회버는 더 이상 오케스트라를 대표하지 않으며, 새로운 경영진이 대표한다. 오케스트라 대표는 새로 선출된 '신뢰평의회'이며, 평의회는 대표를 지명한다. 그 대표는 동시에 노동전선의 활동을 감독하고 제국음악국에서 오케스트라를 대변한다."

세부 과정은 알려지지 않았다. 회버는 제거되지는 않았으나 경영진의 지휘 아래 놓이게 되었고, 새로운 기관이 오케스트라 대표 역할을 맡았다. 신설된 신뢰평의회[2]는 공식적으로 오케스트라를 대표했으며 총 여섯 명으로 구성되었다. 두 명의 경영진(당시 벤다와 슈테크만)과 단원들이 선출한 네 명의 대표였다. 선출된 네 명은 '블루트훈트' 알프레트 그라우프너, 볼프람 클레버, 안톤 슐데스, 알로이스 에데러였다. 에데러 역시 당원이었으며, 1943년 베를린 공습으로 사망했다. 평의회 구성 당시 클레버는 독일 노동전선(D.A.F.)의 지부장으로 임명되었고, 이후 "제국음악국이 지정하고 경영진이 추천하는" 오케스트라 대표가 되었다. 옛 심포니 오케스트라 출신이며 당원으로 의심되던 하프 주자 프리츠 하르트만은 오케스트라와 제국음악국 간의 연락 담당자가 되었다.

1938년 이후 베를린 필하모닉은 사실상 나치에 의해 대표되었다. 경영진은 정치적 결정에 따라 임명되었고, 평의회는 단원들이 선출한 기구였다. 그렇다면 소수의 나치가 다수의 비나치 공동체를 대표하게 된 이유는 무엇일까? 관련 문서는 거의 없으나 몇 가지 가능성을 추론할 수 있다. 첫째, 조작 가능성이다. 비밀투표였다면 결과가 조작되었을 수 있고, 공개투표였다면 위협이 작용했을 수 있다. 둘째, 후보 단계에서 나치만 등록되었을 가능성이다. 후보 선정 과정이 왜곡되었을 수도 있다. 셋째, 실제로 선거가 자유롭고 공정했으며, 오케스트라가 민주적으로 나치를 대표자로 선출했을 가능성도 있다. 최종적으로는 여러 요인이 복합적으로 작용했을 것이다.

잘 알려져 있듯, 나치 정권은 공포와 협박을 기반으로 작동했다. 위

2　　나치 독일의 신뢰 위원회(Vertrauensräte)는 1934년 노동 조직법(Labour organization law) 제정 이후, 직원 20인 이상의 기업에 설립된 조직이다. 이 위원회는 '공장 지도자'(고용주)와 직원을 대표하는 유일한 기구였으며, 상호 신뢰 증진을 목적으로 했다.

협은 독일 사회 전반에 만연했으며, 베를린 필하모닉 음악가들도 예외가 아니었다. 그러나 오케스트라는 동시에 정치적으로 영리한 공동체이기도 했다. 1920년대부터 필하모닉은 제도적 독립, 조직 구조, 내부 규율, 예술적 자율성, 재정 통제를 두고 여러 정부 기관, 후원자, 심지어 푸르트뱅글러에게서도 압력을 받아왔다.

1930년대 나치당 출신 동료를 보면서, 단원들이 이들의 계획을 승인하는 것이 '현명한 판단'으로 여겨졌을 가능성이 크다. 이에 따라 공개적으로 반대표를 던지기 어려웠고, 도덕적 압력과 양심의 부담 또한 작용했을 것이다. 한편, 나치에 복종함으로써 얻을 실질적 이익도 무시하기 어려웠다. '공동체 정신'은 음악적 연대라기보다 오케스트라의 제도적 정책에 기반한 실용적 원리였다. 가장 중요한 목표는 안전한 환경에서 최고 수준의 공연을 하는 것이었다. 유대인 동료들의 처지를 둘러싼 상황에서 단원들이 선택할 수 있는 여지는 거의 없었다. 그들은 체제에 복종함으로써 정권의 호의를 얻고 특권을 유지하며, 공동체 정신의 잔해라도 지킬 수 있었다. 그렇다고 이러한 실용적 판단이 정치적 압력에 대한 저항이나 오케스트라의 독립적 성향을 약화시키지는 않았다. 1938년 이후, 아마도 신뢰평의회의 주도로, 오케스트라는 나치당으로부터 수많은 공문과 잦은 방문을 받았다. 1938년 10월 26일, 음악가들은 "베를린 지역 부대표의 명령으로 나치당 교육 책임자 P. 셸러가 국가사회주의 세계관에 대해 강연할 예정이며, 참석은 의무"라는 통지를 받았다. 1940년 1월 16일에는 '나치당 제국 연설가이자 정부 고위 관료인 샤움부르크-리페 공작'이 오케스트라 집회에 참석했다. 이 집회는 근무로 간주되었고, 경영진의 허가 없이는 불참이 허용되지 않았다. 1938년의 근무 규정은 단원들의 권리와 의무, 규칙 위반 시 처벌을 명시해 이러한 집회 참석을 제도적으로 보장했다. 같은 해 12월, 콘서트마스터와 첼로 수석을 포함한 모든 단원들은 '지도자 겸 총리'에 대한 충성 선서를 해야 했다. 공공기관 근로자 모두에게 부과된 의무였으며, 필하모닉 단원도 예외는 아니었다. 이후 몇몇 음악가에게 '충성 근무 명예 훈장'이 수여되었는데, 당원은 자동으로 받았으며 비당원은 장기 근무자여야 했다.

1939년, 선전부는 베를린 필하모닉의 새로운 근무 규정을 발표했다. 1934년 규정이 비교적 정치적 색채가 약했다면, 이번엔 전혀 다른 분위기였다. "각 오케스트라 구성원의 가장 중요한 의무는 높은 예술적 과제를 확보하는 데 최선을 다하는 것이다. 이를 수행하기 위해서는 지도자와 추종자 모두 나치 세계관에 따른 봉사 의식이 필요하다. 단원은 예술적 능력을 유지·향상해야 하며, 전체 구성원은 음악감독과 상급자에게 충성해야 한다. 지도자는 추종자의 개인적 능력과 성과를 이해해야 하며, 모든 구성원은 독일 문화에 대한 책임감을 가져야 한다." 이어지는 조항에는 일상적 규정과 함께 "어떤 구성원도 지휘자의 요구나 성과를 비판할 권리가 없다", "무대 위에서 지나치게 큰 소리로 조율하거나 프렐류드를 연주해서는 안 된다" 등 세부 규정도 포함되었다. 이 권위적인 문서는 선전부가 발행했지만, 놀랍게도 오케스트라 자체가 기획한 것이었다. 카를 슈테크만은 선전부에 "우리 단원을 위한 특별 근무 규정을 마련했다"고 보고했다. 여기서 말하는 '우리'는 신뢰평의회를 의미한다. 1933년 프리츠 슈뢰더와 함께 '청결과 질서'를 내세워 행동했던 이들은 결국 자신의 목표를 달성한 셈이었다.

이데올로기적 세뇌가 집중되는 상황에서도, 베를린 필하모닉 단원들은 단순히 지시를 따르는 데 머물지 않았다. 1936년, 첼로 주자 에른스트 푸어와 바이올린 주자 게오르크 디부르츠는 '베를린 필하모닉 단원 친목회(Kameradschaft der Berliner Philharmoniker)' 설립을 추진했다. 그들은 유한회사(오케스트라 운영 회사)와는 독립된 음악가 연합을 만들고자 했으며, 단원 공동 활동을 촉진하고, 빈 필하모닉의 '황금 반지[3]'처럼 상을 수여하며, 예술가와 주요 인사를 초청하는 단체로 발전시키려 했다. 또한 친목회가 선물·기부금·유산·모금 자금 등 재정적 자원을 관리하며, 모든 활동을 유한회사의 권한 밖에서 수행하도록 설계했다. 이러한 계획, 특히 독립적 재정권 확보는 정부에 대한 중대한 도전이었고, 매우 위험한 시도였다. 경험 많은 푸어와 디부르츠도 이를 잘 알고 있었다. 폰 벤다와 슈테크만은 강한 우려를 표했다. 오케스트라로부터 분리되려는 인상을 피하기 위해 디부르츠와 푸어는 친목회를 "유한회사를 지원하는 일종의 지원기금" 형태의 재단 모델로 추진했다. 또한 "회장 선출은 유한회사 경영진의 승인을 필요로 한다", "경영진은 자문위원회 구성원으로 예산 편성에 참여한다" 등 자율성 감소 조항을 넣어 계획을 조정했다. 그럼에도 단원들 사이에서 자율성 회복을 바라는 지지는 강했던 것으로 보인다.

관청은 이 구상을 인지했지만, 계획 자체는 진행되도록 허용했다. 다만 친목회가 확보할 재정은 철저히 감시될 예정이었다. 관청은 정관의 모호한 표현에서 "협회를 충분히 통제할 수 있는 여지"를 발견한 것이

---

3 빈 필하모닉은 상임지휘자 제도가 없으며, 단원들의 투표와 합의로 운영된다. 이들은 악단과 특별한 관계를 맺고 오랜 기간 협력하며 공헌한 지휘자에게 감사의 표시로 '황금 반지'를 수여하는 전통이 있다.

다. 친목회를 위한 법적·공식 틀을 마련하는 복잡하고 민감한 작업은 수개월이 걸렸다. 1937년 10월 배포된 예정 정관에서 선전부는 명확한 조건을 요구했다. 예를 들어, "경영진의 요구가 있을 경우 회장은 임기 만료 전이라도 사임해야 한다", "경영진이 반대할 경우 명령이나 결의의 집행을 중단해야 한다" 등이었다. 관료들은 친목회가 위협적 단체로 성장하지 못하도록, 자신들이 임명한 경영진에 친목회를 전적으로 종속시키려 했다. 또한 정관에는 "회장 임명은 단원 추천을 받아 국민계몽선전부가 결정한다"는 규정이 포함되었다. 관청은 명예회원 임명을 금지하고, 정관 변경 권한을 유지하며, 단체 해산 시 재산 관리 권한도 확보했다.

1938년 봄에 친목회는 설립을 향한 난관을 어느 정도 해결된 것으로 보였다. 첫 모임은 6월 15일, 슐라흐텐제의 레스토랑 '알테 피셔휘테'에서 열릴 예정이었다. 초청장에는 "여러 어려움에도 불구하고, 국민계몽선전부 장관의 지원 덕분에 이제 베를린 필하모닉 단원 친목회를 설립할 수 있게 되었다"고 적혀 있었다. 의제는 이미 마련되었고, 친목회 회장으로 첼로 주자 프리드리히 마이어가 추천되었다. 마이어 임명을 확정하기 위해, 한스 폰 벤다는 단원들에게 "회장 임명에 대한 의견이나 반대가 있으면 제출해 달라"고 요청했다. 이는 단원들의 의견을 수렴하는 절차로도, 혹은 고발을 유도하는 방식으로도 해석될 수 있었다. 그러나 마이어는 나치 지배 신뢰위원회(Vertrauensrat)를 통과했기 때문에 그 선출은 안전한 것으로 여겨졌다. 그러나 6월 11일, 설립 모임 나흘 전, 긴급 내부 통지가 내려왔다. "친목회 회장으로 예정된 마이어는 당원(Pg.)이 아니다." 관료의 실수인지, 경영진의 은폐인지, 내부 고발인지 불명확하지만, 결과적으로 첫 모임은 취소되었고, 마이어에 대한 검증이 완료될 때까지 무기한 연기되었다.

6월 24일, 나치당은 마이어가 정치적으로 '깨끗함'을 증명하는 공식 문서를 단원들에게 전달했다. 그는 비당원이었지만 회장 직무 수행이 허가되었다. 이후 9월 15일 친목회 설립 총회가 재개되었고, 초청장에는 다음 문구가 적혀 있었다. "설립을 방해했던 극심한 어려움을 극복한 후, 친목회의 고귀한 목표가 우리 오케스트라의 결속을 강화하고, 각자가 자신의 자리에서 국가사회주의 민족공동체를 위해 봉사하며, 언제나 지도자·국민·국가를 위해 헌신하도록 상기시키길 바랍니다." 메시지는 분명했다. 여러 고위 선전부 인사들이 참석하여 마이어가 공식적으로 회장으로 임명되는 과정을 지켜보았다. 그는 이후 5년간 회장직을 유지했고, 후임은 당원 카를 람멜트가 맡았다. 여러 차례의 신중한 예방 조치에도 불구하고, 베를린 필하모닉 내부에서 모든 일이 항상 평온하고 원활하게 진행되지는 않았다. 때로는 감정이 격해지기도 했다. 1942년 한 녹음 세션에서 몇몇 수석 관악기 연주자들은 더 높은 보수를 요구했다. 그런가 하면 한 집단은 '친목회 내부에서의 음반 녹음 실시'라는 급진적인 제안을 내놓기도 했다. 바로 이런 자율성이야말로, 선전부가 친목회를 승인할 당시 가장 우려했던 바였다. 베스터만의 반응은 신속하고도 단호했다. 오케스트라의 소수 집단이 공동체 의식과 협업에 대한 이해가 부족하다는 사실이 실로 유감스럽다는 반응이었다. 결과적으로 친목회는 선전부에 복종적인 태도를 유지했다.

베를린 필하모닉 내부에서는 갈등과 긴장이 지속되었다. 단원들은 공통된 문화적 배경을 공유했지만, 동시에 큰 차이도 존재했다. 오케스트라는 공동의 음악적 목표, 전통 의식, 독특한 조직 문화를 공유했는데, 인종적·정치적 성향뿐 아니라 사회적 출신 배경에서도 차이를 보였다. 단원 모두가 독일인은 아니었다. 콘트라바스 수석의 아버지는 네덜란드인이었고, 첼로 주자 한스 보터문드는 덴마크인이었으며, 타악기주자 게라시모스 아베게리노스는 그리스인, 플루티스트 칼 아하츠는 스웨덴인, 트럼펫 수석 파울 슈페리는 스위스인이었다. 또한 세대 차이도 컸다. 공식 퇴직 연령은 65세였지만, 1943년에도 브람스의 지휘로 연주했던 단원이 있었고, 가장 젊은 단원은 1920년대 초 인플레이션을 경험하지 못한 세대였다. 젊고 나치당 지지 경향의 단원으로는 클레버, 슐데스, 슈뢰더가 있다. 경험 많고 나이가 많은 단원으로는 디부르츠, 레우슈너, 로렌츠 회버, 그의 형 빌헬름 회버, 리하르트 볼프를 들수 있을 것이다. 1939년, 단원들에게 건강 유지와 체육 활동 참여를 강조하는 통지가 내려오면서 세대 간, 그리고 이데올로기적 성향 간의 차이는 더욱 심화되었다. 1943년, 에리히 하르트만이 동부 전선에서 부상한 뒤 오케스트라에 합류했을 때, 나치 단원들은 그를 영웅처럼 환영했다. 반면, 1차 세계대전에 참전했던 디부르츠, 레우슈너, 회버 등은 보다 조용한 방식으로 그를 맞이했다. 친목회와 지원 기금을 활용함으로써, 연장자 단원들은 오케스트라의 자율성을 유지하고 나치 체제와 일정한 거리를 두려는 노력을 지속했다. 정치적 압박과 이데올로기 통제가 심화되는 상황에서도, 오케스트라는 1933년 히틀러의 도움으로 파산 위기에서 구제되었다. 단원들은 자치권 대부분을 상실했지만, 그 대가로 재정적 안정, 사회적 명성, 그리고 확대된 공연 기회를 누릴 수 있었다. 정권이 요구한 것은 복종과 뛰어난 연주뿐이었고, 단원들은 기꺼이 따랐다.

괴벨스는 개인적 선물, 표창, 직접적인 교류 등을 통해 단원들을 정권과 더욱 긴밀히 연결시키고 충성심을 고취했다. 예를 들어, 히틀러가 수여한 '충성 봉사 명예 훈장(Treudienst-Ehrenzeichen)'은 그러한 시도의 일환이었다. 정권의 보호 아래 필하모닉은 최고의 독일 음악가를 확보하고 유지할 수 있었고, 이를 위해 단원들은 관청과 협력했다. 예컨대 호른 주자 마르틴 칠러가 슈타츠카펠레로부터 이직 제안을 받았을 때, 슈테크만은 선전부에 칠러의 연봉 인상을 요청했고, 관청은 이를 받아들였다. 선전부는 단원들의 주거 문제 등 인프라 개선에도 관심을 기울였다. 1939년, 브레멘에서 베를린으로 새로 부임한 호른 주자 아돌프 한트케를 위해 슈테크만은 "신입 단원들을 위한 새 아파트가 제공될 수 있도록 건물을 확보했다"고 보고했다.

정말 우려스러운 것은 선전부가 악기를 확보하는 방식이었다. 히틀러는 "빈 필하모닉은 명품 바이올린이 많이 있지만, 베를린 필하모닉은 그렇지 못하다"고 직접 불만을 표한 바 있다. 이에 따라 총감독 하인츠 드레베스의 지휘 아래, 선전부는 제국을 위한 악기 수집을 지시했다. 어떤 악기는 정상적으로 구매되었으나, 몇몇은 약탈된 것으로 보인다. 이렇게 확보된 악기는 베를린 필하모닉 연주자들에게 제공되었다. 이러한 과정은 중개인을 통해 이루어졌기 때문에 악기의 출처나 원래 소유자는 공개되지 않았다. 단원들이 악기를 선택한 이후에야 언론에서는 제국의 '관대함'을 강조하는 보도가 나왔다.

이런 방식으로 에리히 룀은 1750년 피에트로 과르네리의 악기를 지급받았고, 첼로 수석 티보르 데 머출러는 과르네리 악기를, 콘서트마스터 요하네스 바스티안은 귀중한 과다니니를 받았다. 선전부는 연주자의 충성 확보에도 적극적이었으며, 1942년에는 "신임 콘서트마스터 타슈너를 위해 스트라디바리를 찾고 있다"고 보고하기도 했다. 이렇게 귀중한 선물을 받은 단원들에게 "이 악기가 독일 예술의 영예를 위해 울려 퍼지길 바란다"거나 "이를 통해 많은 국민이 독일 예술의 명예를 알게 되길 바란다"는 정도의 서약은 큰 부담이 아니었다. 그러나 이러한 혜택조차도 오케스트라 구성원에게 주어진 가장 큰 특권에 비하면 부차적인 것이었다. 바로 U.k(unabkömmlich, 대체 불가), 즉 병역면제였다. 이는 베를린 필하모닉 연주자들이 '필수불가결'한 인력으로 간주되어 징집 대상에서 제외된다는 의미였다. 전쟁 발발 직후부터 "해당 인물이 계속 오케스트라에서 필요하다면, 군 당국에 병역면제를 요구해야 한다"는 지침이 내려왔다. 푸르트뱅글러가 이를 추진하는 데 일정한 역할을 했을 가능성이 높지만, 오케스트라의 후원자인 괴벨스는 단원들의 징집이 자신의 선전 전략을 위협할 것임을 누구보다도 잘 알고 있었다. 음악적 결속력과 오케스트라의 이동성을 유지하기 위해, 연주자들은 군사훈련은 물론 전쟁 임무에서도 제외되었다. 이러한 특권은 선전부 권한 아래에서만 가능한 것이었으며, 제국 방송협회의 몇몇 핵심 부서를 제외하면 거의 주어진 적이 없었다.

나치 독일에서 모든 남성은 군사령부(WBK)나 병무청에 등록해야 했고, 사령부는 징집 여부를 결정했는데 담당 장교의 재량에 크게 좌우되었다. 단원들 사이에서는 특정 사령부가 "예술을 더 잘 이해한다"는 소문이 돌았고, 동료에게 해당 지역으로 주소지를 옮기라고 조언하는 경우도 있었다. 괴벨스의 지침에도 불구하고 단원이 징집되는 일이 발생하면, 필하모닉 관리부의 공식 요청이 선전부로 전달되어 명령이 취소되었다.

연주자들은 원칙적으로 병역면제가 보장되었지만, 실제 전쟁 상황에서는 이 특권을 지속적으로 공식 확인받아야 했다. 단지 '필하모니커'라는 신분만으로는 충분하지 않았다. 슈테크만은 이에 대해 "군사와 관련된 어떤 통지라도 즉시 정확히 보고해야 한다"고 강조했다. 모든 단원의 상황을 검토하고 병역면제를 받는 과정은 시간이 오래 걸렸으며, 거부될 경우 이의신청을 해야 했다. 결국 오케스트라 구성원 대부분은 징집될 우려를 벗어났는데, 전쟁이 길어질수록 병역면제의 중요성은 더욱 커졌고, 동시에 관료주의도 심해졌다. 단원들은 이제 군복무 관련 증명서를 휴대해야 했으며, 젊은 단원들은 베를린에서 더욱 눈에 띄었는데, 이는 동년배 남성들이 대부분 전선으로 향했기 때문이다. 모든 연주자들은 군사령부에 주소 변경을 보고해야 했고, 해외 공연을 위해서는 병무청의 허가를 받아야 했다. 1942년 7월, 베를린 필하모닉 단원들은 괴벨스로부터 개인 서한을 받아 군사령부에 제출해야 했는데, 이 서한은 동시에 그들에게 부여된 막대한 특권을 상기시키는 역할을 했다.

"당신은 중요한 선전적·문화적 임무 수행을 위해 병역면제가 되었습니다. 당신은 직무 수행, 생활 태도, 전반적인 자세를 통해 이로부터 발생하는 개인적·물질적 의무를 충분히 인식하고 있음을 보여야 합니다. 전장에서 복무하는 병사가 감내해야 하는 고난과 위험은, 집에서 수행하는 가장 고된 일조차 비교할 수 없다는 점을 항상 명심하십시오. ― 괴벨스"

연주자들은 자신들이 얼마나 행운인지 정확히 알고 있었다. 전쟁 초기에는 절약 조치에 대한 안내가 있었다. "전쟁은 각 개인에게 인내를 요구합니다. 제국 사회로서 우리는 특히 이러한 제한을 따라야 합니다." 전황이 악화되면서, 오케스트라의 세 연주자—쿠르트 울리히, 알로이스 에데러, 오스카 아우딜레트—는 공습으로 사망했고, 파울 슈페리는 1943년 안전한 스위스 고향으로 돌아갔으며, 비올라 주자 쿠르트 크리스트카우츠는 콘서트 중간 휴식 시간에 국민돌격대의 폭도들에게 끌려나갔다. 그럼에도 오케스트라는 온전히 활동을 유지했다.

오케스트라는 점점 군사적 엘리트 집단처럼 다루어졌다. 1944년 5월, 선전부는 연주자들에게 '벙커 출입증'을 발급했다. 지침은 다음과 같았다. "베를린 필하모닉 오케스트라는 국내외에서 높은 예술적 특별 임무를 수행하기 위해 완전하게 준비되어야 하므로, 오케스트라 구성원과 가족은 공습 시 가장 가까운 벙커로 이동해야 합니다."

1944년 9월, '전시 총동원' 선언 이후 모든 독일의 국립 극장과 오케스트라는 연주를 중단했지만, 바이에른 페스티벌과 베를린 필하모닉은 예외였다. 괴벨스에게 베를린 필하모닉 오케스트라는 가장 강력한 선전 수단 중 하나였고, 상황이 악화될수록 그는 오케스트라가 필요했다. 푸르트뱅글러는 1944년 여름 폰 베스터만에게 편지에서 이렇게 썼다. "장관께서는 베를린의 주요 음악 행사가 예전처럼 계속되기를 원하십니다."

그 결과 오케스트라는 계속 연주를 이어갔다.

베를린 필하모닉 오케스트라가 독일 음악의 미래를 지키는 요람으로 기능했음을 보여주는 가장 인상적인 사례는 게르하르트 타슈너였다. 타슈너는 주데텐란트⁴ 출신의 바이올린 신동으로, 부다페스트와 미국에서 공부했다. 1938년 17세의 나이에 브륀 오케스트라의 콘서트마스터가 되었다. 1941년, 그곳에서 유명 지휘자 헤르만 아벤트로트가 그의 연주를 들었고, 전쟁으로 독일 남성들이 대규모로 징집될 상황에서 타슈너가 전쟁에 끌려가게 될까 우려했다. 아벤트로트는 푸르트뱅글러와 상의했고, 타슈너는 베를린에서 연주 기회를 얻었다. 그는 19세의 나이에 베를린 필하모닉 오케스트라의 콘서트마스터가 되었으며, 그의 병역면제를 확보하는 절차는 매우 까다로웠다. 전략적 교활함과 끈기가 필요한 과정이었기에, 푸르트뱅글러는 그가 오케스트라에 합류할 수 있도록 모든 노력을 기울였다. 그는 1945년 오케스트라를 떠나 솔리스트로서 출발하기 전까지 필하모닉에 재직했다.

베를린 필하모닉 오케스트라는 단순히 특권의 요새 이상의 의미를 지녔다. 전쟁 중, 단원들은 시설을 보호하는 활동에도 참여했다. 폴란드 침공 일주일 후, 오케스트라는 필하모니를 위한 공습 방어 복무를 발표했다. 이는 오케스트라의 공동체 정치와 문화가 결합된 전형적인 사례였다. 공습 방어는 원래 경찰 감독하에 훈련받은 인력이 수행했지만, 오케스트라 회람에서는 이렇게 밝혔다. "우리에게 있어, 공습 방어에 참여하는 것은 명예로운 의무입니다. 모든 단원이 기꺼이 참여할 것입니다."

오케스트라 구성원들은 순환 방식으로 필하모니에서 밤을 지내며 화재 진압과 비상 조치에 참여해야 했다. 오케스트라 대표이자 나치당 지

---

4 20세기 초반 체코슬로바키아 서부의 독일 민족이 다수 거주하던 지역을 일컫는 말로, 넓게는 보헤미아, 모라비아, 실레시아 지역을 의미하기도 한다. 뮌헨협정으로 독일에 합병되었다.

지자인 볼프람 클레버가 배정을 담당했고, 로렌츠 회버와 협력해 "오케스트라 업무와 조화되도록" 조정했다. 비록 사실상 이 조치가 불필요했지만, 회람에서는 명확히 강조했다.

"필하모니의 공습 방어는 모든 오케스트라 구성원에게 의무입니다!"

공식적으로 클레버가 책임자였지만, 경험 많은 회버가 단원들의 의무를 조율했다. 매일 밤 최대 4명의 연주자가 개인 침구를 가져와 필하모니에서 숙박하며, 경보 발생 시 방호복, 철모, 방독면을 착용하고 경찰관에게 추가 지시를 받았다. 단, 다음 날 아침 연습이 있는 밤에는 배정되지 않았다. 명예와 의무감을 강조했음에도 모든 연주자가 즐겁게 참여한 것은 아니었다. 실제로 투어나 여름 휴가 기간에는 아무도 남지 않았다.

1942년 이후 베를린 공습이 증가하면서, 시민들은 제대로 잠을 잘 수 없었다. 공습 방어 공무는 더 이상 안전한 공동체 활동이 아니라, 연주자들에게 현실적 부담이 되었다. 그들은 화재 진압과 비상 조치 훈련을 받지 않았다. 규정상 "모든 연주자가 방어 봉사에 의무적"이었으나, 몇몇은 참여하지 않았다. 참여한 단원은 정부에서 2제국마르크를 지급받고, 친목회에서 1제국마르크 할인 혜택을 추가로 받았다. 즉, 2주마다 서비스를 수행한 연주자는 친목회 기부금을 낼 필요가 없었고, 4제국마르크 이익을 얻었다. 참여하지 않은 연주자는 매월 2제국마르크 손해를 봤다.

1944년 1월 29일 밤, 필하모니는 영국 공군의 폭격을 받았다. 당시 공습 방어 근무를 하던 에리히 하르트만은 큰 충격에 빠졌다. 해외 투어 중 겪던 어려움이 이제 베를린으로 옮겨온 셈이었다. 필하모니 건물

뿐 아니라, 오케스트라는 많은 귀중한 악기와 문서, 악보를 잃었다. 콘서트는 슈타츠오퍼 극장이나 티타니아 팔라스트 등으로 급히 이전되었으며, 여벌의 악기와 당장 필요없는 문서는 비밀리에 도시 외곽으로 이동되었다. 여러 제국 부처와 민간 기업과 협력하여, 베를린 필하모닉의 귀중품은 코부르크 근처 플라센부르크의 벙커에 숨겨졌다. 전쟁 후, 그 은닉처는 약탈된 상태로 발견되었다.

　·전쟁 말기 상황은 걷잡을 수 없이 악화되었다. 오케스트라를 감싸는 유리 방울 같은 보호막에는 필하모니 파괴로 치명적인 균열이 생겼다. 악기와 악보뿐 아니라 단원들의 가족도 도시 밖으로 옮겨졌다. 게르하르트 폰 베스터만은 1945년 1월, 푸르트뱅글러가 빈과 프라하를 거쳐 스위스로 피신해서 머물렀을 때 이렇게 기록했다. "매일 새로운 상황이 벌어지고 있으며, 대부분의 오케스트라 단원들이 돌격대에 징집될 것이 명백합니다. 앞으로 몇 주간 어떤 일이 벌어질지는 예측할 수 없습니다. 현재 교통 제한을 논의 중이며, S-반, U-반, 트램은 특별 허가 없이는 사용할 수 없습니다. 돌격대 경비, 참호 작업 등으로 인해 활동이 심각하게 위험에 처할 것입니다. 하지만 당분간은 모든 것이 아직 가능하며, 오케스트라로서 함께 있으려 최선을 다하고 있습니다. 가능할지 여부는 지켜봐야 합니다."

　에리히 하르트만은 1945년 초 동료들 사이에서 느껴진 공포감을 기억했다. 대부분은 전쟁을 경험하지 않았고, 1차 세계대전 참전자조차 이번 사태가 전혀 다름을 알고 있었다. 붉은 군대에 대한 정부 선전은 많은 이에게 두려움을 안겼다. 전쟁 마지막 몇 달 동안, 종말이 다가오자, 베를린 필하모닉 오케스트라의 단원 세 명이 자살했다. 바순 주자 하인리히 리버룸, 바이올린 주자 베른하르트 알트, 콘트라바스 주자 알프레트 크뤼거가 각자 가족과 함께 소련군 손에 넘어갈까 두려워 목숨을 끊었다. 크뤼거는 당원일 가능성이 있었으나, 알트와 리버룸은 그렇지 않았다. 사실 세 사람 모두 딱히 다른 이들보다 더 위험한 상황에 처한 것은 아니었다. 세 사람은 나치 선전의 무시무시한 힘—그들 자신이 부속품이기도 했던 조직—에 희생된 비극적 사례였다.

1945년 3월, 붉은 군대가 베를린 교외에 진입하자, 선전부는 오케스트라 구성원을 다시 군 복무에 동원하려는 시도를 차단하며 다음과 같이 발표했다. "베를린 필하모닉 오케스트라 구성원은 전쟁에 중요한 오케스트라 업무 수행을 위해, 모든 전시 및 돌격대 활동에서 당분간 면제됩니다."

1945년 4월 14일, 독일의 무조건 항복을 불과 3주 앞둔 시점에서도, 돌격대가 아이들에게 총을 쥐여주는 상황이 벌어지고 있었음에도, 베를린 필하모닉 구성원들은 병역면제 상태였다. 그 지침은 명확했다. "직접적인 적의 위협에도 불구하고, (베를린 필하모닉 단원들은) 제국의 방위를 위해서 그들의 직분에 머물러야 한다." 음악은 계속되어야만 했다.

폰 베스터만에 따르면, 오케스트라는 괴벨스에게 버려진 채, 음악 애호가였던 군수부 장관 알베르트 슈페어에게 마지막 부탁을 했던 것으로 보인다. 아마도 그가 괴벨스 대신 오케스트라 보존을 최종적으로 결정했을 가능성이 있다는 점이다. 그렇다면 어찌하여 오케스트라 단원들은 그토록 많은 무고한 이들이 죽음으로 내몰린 상황에서도 보호받았을까? 단지 베토벤을 다른 이들보다 더 잘 연주했기 때문만은 아니었다. 더 중요한 이유는 슈페어가 전후를 염두에 두고, 독일 문화의 위대한 전통을 미래를 위해 보존하는 것의 중요성을 고려했기 때문이었다. 슈페어는 제국 오케스트라, 괴벨스의 음악적 장난감을 보존함으로써, 사실상 선전부 장관의 일을 완성한 셈이었다.

바이마르 공화국 시대의 초인플레이션은 나치 집권을 가능하게 했던 요인 중 하나이다.

3

재정과 회계

1930년대 초반에도 베를린 필하모닉은 간신히 살아남았다. 오케스트라는 수십 년간 근근이 유지되었고, 1933년 이전에도 수년간 공적 보조금 없이는 운영이 어려웠다. 나치 정권과의 연계는 1920년대 중반부터 이어진 필하모닉의 심각한 재정 상황, 오케스트라 공동체의 우월감, 그리고 괴벨스의 문화 선전 구상에서 비롯되었다. 실제로 이러한 연계는 특권과 간섭이 혼합된 복잡한 체계로 이어졌다.

베를린 필하모닉 오케스트라는 제한된 재정 자원만을 받았는데, 급여, 연금, 보험, 출장비 등 지출은 증가했다. 제1차 세계대전 이후 독일을 강타한 초인플레이션 속에서 오케스트라의 수입과 지출의 균형을 맞추려는 노력은 실패했다. 1922년 12월부터 1923년 6월까지, 인플레이션에 연동된 음악가들의 월급은 50,000마르크에서 2,000,000마르크 이상으로 폭등했다. 1923년 11월, 단 1회 공연 프로그램 제작비는 200조마르크에 달했다. 1923년 12월 렌텐마르크 도입으로 수치는 약 1만 퍼센트 정도 축소되었다.

1926년, 베를린 필하모닉 오케스트라는 최소 90,000마르크의 연간 적자를 기록했다. 가장 큰 지출 항목은 급여였다. 사실 필하모닉은 국가 소속 합창단이나 오페라 오케스트라에 비해 불리한 위치에 있었다. 국가의 오케스트라는 급여, 연금, 부가 혜택 등을 위한 더 큰 예산을 지원받았지만, 베를린 필하모닉 오케스트라는 공연과 투어 수입에 의존해야 했다. 문제는 필하모닉 단원들이 오케스트라의 재정 수입에 맞춘 보수가 아니라, 다른 오케스트라의 단원들과 동등한 수준의 보수를 요구했다는 점이다. 그렇게 요구하는 근거는 오케스트라의 탁월한 음악적 수준, 그리고 뛰어난 연주자들을 끌어들이고 유지하기 위해서 필요하다는 것이었다. 그 결과 막대한 재정 적자가 계속 증가했다. 또한 오케스트라는 인원을 줄이려 하지 않았다. 지분을 가진 '정회원'과 계약에 따라 교체되는 '시즌 단원'을 합치면 단원은 100명에 달했는데, 대부분의 오케스트라보다 규모가 컸다. 비록 국립 오페라 극장 오케스트라보다는 작았지만 말이다. 필하모닉의 연간 회원들은 대편성 작품에 익숙했고, 푸르트뱅글러가 그보다 그에 미치지 못하는 레퍼토리는 받아들이지 않았으리라는 주장도 있다. 정규멤버는 시즌 회원보다 약 20% 더 많은 급여를 받았다. 초인플레이션과 급격히 증가한 재정 부담에도 불구하고, 1924년 오케스트라 정회원은 54명에서 58명으로 늘어났고, 5년 후에는 66명으로 증가했다.

오케스트라는 살림살이를 해외 투어에 크게 의존했다. 1920년대 스헤베닝언과 런던에서의 공연은 재정적 구세주 역할을 했다. 1930/31년 시즌 오케스트라는 해외 공연에서 연간 160,000마르크의 수익을 기록했다. 따라서 '조국을 대표하여' 투어를 한다는 명분은 형식적인 것이었으며, 실제로는 해외 공연 활동이 오케스트라의 생존에 결정적이었다. 이로 인해 정치적 이득이 발생한 것은 순전히 우연이었다.

1920년대 중반, 투어와 베를린 공연 수입만으로는 오케스트라의 재정 수요를 충족하기에 부족했다. 후원 단체, 개인 기부, '사적 모금'이 있었지만 비용을 감당하기에는 충분하지 않았다. 필하모닉은 국가 보조금을 요청하기 시작했고, 초기에는 베를린 시가 소액을 지급했다. 베를린 필하모닉은 지속적인 국가 지원이 필요했다. 요청된 금액은 예산 적자와 정확히 일치했다. 1926년 90,000마르크였던 적자는 1929년 5월 400,000마르크, 12월에는 480,000마르크로 증가했다. 같은 해 창설된 실무위원회는 오케스트라 지출을 통제하기 위해 법적 소유권 일부를 확보하고자 했다. 480,000마르크는 국가 지원의 절대 상한으로 설정되었다. 그러나 계획은 실행되지 못했다. 오케스트라의 운영비용은 감소하기는커녕 오히려 증가했기 때문이다.

1929/30 시즌, 베를린 시와 독일 정부는 거의 동일한 금액을 오케스트라에 투자했지만, 이는 단지 오케스트라의 생존을 보장하기 위한 조치였다. 1929년부터 1933년까지, 시의 지원금은 일정하게 유지되었으나, 정부 지원은 등락을 거듭했다. 1930년에는 120,000마르크에서 8,000마르크로 급감했고, 1932년까지 서서히 65,000마르크로 증가했다. 이러한 급격한 재정 감소로 상당한 부채가 쌓이게 되었다. 총예산이 1,350,000마르크를 조금 넘는 상황에서, 1931년 오케스트라는 이미 56,445.90마르크의 부채를 기록했다. 회계 담당자는 이렇게 평가했다. "필하모닉 오케스트라는 현재 불안한 경제 상황에서 특히 어려움을 겪고 있다. 단기간 내 상황 개선은 기대할 수 없다." 같은 시즌 동안, 오케스트라는 단원들의 급여를 6%, 이후 다시 12% 삭감했다. 동시에, 심포니 오케스트라와의 합병 협상이 진행되었다. 1932년, 오케스

트라 수입은 지출의 40%에도 미치지 못했다. 지속적인 보조금 지원조차 균형 있는 재정을 보장하지 못했다.

1932/33 시즌, 지출은 1,000,000마르크를 넘어섰으나 투어 감소로 전년도보다 약간 낮았다. 베를린 시는 계획보다 90,000마르크를 더 지급했지만, 오케스트라는 계속 부채를 늘려갔다. 1931/32 시즌에 누적 부채는 83,000마르크였으며, 1932/33 시즌에는 143,000마르크, 1933/34 시즌에는 167,000마르크로 늘어났다. 오케스트라는 푸르트뱅글러, 필하모니, 볼프 & 작스 에이전시, 음악 출판사, 악기 운송 업체, 보험사, 세무사, 45명의 연금 수령자, 105명의 활동 음악가에게 막대한 부채를 지고 있었다. 이후 회계 감사에서 "1930/31 회계연도부터 이미 과도한 부채가 존재했기 때문에, 경영진은 파산 신청이나 법적 조정 절차를 시작했어야 한다"는 지적이 나왔다.

절박한 상황은 1933년 1월 나치가 집권해도 달라지지 않았다. 1933년 봄, 오케스트라는 월 4-5만마르크의 적자를 기록했으며, 보조금 필요는 20% 증가했다. 채권자의 압박과 '즉각 파산 직전'이라는 상황 속에서, 오케스트라는 3일 내 30,000마르크 지원을 독일 제국 선전부에 요청했다. 부처는 15,000마르크를 제시하며 오케스트라 장부를 검토할 것을 요구했다. 두 달 후, 오케스트라는 70,000마르크를 신청하며 "모든 부채를 청산하는 것이 제대로 된 경영을 위해 필요하다"고 강조했다. 이렇게 베를린 필하모닉의 재정 문제는 점차 선전부와의 관계를 통해 해결되기 시작했다.

당시 계획은 1933년 5월 이미 등장했으나, 선전부가 오케스트라의 모든 재정 부담을 떠맡을 것이라는 확신은 없었다. 첫째, 선전부는 자체 예산을 갖고 있지 않았다. 둘째, 제국 방송국과 프로이센 재무부와의 몇 달간의 협상은 다수 파트너를 통한 보조금을 염두에 둔 것이었다. 1933년 10월까지 필하모닉이 제국의 오케스트라로 공식 지정되기 전까지, 재정 운영은 경제적 혼란, 정치적 불안이 얽힌 혼란스러운 체계였다. 결국 필하모닉은 제국 오케스트라로서의 독점적 지위를 통해 재정을 충족하고, 괴벨스와 독일 제국의 정치적 요구를 동시에 만족시킬 수 있었다. 양측 모두 1933년 여름을 지나며 이를 인식했고, 이후 몇 달 동안 재정, 법률, 정치적 준비가 이루어졌다.

심포니 오케스트라와의 합병으로 베를린 필하모닉 오케스트라 유한회사의 자본금은 48,000마르크에서 66,000마르크로 증가했다. 개별 단원의 지분은 66명에서 105명으로 늘어나며, 각 600마르크씩 배정되었다. 베를린 시는 3,000마르크 지분을 보유했다. 1934년 1월 15일, 제국정부는 선전부를 통해 85명의 지분을 전액 매입했고, 2월에는 재무부에 보고되었다. 1934년 12월, 이전 심포니 오케스트라 회원 15명의 지분과 시의 지분이 제국 소유로 이전되었다. 이로써 괴벨스와 나치 독일은 베를린 필하모닉 유한회사를 손아귀에 넣었다. 단원은 공무원 신분이 되었고, 유한회사는 형식적으로 남아 있었으나, 실질적으로 국유화되어 목적에 따라 활용될 수 있었다. 그 대가로 제국은 오케스트라 활동을 지원했고, 동시에 국가 목적에도 봉사하도록 했다.

1934년, 푸르트뱅글러는 정부의 오케스트라 장부 및 조직 점검 보고서에 강하게 반발했다. 그는 관료가 필하모닉의 지출과 운영을 절약하라고 권고하는 것에 분노하며, "오케스트라는 오페라 운영과 마찬가지로, 보조금으로 운영될 수밖에 없고, 앞으로도 그럴 것이다"라고 주장했다. 푸르트뱅글러는 보조금을 요구하지 않았지만, 자금 부족 상태에서는 최고 수준의 성과를 기대할 수 없음을 분명히 했다.

이론상으로는 오케스트라의 재정 지원과 관련해 제국 정부는 일정한 양보를 할 준비가 되어 있었다. 기존의 비용 통제 원칙을 따르던 협의체와 달리, 선전부가 오케스트라를 인수한 1933/34년 목표는 활동 확대였다. 오케스트라는 정부에 쓸모가 있으려면 영향력, 이동성, 활동 범위, 음악적 수준을 최대한 높여야 했고, 자체 수익이 고갈된 상태에서는 추가 공연과 여행을 위해 보조금이 더 필요했다. 결과적으로, 베를린 필하모닉 오케스트라는 사실상 제국 선전부의 위성 또는 하부 조직처럼 기능하게 되었다. 정부는 오케스트라 활동에 필요한 모든 재정적 부담을 떠맡았고, 오케스트라의 요청과 필요를 충족시킬 수 있었다.

1933/34 시즌, 시 당국의 지원을 포함한 총 보조금은 469,000마르크였다. 1934/35 시즌, 제국 정부가 통제권을 확보한 후 지원금은 약 517,463마르크로 증가했다. 이러한 금액을 확보하기 위해서는 상당한 설득과 전략이 필요했으며, 오케스트라는 이 자금이 "독일 문화생활에 최고 수준의 공연을 수행하기 위해 필요하다"고 주장했다.

오케스트라의 경영책임자였던 카를 슈테크만은 선전부에 자금 지원서를 제출했는데, 이 신청서는 오케스트라의 즉각적인 지출 의무와 계획된 지출을 기준으로 작성되었다. 보조금은 특정 항목에 할당되지 않고, 오케스트라의 적자를 충당하는 주요 자금원이 되었다. 투어 수입을 제외하면, 자체적으로 벌어들인 수익은 재정의 4분의 1도 못되었다. 지출 항목에는 급여, 사무용품, 공연 포스터와 프로그램 제작비 등이 포함되었으며, 매달 요청되는 금액은 5,000에서 50,000제국마르크에 달했다. 제출된 신청서는 재무부에 전달되어 승인되거나 조정되었다. 이 체계의 장점은 오케스트라의 변화하는 재정 수요에 유연하게 대응할 수 있다는 점이었다. 예를 들어, 1935년 1월 푸르트뱅글러가 사임한 후, 오케스트라는 수백 건의 연간 회원권의 환불에 직면했다. 이 지출은 월별 회계에 포함되었고, 재무부는 추가로 30,000제국마르크를 승인했다. 동일하게, 옛 심포니 오케스트라 단원들에게 지급된 5,700제국마르크의 퇴직금도 같은 방식으로 처리되었다. 이러한 보조금 덕분에 오케스트라는 1934/35 시즌에 수십 년 만에 처음으로 균형 잡힌 회계를 마칠 수 있었다.

베를린 필하모닉 오케스트라는 사실상 선전부의 하부 조직이 되었고, 선전부는 재무부의 지침에 따랐기 때문에 1934년 이후 오케스트라 재정은 정부 문제로 다루어질 수 있었다. 오케스트라 회계 장부에는 경제적 수치보다는 정치적 의존 관계가 더 뚜렷하게 반영되었다. 새로운 재원 덕분에 오케스트라는 지출을 늘릴 수 있었지만, 1938/39 시즌까지도 유한회사 매각 이전의 부채가 40,000제국마르크 이상 남아 있었다. 초기에 필하모닉 오케스트라는 재무부를 무한한 대부 기관처럼 사용했다. 1934년 당시 오케스트라 관리 체계는 카를 슈테크만, 재무부 관료, 심지어 괴벨스에게도 모두 새로운 경험이었다. 예산 규칙과 지속 가능한 재정 운영 방식을 확립하는 데는 시간이 필요했다.

1937년부터 오케스트라 경영진은 예산 추정치를 제출했으며, 재무부는 이를 바탕으로 연간 보조금을 산정할 수 있었다. 그러나 이러한 추정치는 항상 실제보다 낮게 책정되었다. 예를 들어 1939/40 시즌, 전쟁 발발에도 불구하고 수입은 예상치를 거의 140% 초과했다. 하지만 예상보다 높은 수입이 곧 이익을 의미하거나 보조금 삭감을 가져온 것은 아니었다. 1935년부터 1940년까지 녹음 수익은 최대 65% 증가했지만, 지출도 거의 같은 비율로 증가했다. 1940년, 예상보다 수입이 훨씬 많았음에도 오케스트라는 33,353제국마르크의 손실을 기록했는데 기존 준비금으로 충당되었다.

1942년, 수익이 좋았던 해에도 오케스트라는 지출의 60% 이상을 제국으로부터 지원받아 충당해야 했고, 1943년까지 전체 예산은 연간 2,000,000제국마르크를 넘어섰다. 오케스트라 수입의 주요 원천은 연간 회원권 콘서트였으며, 특히 푸르트뱅글러가 지휘한 10회의 필하모닉 콘서트가 중심이었다. 필하모닉 콘서트 수익은 전체 회원권 수익의 약 50%를 차지했다. 예를 들어 1936/37 시즌, 10회 주요 콘서트 회원권 가격은 20~75제국마르크였고, 수요가 많아 사전 공연 구독권은 20~45제국마르크로 판매되었다. 단일 티켓 가격은 2~9제국마르크 또는 2~5제국마르크였다. 1934년부터 1944년 사이, 이 20회의 콘서트만으로 자체 수익의 거의 40%를 차지했다. 1938년부터는 푸르트뱅글러 지휘의 특별 수요로 몇몇 필하모닉 콘서트가 일반 판매로 전환되어 공연당 약 10,000제국마르크의 추가 수익을 가져왔다.

필하모닉 콘서트 외에도 오케스트라는 브루노 키텔 합창단과 함께한 콘서트 시리즈를 운영했으며, 다른 유명 지휘자들의 4~5회 콘서트 시리즈 전통도 이어갔다. 특별 공연은 비슷한 가격대(1~6제국마르크)였지만 일회성이었고, 일요일·화요일 대중 콘서트(연 40회 이상)는 1제국마르크 이하의 저렴한 가격이었다.

대중 콘서트는 정치적으로 환영받았지만 경제적으로는 손실이 컸다.

관객이 항상 꽉 차지 않아 평균 수익은 1,000제국마르크도 되지 않았다. 1937년, 한스 폰 벤다는 일요일·화요일 콘서트를 두 가지 시리즈로 재편했다. 하나는 더 수익성이 높은 교향곡 콘서트 시리즈, 다른 하나는 베토벤 중심의 '고전음악의 밤' 시리즈였다. 이를 통해 잠시 관객이 늘어났지만, 1938/39 시즌 후반에는 다시 관객이 감소했다. 새 시리즈의 저가 좌석은 슈테크만에 따르면 겨우 25~33%만 팔렸다.

제국정부의 재정지원이 보장되면서, 프로그램 개편 목적은 이익 창출보다는 오케스트라 손실을 줄이는 데 있었다. 슈테크만은 "염가 콘서트는 점점 관객이 줄어들었다. 오케스트라는 앞으로 최고 수준의 콘서트만 개최하는 것이 적절하다"라고 보고했다. 새로운 공연 시리즈는 공연당 최대 3,500제국마르크의 수익을 가져왔다. 이 개편으로 필하모닉 오케스트라의 콘서트 수익이 증가했지만, 베를린 내 공연 횟수는 줄었다.

예전에는 저렴한 일요일-화요일 콘서트를 통해 수행했던 공익적 의무는 이제 연간 일정 횟수로 정해진 정가제의 학생 콘서트와 슐뤼터호프 야외 음악회, 그리고 나치스 노동전선 산하 조직인 '기쁨을 통한 힘(Kraft durch Freude)'과의 협력으로 이루어진 저가 콘서트 시리즈로 재편되었다. 나치 정권의 가장 인기 있는 조직과의 협력은 특히 수익성이 높았다. '기쁨을 통한 힘'은 1938년에 시립 베를린 연주협회(Berliner Konzertgemeinde)를 흡수했고, 그러면서 '다양한 홍보 수단을 통해서 연주회장을 채울 수 있는' 역량을 지닌 지역 음악 후원자 단체도 통합하게 되었다. 원래 계획은 할인 단체 티켓으로 필하모닉 관객을 늘리는 것이었지만, '기쁨을 통한 힘'은 훨씬 더 저렴한 자체 콘서트를 열어 이를 능가했다. 대신 이 단체는 필하모닉과 협력한 자체 콘서트 시리즈를 개발했고, 1943년까지 공연당 최대 5,000제국마르크를 오케스트라에 지급할 수 있었다. 이 관계는 정권이 자국 기관 간 자금을 재배치하는 방식을 보여주는 사례로, 4장에서 더 자세히 다룬다.

1939년, 베를린 필하모닉 오케스트라는 83회의 공연에서 457,000 제국마르크를 베를린에서 벌었고, 추가로 45,000제국마르크가 라디오 공연 수익으로 들어왔다. 라디오 방송과 녹음은 오케스트라의 중요한 수익원이었다. 이미 1934/35 시즌, 라디오는 72,000제국마르크를 벌어들였다. 이후 매년 4~6회의 라디오 공연, 녹음, 방송 송출로 최소 35,000제국마르크를 벌었다. 최고 수익은 1940년(전쟁 초기) 70,000 제국마르크, 1944년(전쟁 말기) 75,000제국마르크였다. 이 패턴은 라디오 활용과 정치적 환경 속 오케스트라 프로필을 반영한다. 또한, 이 시기의 발전은 오케스트라 예술감독으로 임명된 폰 베스터만과 제국 라디오 방송국과의 관계에도 기인한다.

나치 시대 이전에도 필하모닉의 순회 공연은 중요한 활동이었다. 여행 경비가 큰 부담이었지만, 함부르크·라이프치히 콘서트 및 해외 순회 연주는 베를린 공연보다 훨씬 수익성이 높았다. 예를 들어 함부르크 공연은 연 4~7회 각각 약 10,000제국마르크의 수익을 올렸다. 1940년, 독일 내 10회 공연으로 111,000제국마르크 이상, 해외 30회 공연으로 평균 5,700제국마르크 수익을 올렸다. 비교하면, 1934/35 시즌 해외 공연은 8회, 함부르크 4회, 독일 내 기타 15회에 불과했다.

1934년 이후, 베를린 필하모닉 오케스트라의 큰 장점 중 하나는 순회 공연의 여행 경비를 오케스트라가 부담하지 않아도 된다는 점이었다. 이전에는 순회 공연 수익의 상당 부분이 이동 및 숙박비로 소진되었다. 나치 시대의 순회 공연은 국민계몽선전부에 위임되어 운영되었다. 오케스트라는 여전히 음악가 급여와 기타 비용을 부담했지만, 운송과 숙박 비용은 국가가 책임졌다.

1935년부터 1945년까지의 10년 동안, 베를린 필하모닉 오케스트라의 예산 구조는 비교적 안정적으로 유지되었다. 적자는 꾸준히 50~60%였으나, 절대 금액은 계속 증가했다. 1935~1940년 동안 제국 보조금은 두 배로 늘어났다. 같은 기간, 국내외 공연 횟수는 178~191회로 거의 변동이 없었다. 지출 증가의 일부는 제국정부가 요청한 투어가 늘어나서 발생한 것이다. 선전부가 재무부에 충분한 정치적 영향력을 행사해 자금을 확보할 수 있는 한, 오케스트라는 예산을 상당히 자유롭게 조정할 수 있었다. 중요한 것은 회계 담당자와 재무부 관료와의 거리를 유지하는 일이었다.

국가 기관이 된 오케스트라는 정권의 후원을 받는 동시에, 정부 관료체계에 종속되는 양면성을 갖게 되었다. 1936년, 괴벨스는 투어 보조금으로 오케스트라에 막대한 혜택을 제공했다. 그는 이를 자랑스럽게 발표하며, "총통과 제국수상은 이제 오케스트라의 예술적 성과와 정치적 중요성을 감안해 구성원에 대한 특별 대우를 해야 마땅하다고 명령했다"고 밝혔다.

이 특별 보조금은 여행경비 외 추가로 지급된 보너스로, 총액은 170,000제국마르크에 달했다. 슈테크만은 이를 "독일의 오케스트라 중 가장 고된 업무에 대한 보상"이라고 설명했다. 투어 보조금은 제국 정부와 오케스트라 관계에서 첫 번째 통합 지급 사례였으며, 1인당 1

일 기준으로 최대 56일, 총액 170,000제국마르크 한도로 설정되어, 순회 공연으로 발생한 추가 비용을 보전하는 목적이었다. 이 보조금 개념은 곧 여러 논란을 불러왔다. 베를린을 제외한 모든 콘서트를 포함하는가, 아니면 해외 연주만 해당하는가? 답은 모든 콘서트였다. 국가나 당이 재정 지원한 공연은 56일 기준에 포함되는가? 아니었다. 보너스는 모든 음악가에게 동일하게 지급되는가, 아니면 근속 연수에 따라 차등 지급되는가? 근속 연수에 따라 차등 지급되었다. 포괄적 재정 정책은 문제가 있었지만, 특정 목적에 묶인 지급은 더 많은 의문점을 발생시켰다. 결국 회계사와 관료들의 역할이 중요해졌다.

정치적 개입과 오케스트라의 무책임한 경영에 불쾌감을 느낀 재무부와 제국회계감사원은 오케스트라의 모든 지출을 면밀히 조사했다. 필하모닉이 선전부와 추가 악기, 현악·관악·악보 수당을 협상했을 때, 회계감사원은 음악가별 악기 그룹과 관계없이 월 5.50제국마르크 상한을 설정했다. 필하모닉이 영국 투어 후 신발 수선비로 340.15제국마르크 영수증을 제출했을 때, 재무부는 144.15제국마르크만 환급했다. 1939년 재무부 장관은 "의류 수당을 10.63제국마르크에서 12제국마르크로 인상하는 것에는 동의할 수 없다"고 밝혔다. 국내외 여행에 대한 일당과 여행비 보조금 문제는 끊임없는 논쟁의 대상이었다.

공연 및 녹음 수익 외에도, 베를린 필하모닉 오케스트라 유한회사는 일부 자산을 소유하거나 통제하고 있었다. 오케스트라가 제국에 인수된 후, 이 자산의 지위가 명확해지는 데는 수년이 걸렸다. 이 과정에서 오케스트라 공동체의 행동 범위와 국가의 우위가 어디서 시작되는지가 드러났다. 그중 한 사례가 구호기금이었다. 필하모니 감독 페터 S.

란데커는 1932년 오케스트라 창립 50주년을 맞아 25,000제국마르크를 기증했다. 란데커는 곧 사망했고, 막대한 현금과 담보를 유산으로 남겼는데, "어떤 상황에서도 오케스트라 음악가들의 소유로 남아야 한다"고 명시했다.

기부금과 유산은 유한회사가 단원을 대신해 수령했으며, 구호기금과 연금/미망인 및 고아 기금으로 배분되었다. 연금기금은 주로 주식에 투자되었으나, 1920년대 초인플레이션으로 대부분 가치가 소실되었다. 구호기금은 1933년 약 100,000제국마르크로, 1931년 유가증권에서 부동산으로 이전되어 수익을 발생시켰다. 이 자금은 은퇴한 단원과 가족 지원, 오케스트라 공동체의 예상치 못한 지출, 곤경에 처한 음악가 지원 등 구호 목적으로 사용되었다.

1930~1933년 격동기 동안 회계 책임자 회버는 기금을 활용해 오케스트라에 대규모 대출을 해주었다. 1934년까지 최소 7명의 단원이 대출을 받았으며, 이유는 이사 비용, 담보 대출, 의료비 등 다양했다. 1937년, 재정이 안정되자, 회버와 뮐러는 란데커 유산으로 만든 "구호기금을 음악가를 위한 특별 보조금으로 사용할 수 있도록" 선전부에 요청했다.

이전에도 제국은 란데커 유산과 관련된 문제를 다뤘다. 1934년, 유한회사는 구호기금 상속세 13,500제국마르크를 부과받았다. 슈테크만은 "이 금액을 특별히 요청해야 하며, 상속세 형태로 제국에 반환해야 한다"고 주장했다. 1935년 회계 감사에서 구호기금 자산이 "회사 소유가 아니다"라고 결론 내렸기 때문에 상황은 복잡했다.

오케스트라 자산 확인 후, 제국 선전부는 유한회사 정관에 "유한회사의 자본금을 제외한 모든 자산은 '독일 제국의 공익 예술 증진 목적'에 사용된다. 자산 사용 결정은 선전부 장관이 재무부 장관과 협의하여 결정한다"는 조항을 추가했다. 회버와 뮐러의 편지는 유한회사 자산이 제국 소유라는 데 의문을 표했지만, 1939년 5월 재무부는 회계감사원 권고에 따라 구호기금 해산을 명령했다. 단원들은 슈테크만을 통해 협상을 진행해 1940년 타협안이 도출되었다. 구호기금은 해산되었지만, 선전부의 권한은 유지되었다.

구호기금은 베를린 시에 대한 기존 채무 상환과 1934년 주식 인수 후 미충족된 자본금 보충에 사용되었다. 단원들은 남은 자금으로 악기 대여, 아카이브, 녹음 자료 수집을 원했다. 또한 60주년을 맞아 필하모닉 기록을 음악학자에게 의뢰했다. 단원들은 예전처럼 예산을 독립적으로 관리할 수 없었지만, 조직적 기반 확장을 통해 일정 수준의 자율성과 공동체 의식을 유지했다. 1934년 이전에 단원들은 사설 유한회사 지분 소유자였으며, 연금은 오케스트라 자금 범위 내에서만 지급되었다. 연금기금은 기부, 수익, 연례 자선 콘서트에서 충당되었으나, 1차 세계대전 이후 독일 경제 침체로 가치가 급락했다. 1924년 기금 가치는 5,873제국마르크로, 은퇴한 단원들을 감당하기에 충분치 않았다.

제국이 오케스트라 유한회사 지분을 인수했을 때, 연금을 책임지는 주체가 불명확했다. 1935년에 감사관은 "연금의 책임이 회사 결산에 명시되지 않았다"고 지적했다. 수년간 해결책이 논의되었고, 신규 단원은 바이에른의 보험 회사를 통해서 제국 음악국 선전부와 협력해서 공무원 규정에 따라 연금을 지급하기로 합의했다. 79명의 전 지분 소유자들은 이전에 누렸던 자율권과 융통성의 연장 선상에서 선전부가 보장했다. 이는 이사회가 일종의 상호 기금 형태로 관리하는 연금기금을 유지한다는 의미로, 매년 소액의 국가 보조금이 더해졌다. 독일 경제 회복으로 투자 수익이 증가하면서, 음악가들에게 월 500제국마르크, 평균 급여의 60%에 해당하는 상당한 연금이 제공되었다. 1938년 연금 관리권은 필하모닉 친목회에 이관되었다.

사실 란데커의 관대한 기부는 전적으로 너그러운 행위만은 아니었다. 베를린 필하모닉은 전용 연주회장을 소유한 적이 없으며, 란데커의 필하모니에 지불하는 임대료는 오케스트라에 무거운 부담이었다. 1933년에 오케스트라는 임대료로 30,000제국마르크를 지불했다. 1937년, 오케스트라는 필하모니 극장과 독점 계약을 체결해 다른 오케스트라의 사용을 배제했다. 연간 임대료는 67,500제국마르크로, 개별 공연 기준 임대료보다 약 35% 높았다. 계약으로 오케스트라는 안정적 거점을 확보했으나, 연말마다 약 20,000제국마르크 이상의 추가 비용을 지급해야 했다. 푸르트뱅글러는 독점권이 이러한 추가 비용을 정당화할 만큼 가치가 있다고 판단했다. 수입과 지출 균형이 중요하지 않을 때, 수천 제국마르크는 큰 문제가 되지 않았다.

1935년 이후, 필하모니 관련 비용은 '콘서트 운영비'로 통합 기록되었다. 여기에는 콘서트홀 임대료, 직원 비용(안내·매표), 기타 공간 사용 비용이 포함되었다. 소규모 항목, 예를 들어 추가 탈의실 비용은 연간 4,000제국마르크인데, 오케스트라 관리자의 연봉에 해당했다. 콘서트 운영비 예산은 1935년부터 1943년까지 약 10배 증가했다. 오케스트라의 지출 항목 중 가장 큰 부분은 행정 직원, 지휘자, 오케스트라 음악가의 급여와 솔리스트의 출연료였다. 이러한 모든 영역에서 제국 재무부와 제국의 회계감사원은 반복적으로 삭감을 요구했지만, 1935년 이후 이 비용은 매년 증가했다. 단원들은 공무원 신분에 속하며, 정해진 근무 규정과 선전부가 승인한 베를린 필하모닉 오케스트라 유한회사의 고용 및 급여 규정을 따랐다. 이를 통해 단원들은 제국에 대해 집단적 계약 의무를 갖고 있었다. 반면, 오케스트라 관리자들은 공식적으로는 '부처의 부서장'으로 분류되었다. 일정한 관점에서 볼 때, 베를린 필하모닉 오케스트라는 사실상 선전부의 한 부서로 간주될 수 있었다.

1934년, 카를 슈테크만이 오케스트라의 관리 책임자로 임명되었을 때 월 700제국마르크의 급여를 받았다. 콘서트마스터의 월급에 해당하는 금액으로 평균적인 오케스트라 단원보다 30% 이상 높았다. 1년 계약 종료 후 그는 1935년 10월 1일부로 월 800제국마르크의 재계약을 체결했는데, 이는 제국선전부의 국장급보다도 높은 액수였다. 그럼에도 슈테크만은 1938년 자신의 급여 등급을 기존 부처 부서장급(XIII급)에서 공무원 A급으로 올려달라고 요청했다. 이 조정이 이루어질 경우, 상당한 임금 인상이 가능했기 때문이다. 그러나 그의 요청은 당시에 제기된 나치당 당적 박탈 문제와 얽혀 난관에 부딪혔다. 슈테크만은 과거 드루이드 결사에 가입했다는 이유로 조사를 받았으며, 이후 '지도자의 은총'을 통해 명예를 회복하긴 했지만, 관료들은 이 사건을 근거로 승급 요청을 거부했다. 한 관료는 "슈테크만의 필하모닉 직책이 특별히 어렵고 책임 있는 자리라고는 생각하지 않는다. 특히 지금처럼 그의 당적이 겨우 회복된 시점에서는 더욱 부적절하다"고 기록했다.

슈테크만은 이에 반발했다. "임명 당시보다 제 임무는 훨씬 더 광범위하고 책임 있는 방향으로 확대되었다. 1934년 약 1,000,000제국마르크이던 재정 운용이 올해에는 1,500,000제국마르크로 증가했으며, 이에 따라 수입과 지출을 관리하는 저의 책임 또한 약 50% 늘었다"고 주장했다. 그는 또한 로렌츠 회버가 공식 대표가 아님에도 더 높은 급여를 받았는데 자신을 포함한 '2인 관리자'의 급여는 지난 5년간 변함이 없었다고 불평했다. 결국 그는 1943년에 월 1,000제국마르크를 지급받게 되었는데 폰 베스터만의 급여보다 500제국마르크 적었지만 콘서트마스터의 급여 수준이라는 점에서 중요한 진전이었다.

초기부터 제1·제2관리자의 급여 차이는 매우 컸다. 1934년 계약에서 루돌프 폰 슈미트제크는 월 1,000제국마르크를 받다가 6개월 후 1,100제국마르크로 인상되었다. 후임자인 헤르만 슈탕에의 계약 조건은 알려지지 않았으나, 1938년 한스 폰 벤다는 네 자녀에 대한 가족 수당을 포함해 월 1,100제국마르크를 받았다. 제1관리자 폰 베스터만은 협상 과정에서 월 1,200제국마르크와 추가 수당 300제국마르크를 요구했고, 모두 받아들여졌다. 그는 행정 직원 가운데 유일하게 오케스트라와 직접 계약을 체결했으며, 연봉 18,000제국마르크는 행정 직원 급여 가운데 가장 명확하게 기록된 사례였다.

한편 예외적으로 프리드리히 헤르츠펠트는 1940~1942년 사이 오케스트라 급여 명단에 이름을 올렸다. 그는 오케스트라의 공식 역사를 집필하기 위해 고용된 것으로 보인다. 헤르츠펠트는 열렬 나치 지지자였으며, 1941년에 쓴 정치색 짙은 푸르트뱅글러 전기는 정작 지휘자의 승인을 받지 못했다. 그럼에도 프로그램 편집자로 월 600제국마르크를 받았다. 회계감사원 질의에 대해 슈테크만은 헤르츠펠트가 "파트타임처럼 일했다"고 답변했다. 선전부와 회계감사원은 이 점에서 의견이 일치했고, 헤르츠펠트는 1942년 봄에 직위를 잃었다.

제1·제2관리자의 연봉은 12,000~18,000제국마르크인데, 다른 부처나 오케스트라 단원들의 급여와 비교해도 높은 수준이었다. 그러나 지휘자와 솔리스트에게 지급된 금액과 비교하면 상대적으로 낮았다. 푸르트뱅글러를 제외하더라도, 1933/34 회계연도 기준 오케스트라는 지휘자에게 베를린 공연 12,200제국마르크, 그리고 투어 공연 22,150제국마르크를 지급했으며, 공연 수를 감안하면 그리 과도한 금액은 아니었다. 이 같은 구조가 형성된 이유는 복합적이었다. 첫째, 브루노 발터와 오토 클렘퍼러 등의 유대계 지휘자들의 공연이 취소되었고, 둘째, 그 어떤 음악가도 푸르트뱅글러보다 높은 출연료를 받는 상황은 사실상 허용될 수 없었다.

1934년 베를린 필하모닉 오케스트라가 재구성되는 과정에서, 푸르트뱅글러는 최대 22회의 공연에 대해 회당 1,000제국마르크라는 조건을 제시했다. 그는 "오케스트라와 베를린 음악계를 이끄는 책임은 기꺼이 수행하겠지만, 예술적 성과만큼은 정당한 보수를 받고 싶다"고 밝히며 이러한 조건을 정당화했다. 이 합의는 곧 공식 계약으로 체결되었으며, 그는 오케스트라 활동과 관련된 여행비와 통신비도 청구할 수 있었다. 공연당 1,000제국마르크는 오케스트라 입장에서 나쁘지 않은 조건이었다. 푸르트뱅글러는 1929년만 해도 연 50,000제국마르크와 15,000제국마르크의 수당을 받았고, 1932/33년에는 월 2,500제국마르크를 받았기 때문이다. 게다가 1934/35년 그가 지휘한 필하모닉 콘서트는 10,000제국마르크의 수익을 올린 바 있었다.

푸르트뱅글러가 1934년 12월 사임하면서, 기존 계약은 상호 합의로 해지되었다. 복귀 후에는 이전 조건이 더 이상 적용되지 않았다. 1935년부터 1938년까지 그는 객원지휘자로서 공연당 2,000제국마르크를 지급받았다. 1938년에는 25회 이상 공연을 전제로 출연료를 공연당 4,000제국마르크로 두 배 인상해 달라고 공식 요청했고, 오케스트라는 이를 승인했다. 슈테크만은 "오케스트라가 보릿고개 시절, 푸르트뱅글러는 출연료 요구에서 매우 겸손했다. 그러나 이제 재정 기반이 좋아진 만큼, 그의 위상에 걸맞은 보수를 요구하는 것은 당연하다"고 평가했다. 그는 나아가 푸르트뱅글러를 높은 출연료를 받는 영화배우에 비유하기도 했다. 실질적으로 오케스트라에는 선택지가 없었다. 심지어 선전부 내부에서도 "푸르트뱅글러와 필하모닉은 긴밀히 연결되어 있으며, 수익은 거의 전적으로 그의 지휘에 달려 있다"는 평가가 있었다.

실제로 푸르트뱅글러가 지휘하는 공연은 주요한 수익원이었지만, 오케스트라의 가장 큰 재정적 기반은 국가에서 나오는 지원금이었다. 출연료 인상 이후 그에게 지급될 연간 예상액은 100,000~120,000제국마르크로 산정되었으나, 실제로는 1938년 171,350제국마르크, 1939년 210,000제국마르크, 1940년 184,000제국마르크가 지급되었다. 1940년 감사관들은 1939년의 지급액을 상한선으로 설정하기도 했다. 사실상 푸르트뱅글러의 지휘로 발생하는 수익 대부분이 그의 출연료로 다시 소진된 셈이었다.

콘서트마스터의 월급이 1,000제국마르크였고, 관리자 연봉이 40,000제국마르크였을 때, 푸르트뱅글러는 월 최대 20,000제국마르크를 벌어들였다. 심지어 1938년에는 그가 베를린에서 빈 필하모닉을 지휘했던 보수인 4,000제국마르크를 베를린 필하모닉이 지급하게 만들기도 했다. 이러한 상황을 두고 해석이 엇갈릴 수 있다. 한편에서는 오케스트라의 재정이 궁핍하던 시절 그가 출연료 요구를 자제했던 것에 대한 보상으로 이해할 수 있을 것이다. 다른 한편에서는 그에 대한 오케스트라의 의존성을 능숙하게 활용했다고 볼 수도 있다. 결국 이것은 지휘자와 나치 정권 간에 형성된 상호적 착취 구조의 한 사례로도 해석된다. 오케스트라는 금전적 중개자이자 상징적 보상 장치였고, 괴벨스는 '제국 최고의 지휘자'에게 거의 모든 비용을 지불할 의향이 있었다. 푸르트뱅글러는 이러한 상황을 이용해 협상에서 자신의 독립성과 권력을 확고히 했다.

시간이 흐르면서 솔리스트 출연료 또한 급격히 상승했다. 1934년 약 20,000제국마르크였던 출연료 총액은 1937년 40,000제국마르크, 1940년에는 60,000제국마르크로 증가했다. 피아니스트 발터 기제킹과 빌헬름 켐프, 바이올리니스트 게오르크 쿨렌캄프는 공연당 1,000제국마르크를 받았는데, 콘서트마스터의 월급과 동일한 수준이었다. 또 다른 고액 솔리스트였던 에트빈 피셔는 공연당 최대 1,500제국마르크를 받았다.

1939년, 푸르트뱅글러는 피아니스트로서 자신의 개런티를 별도로 마련했다. 독일 투어 5회 공연에 대해 총 4,000제국마르크의 출연료를 동일하게 분할 지급하는 방식이었다. 1940년 오케스트라가 주최한 소나타 저녁 연주회에서는 푸르트뱅글러와 쿨렌캄프가 함께 무대에 섰고, 두 사람 모두 1,400제국마르크를 받았다. 이 경우 오케스트라는 사실상 수익을 얻지 못했다.

한편, 오케스트라 단원들의 급여는 지휘자나 솔리스트에 비하면 적었지만, 100명 이상으로 구성된 단원 전체 급여를 합치면 상당한 규모가 되었다. 급여는 매달 재산정되었으며, 근속연수에 따른 기본급 외에도 주거비, '성과수당', 의류비, 자녀수당, 출장비 등이 추가되었다. 1942년 기준으로 경력 3년 미만의 독신 음악가는 약 600제국마르크에서 급여가 시작되었고, 콘서트마스터나 첼로 수석의 경우 1,000제국마르크 이상을 받았다. 로렌츠 회버 또한 최고 급여 구간에 속했다. 초기에는 나치 선동가들이 급여 수준과 정치 성향을 연계하려 했으나, 실제로 급여와 당원 여부 사이에는 아무런 상관이 없었다. 대부분의 단원들은 1년간의 시험 근무를 마치면 종신 고용되는 구조였다.

급여 계산 방식은 상당히 복잡했다. 단원들이 오케스트라의 지분을 보유한 주주였으며, 공동체의 재정 상황에 따라 달라지던 과거의 기억이 남아 있었기 때문이다. 제국 오케스트라로 재편된 이후 국가가 새로운 규정을 만들긴 했지만, 많은 부분을 협상과 논쟁의 영역으로 남겨두었다. 예컨대, 콘서트마스터들은 오케스트라 유한회사와 개별적인 조건으로 계약을 체결했다. 1935년 후고 콜베르크가 베를린 필하모닉에 합류할 당시, 5년 계약과 함께 월 1,000제국마르크를 받으며 스카우트되었다. 당시 다른 콘서트마스터였던 지크프리트 보리스는 월 675제국마르크에 그쳤다. 그는 월 900제국마르크로 인상해 달라고 요청했으나, 슈테크만과의 협상 끝에 800제국마르크로 타협했다. 제2첼로 수석 한스 보터문드는 821.90제국마르크를 받았고, 제1첼로 수석 아르투어 트뢰스터는 800제국마르크를 받았다. 트뢰스터는 함부르크 교수직 제안을 핑계로 월 1,000제국마르크 인상을 요구했고, 결국 승인되었다. 이후 티보르 데 머출러는 미국에서 월 1,250달러 제안을 받았다고 주장하며 급여를 800제국마르크에서 1,000제국마르크로 올려받았다. 이를 계기로 보리스도 다시 인상을 요청해 다른 수석들과 동일한 1,000제국마르크를 받게 되었다. 젊은 콘서트마스터 에리히 뢴은 초기 800제국마르크에서 유지되었으나, 1940년 보리스가 오케스트라를 떠난 후 1,250제국마르크로 인상되었고, 1943년에는 5년 동안 최대 1,500제국마르크까지 상승하는 조건이 마련되었다. 이러한 방식은 "베를린 필하모닉이 최정상급 콘서트마스터 수요를 충족하기 위한 문화정책적 조치"로 평가되었다. 그러나 전쟁의 종말로 인해 뢴은 급여가 실제로 1,500제국마르크에 도달하기 전에 그만두어야 했다.

1935년부터는 공공 지출을 통제하고 연봉 협상 여지를 최소화하기 위해 '모든 오케스트라의 최종 급여 체계'를 마련하려는 논의가 시작되었다. 1936년 봄, 선전부와 재무부는 국가 지원을 받는 모든 독일 오케스트라의 급여를 조정할 규정을 공동으로 마련하기로 합의했다. 이 계획은 오케스트라를 '등급별'로 분류한 뒤, 그에 따라 차등 적용하는 방식이었다. 여기에는 콘서트마스터와 솔리스트도 포함되었다. 흥미롭게도 그 기준은 정치·이념적 요인이 아니라 '음악적 수준'이었다. 비록 나치 체제가 정치적 충성도를 강조했음에도, 국가 지원 규모는 예술적 완성도라는 평가 기준에 의해 결정되었다.

계획은 베를린 필하모닉 감독위원장이던 발터 풍크를 통해 오케스트라에 전달되었다. 그는 필하모닉이 새 급여 체계에서 최상위 등급에 포함될 것이라고 장담했다. 다만 그 최상위 등급은 베를린 슈타츠카펠레와 공유해야 했다. 이후 전개된 '독일 문화 오케스트라 급여 체계' 논쟁은 행정적 사안이 정치적 영역으로 어떻게 옮겨가는지, 그리고 나치 체제 아래에서 관료적 명령·전통적 권리·이데올로기·개인적 권력 행사가 어떻게 충돌하는지를 단적으로 보여준다.

슈타츠카펠레는 프로이센 수상 헤르만 괴링의 보호 아래 있었으며, 그는 괴벨스와 경쟁 관계였다. 두 사람의 대립은 문화 정책에서도 이어졌고, 새 급여 체계는 괴링에게 자신의 오케스트라를 괴벨스의 오케스트라와 동급으로 끌어올릴 기회를 제공하는 것이었다. 이에 벤다와 슈테크만은 오케스트라의 이익을 지키려는 공동 캠페인을 벌였다. 두 오케스트라를 동일 선상에 두는 것은 필하모닉의 독보적 지위를 위협한다고 판단했기 때문이다. 그들은 두 가지 핵심 근거를 들었다. 첫째, 제국 오케스트라 음악가들의 업무 부담이 슈타츠카펠레보다 훨씬 크다는 점. 둘째, 그에 따르는 특별한 물질적 보상이었다. 벤다와 슈테크만은 혹독한 공연·투어 일정을 제시하며, 월 연주 횟수도 슈타츠카펠레가 30회에 불과한 반면 필하모닉은 50회에 달한다고 강조했다. 그들은 필하모닉 단원들이 "독일 예술의 대표자"이므로, 공연뿐 아니라 일상에서도 더욱 격조 있는 복장을 갖춰야 한다고 주장했다. 벤다와 슈테크만은 이 문제가 단원 개개인의 생활과 직접 연결되는 현실적 문제임을 잘 알고 있었다. 그들은 자신들이 상대적으로 유리한 지위에 있다는 것도 자각하고 있었고, 결국 이렇게 결론지었다. "필하모닉 오케스트라는 독일뿐 아니라 유럽 최고의 오케스트라"이므로, 특별한 '성과 수당'을 요구한다는 것이었다. 괴벨스는 이를 승인했고, 괴링은 이에 대응해 슈타츠카펠레에도 같은 보너스를 요구했다.

1936년 10월, 괴벨스는 투어 보조금을 무기로 하여 결정적 우위를 확보했다. 그는 필하모닉의 성과는 슈타츠카펠레 같은 오페라 오케스트라와 비교할 수 없다고 강조했다. 그가 마련한 재정 지원은 괴링의 부처가 제공할 수 있는 수준을 뛰어넘었지만, 국가 지원 오케스트라의 급여를 통일해야 하는 근본 문제는 해결되지 않았다. 괴벨스와 필하모닉 측이 하나의 전투에서 승리했을 뿐, 더 큰 싸움은 계속되고 있었다.

근본적 문제 해결을 위해, 한스 힌켈이 특별 신탁인으로 임명되어 오케스트라들 간 이해관계를 합리적으로 조정할 임무를 맡았다. 몇 달에 걸친 작업 끝에 결국 그는 '특별 계급(Sonderklasse)' 신설을 권고했고, 필하모닉은 당연히 이 최고 등급에 포함되었다. 1938년 5월 15일, 새로운 독일 문화 오케스트라 급여 체계가 시행되었다. 총 5개 급여 등급과 1개의 특별 계급으로 구성되었으며, 필하모닉은 최고 지위를 차지했다. 베를린 슈타츠카펠레는 바이에른 슈타츠카펠레, 함부르크 슈타츠카펠레, 드레스덴 슈타츠카펠레, 라이프치히 게반트하우스와 함께 I등급을 받았으며, 이들의 기본 급여는 특별 계급보다 약 10% 낮게 책정되었다. 베를린 필하모닉의 지위는 확보되었지만, 베를린 슈타츠카펠레가 장차 특별 계급으로 승격될지는 불확실했다.

새로운 급여 체계는 괴벨스가 제공해오던 170,000제국마르크의 투어 보조금을 폐지했다. 지난 2년 동안 이 수당에 익숙해져 있던 필하모닉은 삭감을 기꺼이 받아들이려 하지 않았다. 새 체계에서 기본급은 근속 2년 미만 383.83제국마르크에서 근속 10년 이상 602.30제국마르크까지였으며, 투어 수당 역시 통일된 월별 지급 방식으로 조정되었다. 실질 임금이 올라간 경우도 많았지만, 나이와 근속 연수에 따라 연봉이 줄어드는 사례도 생길 수 있었다. 그러나 더 중요한 것은 다른 독일 오케스트라와의 격차였다. 슈테크만은 투어 보조금을 통한 상징적·

물질적 우위가 핵심이라고 보았다. 이 때문에 벤다와 슈테크만은 투어 보조금 혹이나 특별 수당을 확보하려고 움직였다. 그 일환으로, 오케스트라 규모를 105명으로 제한해 약 30,000제국마르크를 절감하고, 이를 투어 보조금으로 전환하여 1인당 월 60제국마르크씩 지급하는 방안을 제시하기도 했다.

한편, 괴링은 베를린 슈타츠카펠레를 필하모닉과 동일한 특별 계급에 배치하는 데 성공했다. 그는 필하모닉을 "세계적 명성의 선도적 콘서트 오케스트라", 슈타츠카펠레를 "미래를 선도하는 오페라 오케스트라"로 규정하며 두 단체의 동격화를 주장했다. 나아가 필하모닉이 초과 수당을 받는 경우 슈타츠카펠레도 동일 수당을 지급받아야 한다고 선언했다. 괴벨스는 이에 맞서 자신이 관할하는 도이치 오퍼 오케스트라도 최고 지위를 요구했다. 이 문제는 선전부, 재무부, 그리고 필하모닉까지 모두 연루되는 정치적 사안으로 비화했다. 한 관료는 "모든 오케스트라를 특별 계급에 넣는다면 특별 계급의 의미 자체가 사라진다"고 지적했다. 이 과정에서 필하모닉의 여행비 보조금 문제는 복잡한 정치적 쟁점으로 떠올랐다. 괴링이 슈타츠카펠레를 특별 계급에 포함시키려 하자, 재무부는 두 오케스트라를 명목상 동일 등급으로 두되, 필하모닉에게는 월 60제국마르크의 수당을 추가하는 방식으로 사실상 특별 계급 안의 또 다른 '최상위 특별 계급'을 만드는 절충안을 제시했다.

전(前) 주주 몇몇이 새로운 임금 체계가 기존에 비해 일정하지 않다고 불평했음에도, 베를린 필하모닉 구성원들은 이 '특별 등급 플러스'의 실질적 이익을 누렸다. 이 계획은 재무성의 호감을 얻기도 했다. 5% 인상은 재정적으로 감당 가능한 범위였다. 그러나 이는 단지 시작에 불과했다. 새로운 임금 체계는 성과 수당 지급을 허용했다. 이 제도는 예술적 판단을 중시하면서도 질서와 규율을 유지하고자 했던 체제의 내적 모순을 드러내는 사례였다. 오케스트라는 최대 40%의 음악가에게 성과 수당을 지급할 수 있었으며, 이는 공로를 인정하거나 인재 유지를 위한 당근으로 활용되었다.

필하모닉은 성과 수당을 두 단계로 나눠 운영했다. 일등급 연주자 열여섯 명에게는 월 75제국마르크를, 2등급 연주자 여덟 명에게는 37.5제국마르크를 지급했다. 그러나 실제 지급과 정산 과정에서는 여러 문제가 발생했다. 예컨대 수당을 자동 지급해야 하는지, 개별 신청을 받아야 하는지, 오케스트라가 40%의 지급 비율을 반드시 채워야 하는지, 추가 근무 의무가 있는지 등이 논란이 되었다. 이에 대한 공식 답변은 모호했다. 수당은 국가 보조금과 함께 지급되며, 40% 쿼터는 의무가 아니고, 추가 근무는 '있을 수도 있다'는 식이었다.

성과 수당 제도는 오케스트라 간 경쟁심을 더욱 자극했다. 티첸과 괴링의 의도대로 경쟁은 항상 존재했지만, 이제는 재정적 차원으로 옮겨온 것이다. 베를린 필하모닉과 슈타츠카펠레 사이의 경쟁은 오케스트라의 위상뿐만 아니라 개별 음악가의 계약 조건에도 영향을 미쳤다. 실제로 오케스트라들은 서로의 연주자를 스카우트하기 시작했다. 새 임금 체계 승인 직전, 베를린 슈타츠카펠레는 1935년 필하모닉에 합류한 호른 주자 마르틴 칠러를 영입하려 했다. 슈타츠카펠레는 퇴직금이 포함된 호른 수석 자리를 약속했으며, 최고 급여를 약속했다. 그러자 필하모닉은 투어 보조금과 월 60제국마르크의 실비 지급을 무기로 삼았다. 더 나아가 티첸은 성과 수당을 통해, 두둑한 급여를 보장하는 방식으로 맞대응했다. 괴벨스는 이 조치를 용납하지 않았고, 결국 티첸의 계획은 무산되었다.

이후 문제는 더욱 복잡해졌다. 오스트리아 합병 이후 오스트리아 오케스트라들도 새 임금 체계에 포함되어야 했기 때문이다. 특히 빈 필하모닉의 지위가 쟁점이었는데, 전통이나 예술적 수준으로 볼 때, 특별 계급에 둘 수밖에 없었다. 다른 오스트리아 오케스트라는 III~V등급에 배치하는 데 큰 문제가 없었지만, 빈 필하모닉을 베를린 필하모닉과 슈타츠카펠레와 함께 특별 계급에 두는 것은 논란을 불러왔다. 특별 계급이 셋이라면, 왜 더 늘릴 수 없는가 하는 논쟁이 제기될 것이었다. 게다가 베를린과 빈을 우대하는 것은 독일의 음악적 지형의 중요성에 오해를 불러일으킬 수 있었다. 뮌헨도 중요한 음악 중심지였기 때문이다. 결국 1년 후 히틀러가 직접 개입해, 바이에른 주립 오페라 오케스트라도 다른 엘리트 오케스트라와 동등하게 대우할 것을 지시했다. 이리하여 네개 오케스트라로 이루어진 특별 계급 체계가 형성되었다. 뮌헨 오케스트라가 추가되는 동시에 히틀러는 "베를린의 오케스트라나 오페라 극장이 뮌헨 주립 오페라의 음악가를 고용해서 베를린으로 불러오는 것은 엄격하게 금지된다"고 강하게 경고했다. 그중 최소 두 오케스트라는 실제 성과보다는 권력자의 영향력으로 특별 계급에 들어갔다. 이는 안정적인 임금 체계를 확립하려던 당초의 시도를 사실상 실패로 이끌었다. 특별 관리관 힌켈은 최상위 등급을 결정하는 과정에서 권력자의 눈치를 볼 수밖에 없었고, 하위 등급 오케스트라는 재정적 제약으로 인해 혼란 속에 빠졌다.

괴벨스가 관할한 도이치 오퍼 베를린 오케스트라가 특별 등급 편입을 요구하면서 벌어진 논란은 다음 문장으로 집약되었다. "도이치 오퍼 베를린 오케스트라가 특별 등급에 들어간다면 베를린 폴크스오퍼(코미셰 오퍼 베를린)도 I등급으로 올리는 데 이의가 없을 것이다. 그런데 도이치 오퍼 베를린 오케스트라가 I등급에 그대로 머문다면, 폴크스 오퍼 오케스트라도 등급을 올릴 수가 없을 것이다."

이 발언은 정부 차원의 결정 없이는 해결할 수 없는 개인적·행정적·상징적 갈등이 뒤엉킨 혼란의 전형이었다. 최종 결정권은 예술을 사랑했지만 안목이 부족했던 히틀러에게 있었다. 힌켈이 히틀러에게 보낸 요청 편지는 나치 체제의 복합성과 모순을 그대로 드러낸다.

"총통 각하! 당시 오케스트라의 상황은 무질서했으며 단원들은 사회적 보호를 받지 못했습니다. 따라서 오케스트라를 정리하고 음악가들의 경제적 기반을 보장할 필요가 있었습니다. 오케스트라는 5개 등급으로 나뉘며, 그 위에 특별 등급이 있습니다. 원래 특별 등급은 베를린 필하모닉만 해당되었습니다. 그 후 프로이센 슈타츠카펠레, 빈 필하모닉, 그리고 총통 각하의 특별 요청에 따라 바이에른 슈타츠카펠레도 포함되었습니다.···"

이 편지는 문화적 권위, 정치적 영향력, 상징적 위계가 서로 충돌하며, 오케스트라 등급이 음악적 기준이 아니라 정치적 필요와 권력의 우선순위에 따라 규정되었음을 보여준다. 결국 1943년 6월 1일, 특별 등급 오케스트라에는 라이프치히 게반트하우스, 도이치 오퍼 베를린 오케스트라, 함부르크 주립 오페라, 드레스덴 슈타츠카펠레, 그리고 1942년에 창단된 린츠 브루크너 오케스트라가 포함되었다. 반면 튀링엔 주립 오케스트라 바이마르는 I등급에 그대로 남았다. 이 과정 전체는 명확하고 책임 있는 재정 관리 체계를 세우는 데 완전히 실패했음을 증명했다.

사소한 다툼은 계속되었다. 필하모닉 경영진은 베를린 슈타츠카펠레를 압박 카드로 활용하여 더 많은 예산을 확보하려 했고, 괴링은 과도한 투어 비용을 챙겨 주었다. 하지만 베를린 필하모닉은 1944년 9월 슈타츠오퍼가 해체되고, 그 직원과 오케스트라가 이미 패배가 확실한 전쟁을 위해 복무해야 했을 때 마지막으로 냉소를 지을 수 있었다. 필하모닉이 1944년 1월 연주회장을 잃었을 때, 슈타츠오퍼 인텐던트 하인츠 티첸은 상황을 정치적으로 활용하는 데 주저하지 않았고, 경쟁 오케스트라가 자기 극장을 사용하는 대가로 과도하게 높은 임대료를 요구했다. 그 결과, 티첸의 오케스트라가 해체되었을 때 필하모닉에서는 거의 동정의 목소리가 나오지 않았다.

나치 체제 아래에서 재정은 탐욕, 사적 이해관계, 음모, 끊임없는 요구가 뒤섞인 장이었다. 베를린 필하모닉은 엄청난 국고 지원의 혜택을 누렸지만, 동시에 체제 내부에서 벌어지는 치열한 경쟁에 노출되어 있었다. 이는 권력자와 음악가들이 모두 최대한의 재정적 이득을 얻고자 한, 왜곡된 형태의 '동업자적 자본주의'였다. 결국 베를린 필하모닉의 상황은 언제나 특권이 위협받는 특권 상태, 불안정한 상태의 안정이었다. 필하모닉은 막대한 예산을 바탕으로 계약 조건과 수당을 활용해 단원들을 만족시키고, 푸르트뱅글러와 같은 지휘자에게 개런티를 보장하며 재정 안정성을 확보할 수 있었다. 동시에 정치적으로 민감한 음악 시장에서 독점적 지위를 유지하고 강화하는 데 성공했다.

빌헬름 푸르트뱅글러는 베를린 필하모닉 오케스트라의 중요한 상임지휘자로서 활동했다.

4

필하모닉은 근무 중

독립적인 음악 기관에서 국가 소유 기관으로 전환되면서, 베를린 필하모닉 오케스트라의 연주 방식과 활동 범위에도 변화가 나타났다. 수많은 나치당 관련 음악 단체와 여러 독일 오케스트라가 나치 지도부의 요구에 활발하게 움직였지만, 베를린 필하모닉 오케스트라는 그 탁월한 수준 덕분에 '홍보대사'로 여겨졌다. 정권은 오케스트라를 재정적으로 보장함으로써, 최고 수준의 연주 단체가 국가적 과제를 수행하도록 하려 했다. 이는 교육과 선전이라는 좁은 경계선 위에서 이루어졌으며, 연간회원 콘서트, 라디오 방송, 대중 콘서트, 녹음, 각종 공식 행사에서 베를린 필하모닉은 독일 예술의 '보석'으로 치켜세워졌다.

나치 정권은 문화생활을 장악하려 했고, 음악을 사회적 가치의 핵심 요소로 규정했다. 이는 개인적 신념과 이념적 확신이 혼재된 결과였다. 베를린 필하모닉 오케스트라는 당 지도자의 높은 평가를 받았을 뿐 아니라, 정권이 제공하는 홍보 및 독일 경제 회복의 영향으로 전례 없이 폭넓고 다양한 청중에 도달할 수 있었다. 덕분에 오케스트라는 정치적·프로그램적·전문적 차원에서 엘리트 이미지를 더욱 공고히 할 수 있었다.

　1934/35 시즌, 베를린 필하모닉은 178회 이상의 콘서트를 열어 151,702명의 관객을 모았다. 1936년 8월에는 처음으로 뉘른베르크 전당 대회에서 연주했고, 단 하루 만에 이전 시즌 전체 관객의 절반 이상을 동원했다. 나치 시대 콘서트 활동의 절정기였던 1940/41 시즌에는(나치당 대회·올림픽 같은 대형 행사는 제외) 총 222,866명이 오케스트라를 관람했으며, 이 중 38,000명은 군인이었다. 정기 라디오 방송을 포함하면 수백만 명이 필하모닉 연주를 들었다. 통제된 언론이 이 성과를 과장되게 선전하긴 했지만, 폭넓은 계층에 고급 예술을 제공한다는 기획 자체는 그 자체로 부정적이라고만 할 수는 없었다. 다만 때때로 오케스트라는 정치적 의도가 노골적으로 드러나는 특별 행사에서 연주를 '명령받는' 상황에 놓였고, 이는 순수하게 예술적 목적과는 거리가 멀었다.

　베를린 필하모닉 오케스트라가 자체적으로 운영되기는 했지만, 전문 행정조직이나 자체 공연장을 갖추지 못했기 때문에 프로그램 제작·입장권 판매·홍보 등을 위해 다양한 외부 파트너와 협력했다. 이 협력 구조는 자율성과 유연성을 제공했지만, 동시에 에이전트에 대한 의존도도 불가피하게 만들었다. 베를린 시는 대중 콘서트를 보조했고, 박하우스 콘서트 관리국은 일요일·화요일 할인 콘서트를 조정했다. 필하모닉은 특정 조직이나 개인에게 '고용'되어 연주하기도 했다. 이 중 가장 중요한 협력 관계는 볼프 & 작스 에이전시와의 협업이었다. 헤르만 볼프는 1882년 창립 초기부터 오케스트라를 지원했으며, 한스 폰 뷜로, 요아힘, 리하르트 슈트라우스 등 거장들을 초청하는 데 핵심 역할을 했다.

　오케스트라의 핵심 공연인 필하모닉 콘서트는 볼프 & 작스가 주관했다. 연간 10회로 구성된 이 시리즈는 음악적으로나 재정적으로나 시즌의 중심축이었다. 에이전시는 뷜로, 니키슈, 그리고 푸르트뱅글러를 차례로 초청해 수석지휘자로 세웠다. 이들은 오케스트라 소속이 아니라 에이전시와 계약한 신분이었지만, 필하모닉 콘서트의 중요성 덕분에 사실상 '독일 최고의 콘서트 기관'의 음악 감독으로 간주되었다.

헤르만 볼프와 그의 아내 루이제가 보여준 비전과 조직력은 최고 수준의 지휘자·솔리스트를 끌어옴으로써 오케스트라의 예술적 발전을 이끌었다. 그러나 이 관계는 동시에 재정적 부담도 낳았다. 볼프 & 작스는 필하모닉 콘서트 수익의 20%를 수수료로 가져갔고, 초청 예술가와 기타 부대 비용에 대한 중개 수수료도 추가로 챙겼다. 이런 시스템은 경제 호황기에는 문제가 없었지만, 1930년이 되자 유지하기 어려워졌다. 이에 1930년 4월 필하모닉은 처음으로 필하모닉 콘서트를 직접 조직해 모든 비용(지휘자·솔리스트·공연장·광고·수수료 등)을 자체 회계로 처리했고, 그 결과 더 높은 수익을 거뒀다. 이후 볼프 & 작스와 새로운 계약 조건을 협상해 개선을 이루었지만, 필하모닉 콘서트는 여전히 에이전시의 영향 아래 있었다. 1933년 이후 새 경영진은 이를 "매우 불리한 구조"라고 평가했다.

나치 정권의 영향이 확대되면서 외부 조직자와의 관계도 재검토되었다. 국가 오케스트라가 되어가는 상황에서 '오케스트라를 대여'하는 관행은 유지될 수 없었으며, 오케스트라 활동은 명확히 선전 임무와 연결되어야 했다. 특히 자체 제작 인프라 구축과 예술감독이 선전부에 직접 책임을 지는 체제가 필요하다고 판단되었다. 제국 재무 위원회는 선전부를 독점 후원자로 두고 오케스트라를 유일한 제작자로 만드는 방안을 추진했다.

　필하모닉 콘서트 지휘자이자 스스로를 오케스트라의 지도자로 여겼던 푸르트뱅글러는 이러한 프로그램 개혁의 핵심 인물이었다. 그는 모든 콘서트를 오케스트라가 직접 꾸려야 한다는 입장을 지지했다. 이는 그의 권한을 강화할 뿐 아니라, 정권의 재정 지원을 기반으로 에이전시에서 벗어나 예술적 자율성을 확대할 수 있는 길이기도 했다. 그러나 그는 동시에 오케스트라의 인프라가 필하모닉 콘서트와 같은 대규모 시리즈를 감당할 수 있을지 우려했다. 따라서 오케스트라의 조직 역량을 확충하는 동시에 볼프 & 작스와의 관계를 일정 부분 유지할 것을 건의했다. 그 이유는 두 가지였다. 첫째, 1922년 니키슈의 후임으로 그를 지지한 볼프 가족에 대한 사적 관계, 둘째, 볼프 가족이 유대인 혈통이라는 점 때문에 그들의 처지가 위험해질 것을 우려했기 때문이었다.

　1934/35 시즌부터 볼스 & 작스를 포함한 베를린의 모든 음악 에이전시는 프로그램 기획에서 완전히 배제되었다. 1935년 4월에 제국음악국은 볼프 & 작스의 영업 허가를 취소했고, 회사는 해산되었다. 소식을 들은 저명 바이올리니스트이자 교육자인 카를 플레슈는 런던 망명 중 루이제 볼프에게 편지를 보냈다.

　"존경하는 친구여, 귀하가 여든 번째 생일을 맞이하셨다는 소식과 기획사가 해산되었다는 소식을 동시에 접하고 우리는 한편으로는 기뻤고 한편으로는 큰 충격을 받았습니다. (…) 어떤 경우든지 당신은 독일 음악계에 헤아릴 수 없이 큰 기여를 했다는 만족스러운 감정으로 사업을 마무리하실 수 있을 겁니다. 헤르만 볼프 에이전시는 결코 평범한 기획사가 아니었습니다. 이 회사는 독일 음악계를 비옥하게 만들었으며, 단순히 해당 업계뿐만 아니라 지난 40년 동안의 음악사에서 명예로운 위치를 차지합니다."

남편이 창설하고 자신의 삶에서 그토록 많은 열정을 쏟았던 회사를 잃은 충격으로 루이제 볼프는 몇 달 뒤에 세상을 떠났다.

1934년까지 베를린 필하모닉은 본질적으로 시민적 기관이었다. 대중 프로그램과 학생 대상 공연을 진행했고, 귀족 후원에서 벗어나 있었지만, 볼프 부부 같은 임프레사리오[1]와 페터 렌데커 같은 부유한 후원자의 지원에 의존했다. 이를 통해 오케스트라는 독립성을 유지할 수 있었지만, 일정한 문화적 교양을 갖춘 시민들이 비용을 지불하고 공연에 참여해야 하는 구조였다. 필하모닉 콘서트는 오케스트라의 예술적 정체성과 위신을 상징했다. 고가의 고급 행사였으며, 관객층은 교육받은 시민 계급이 중심이었다. 입장료는 다른 오케스트라 공연의 두 배였고, 연간 20회의 콘서트 수익이 나머지 모든 공연을 합친 것보다 높았다.

나치 지도부에게도 오케스트라의 성공은 중대사였다. 베를린 필하모닉을 국가 오케스트라로 전환하려 한 목적은 음악적 전통을 바꾸거나 연주 프로그램을 통제하려는 것이 아니라, 이미 존재하는 명성과 예술적 성과를 강화하고 동시에 새로운 대중에게 다가갈 수 있도록 하는 데 있었다. 정권은 오케스트라의 예술적 품질과 명성이 온전히 유지될 때에만 이를 선전의 자산으로 활용할 수 있었다. 따라서 볼프 & 작스 없이도 프로그램과 조직을 유지하며 전통을 계승하는 것이 국가적 과제가 되었다.

1　Impresario, 사업가, 기획자, 흥행사를 뜻하며, 특히 예술 분야에서 공연이나 전시회를 기획하고 재정적으로 지원하며 예술가를 무대에 올리는 후원자이자 제작자를 가리키는 이탈리아어에서 유래한 말이다.

　　1932/33, 1933/34 시즌의 큰 변화에도 불구하고 필하모닉 콘서트는 여전히 활동의 중심에 있었다. 선전부의 재정 지원을 통해 필하모닉은 푸르트뱅글러가 지휘하는 월요 콘서트를 안정적으로 만들 수 있었다. 당시 독일 클래식 음악계에서 절대적인 영향력을 지닌 푸르트뱅글러는 처음에는 10회 전체 프로그램을 지휘했다. 1934/35 시즌에는 일시적 퇴임 이후 복귀해 대부분의 콘서트를 지휘했으나, 공식 직위는 없었고 전 회차를 맡지는 않았다. 그럼에도 그의 이름은 필하모닉 콘서트와 긴밀히 연결되어 있었고, 이 덕분에 주요 공연은 1,000명 이상의 연간 회원을 확보했으며, 공개 사전 콘서트 또한 수백 명의 정기 회원을 끌어들일 수 있었다.

　　필하모닉 콘서트는 대체로 10월부터 3월까지 매월 두 번째 월요일 저녁 7시 30분에 열렸다. 사전 연습 공연은 일정에 따라 일요일 오전 11시 30분 또는 공연 당일 오전에 공개 리허설 형식으로 진행되었다. 공연장은 항상 필하모니였다. 이 콘서트의 입장료는 비교적 높았지만, 그만큼 지휘자·독주자·연주 레퍼토리가 일관되게 최고 수준을 유지했다. 이러한 전통을 통해 오케스트라는 최고급 앙상블로서의 정체성을 지켰고, 교육 받은 시민 계층을 중심으로 음악적 진정성과 상징적 가치를 유지할 수 있었다.

　　나치 시대에 필하모닉 오케스트라는 상당한 업무량을 떠안았다. 연습, 공연, 투어만으로도 충분히 바빴던 활동은 1933년 이후 더욱 증가했다. 전통적인 콘서트 시리즈 외에도 전국 투어와 정부의 특별 공연이 크게 늘었다. 100명 이상의 단원이 있어 일정 부분 교대 출연이 가능했지만, 외부활동을 허락받았던 콘서트마스터를 제외한 대부분의 연주자들에게 계약서상 보장된 주 1회 휴무조차 지켜지기 어려웠다.

필하모닉의 시즌은 일반적으로 8월 셋째 주부터 다음 해 7월 첫째 주까지 이어졌다. 평균적으로 이틀에 한 번꼴로 새로운 프로그램을 연습하고 공연해야 했다. 1934/35 시즌에는 331회의 연습과 178회의 공연을 합쳐 총 509회의 업무가 있었다. 1936/37 시즌에는 독일 내 205회 공연과 365회 연습으로 총 570회, 1938/39 시즌에는 191회 공연과 257회 연습으로 총 448회의 업무가 기록되었다. 1937~1938년 사이 연습 횟수가 감소한 것은 이전에 확보한 레퍼토리를 반복해 연주하는 투어 공연이 늘어났기 때문이었다. 여름 6주 휴가를 제외하면, 1934/35년 이후 오케스트라는 평균적으로 하루 1.5회의 업무를 수행해야 했다.

독일 오케스트라의 새로운 임금 체계에서 특별 지위를 요구하면서, 필하모닉 경영진은 앙상블의 혹독한 일상을 다음과 같이 보고했다. "5월 8일, 오케스트라는 저녁 뮌헨 공연을 위해 당일 취리히에서 뮌헨으로 이동했다. 공연 직후 다시 야간 열차로 베를린으로 복귀해야 했다. 5월 9일 도착한 날 오전에는 즉시 필하모니에서 연습을 진행하고, 저녁에는 푸르트뱅글러의 지휘로 베토벤의 교향곡을 연주했다. 이어 5월 10일 일요일부터는 『미사 솔렘니스』 연습이 시작되었다. 이 과정에서 아벤트로트 교수가 준비한 발칸 투어를 위한 7~8회의 별도 연습이 추가되었다. 단 이틀 휴식 후 발칸 투어가 시작되었고, 5월 30일 아침까지 이어졌으며, 공연 사이사이에는 15~24시간의 철도 이동이 포함되었다."

공연 의무가 크게 늘었지만, 음악적 수준이 저하되는 것은 허용되지 않았다. 이는 단순한 예술적 요구뿐 아니라 정치적 필요성이기도 했다. 필하모닉 오케스트라는 나치의 선전 도구로 활용되었으며, 이 역할은 오케스트라가 최고의 음악적 완성도를 유지할 때만 효과적이었다. 따라서 연습 시간을 줄이는 것은 금지되었다. 오케스트라의 예술적 정신은 흔들려서는 안 되었고, 단원들은 "자신의 모든 힘을 오케스트라에 바치는" 태도를 유지해야 했다. 높은 급여와 명예, 선전부의 악기 지원이 개인적 동기부여가 될 수는 있었지만, 최고 수준의 연주를 보장할 수는 없었다. 오케스트라가 자체적으로 품질 기준을 유지해야 했기 때문이다.

푸르트뱅글러는 연주자가 "건강과 예술적 능력을 해치지 않고 수행할 수 있는 업무량에는 한계가 있다"고 경고했다. 실제로 촘촘한 일정과 높은 기준은 연주자들에게 극심한 부담을 주었다. 베를린 필하모닉의 음악 문화는 자치 단체로 시작된 초기 전통에서 비롯된 '협력 정신'과 강한 규율 의식에 의해 유지되었다. 오케스트라의 "신경적 부담과 정신적 집중력"은 "특별하다"고 평가되었으며, 그 수준은 연주자들의 기술뿐 아니라 고유한 윤리와 태도에서 비롯되었다. 이 과정에서 훌륭한 음악이 탄생했지만, 동시에 상당한 긴장도 존재했다. "이 협력에는 오케스트라 스스로에 대한 날카로운 자기 비판이 포함된다. 동료끼리 서로 돕지만, 필요할 경우 엄중한 경고로 이어질 수도 있다."

푸르트뱅글러의 절대적 영향력과 상호 신뢰 관계, 과중한 업무 부담에도 불구하고 오케스트라는 필하모닉 콘서트를 위해 여전히 3~5회 연습을 진행했다. 1회 연습은 대개 4시간이었고, 공연 당일에는 오전 10시부터 오후 1시까지 연습이 이어졌다. 연습은 철저하고, 때로는 스트레스가 감당할 수 없을 정도로 높아졌다. 카를 슈테크만이 선전부에 보고한 편지에 따르면, 한 호른 주자는 극심한 스트레스로 뇌졸중을 겪었고, 어떤 플루트 연주자는 신경성 과로로 각종 치료를 받아야 했으며, 또 다른 바이올린 주자는 불면증으로 결국 조기 은퇴해야 했다. 공연·연습·투어 일정으로 인해 연주자들은 게스트 출연이나 개인 레슨 같은 객원 추가 활동은 거의 불가능했다. 지휘자, 공연 장소, 콘서트 시리즈에 따라 오케스트라는 1~6회의 연습을 진행했다. 몇몇 지휘자들과는 긴밀한 음악적 관계를 형성했고, 레퍼토리는 여러 시즌에 걸쳐 반복되었다. 특히 푸르트뱅글러가 그러했다. 그는 오케스트라의 지배적 인물이었으며 프로그램 구성에 절대적 영향력을 행사했다. 또한 다른 지휘자들보다 훨씬 많은 연습 시간을 확보하기도 했다. 또 정규 리허설 외에도 푸르트뱅글러는 자기 작품을 연주하도록 오케스트라를 사용할 수 있는 특권을 누렸다. 1942년 봄에 필하모닉과 함께 자기 작품을 연주할 때, 그는 여러 차례의 전체 리허설과 파트별 리허설을 추가로 배정했다. 사실 푸르트뱅글러와 함께 작업하는 것은 특히 큰 스트레스를 동반했다. 그의 완벽주의와 예측 불가능한 성격 때문이었다. 로렌츠 회버는 "편안한 지휘자가 오케스트라에 좋은 것은 아니다. 그 증거는 푸르트뱅글러다. 그는 어떤 지휘자보다 단원 개개인에게 큰 요구를 한다"고 말했다. 푸르트뱅글러가 가장 자주 지휘했기 때문에, 연주자들은 거의 쉴 틈이 없었고, 이는 때로 감당하기 어려운 수준의 부담으로 이어졌다. 그러나 이 압박은 결국 오케스트라의 음악적 성과 향상에 결정적으로 기여했다.

1943년 전쟁 중 히틀러는 뮌헨 독일박물관에서 푸르트뱅글러가 지휘하는 브루크너를 듣고자 했다. 이는 사실상 명령에 가까운 변덕스러운 요청이었다. 그는 파울 기슬러에게 보낸 편지에서 이렇게 적었다. "베를린 필하모닉이 푸르트뱅글러와 함께 뮌헨으로 오는 것이 가장 바람직하다. 뮌헨 필하모닉을 지휘하는 것은 바람직하지 않다. 큰 콘서트를 앞두고는 일련의 연습이 필요하며, 연주자들과의 내적 연결을 형성해야 하기 때문이다."

이는 세 가지를 보여준다.

1. 푸르트뱅글러는 명령에 의한 공연이라도 콘서트 준비를 위한 연습을 고집했다.

2. "내적 연결"과 위대한 음악과 연주자에 대한 존중이 전제되어 있었다.

3. 푸르트뱅글러와 오케스트라의 오랜 관계 덕분에, 공연은 훨씬 높은 수준에서 이루어질 수 있었다.

히틀러의 1943년 뮌헨 방문 요청은 오케스트라와 국가 권력의 관계를 보여주는 전형적인 사례였다. 나치 지배 기간 동안 필하모니 극장은 정치적 제스처의 무대가 되었으며, 그 중심에는 베를린 필하모닉이 있었다. 푸르트뱅글러가 1935년 체제와의 갈등 이후 오케스트라로 복귀했을 때인 4월 25일 콘서트는 관객과 평단 모두에게서 압도적인 성공을 거두었다. 무엇보다도 히틀러, 괴벨스, 괴링을 비롯한 나치 최고위층과 여러 외국 대사가 참석했다는 사실은 정치적 중요성을 보여준다. 카를 슈테크만은 선전부 차관에게 히틀러의 참석 여부를 문의하면서 "오케스트라는 총통의 방문이라는 높은 영예를 최대한 존중할 것"이라고 덧붙였다. 필하모닉은 총통에게 애정 어린 관심을 받았고, 지도부는 수준 높은 '뮤직박스'를 정치적 상황에 따라 활용할 수 있었다. 히틀러는 필하모닉 콘서트에 꾸준히 참석했으며, 괴벨스는 다른 오케스트라와 필하모닉을 비교하며 희희낙락했다. 1933년 뉘른베르크 나치당 당대회에서 나치당원 프란츠 아담이 지휘한 공연은 괴벨스에게 "형편없다"는 평가를 받았다. 그는 메모에 "여기서는… 일류가 되어야 한다"라고 썼다. 이러한 부실한 공연 이후 1934년 뉘른베르크 당대회에서 누가 연주해야 할지는 명백했다. 바로 베를린 필하모닉이었다. 그러나 두 가지 문제가 있었다. 첫째, 오케스트라에는 유대인 단원 니콜라이 그라우단과 길베르트 바크가 포함되어 있었다. 이 두 사람의 존재는 나치 지도부뿐 아니라 오케스트라 단원들에게도 부담스러운 문제였다. 실용주의자였던 괴벨스는 푸르트뱅글러에 대한 배려로 '비(非)아리아인' 구성원이 있더라도 오케스트라가 언제나 '하나의 단위로' 공연할 수 있도록 허용하고자 했다. 반면, 나치 이념가 알프레트 로젠베르크는 "남아 있는 두 명의 유대인은 뉘른베르크에서 결코 연주해서는 안 된다"고 주장했다.

둘째 문제는 예술적 성격이었다. 히틀러는 특히 푸르트뱅글러가 뉘른베르크 행사에서 지휘하는 것을 원했다. 루돌프 폰 슈미트제크를 통해, 푸르트뱅글러는 제안을 받아들일 용의가 있다는 뜻을 간접적으로 표시했지만, 당이 정한 프로그램을 수용하는 데에는 확고히 반대했다. 당시 그는 힌데미트 지휘 문제로 베를린 슈타츠오퍼에서의 위기 상황을 겪고 있었고, 정치적 압력에 극도로 예민한 상태였다. 나치 지도부는 다시 한번 선택을 강요받았다. 그들이 더 중요하게 여긴 것은 원하는 음악인가, 아니면 특정 지휘자인가? 결국 괴벨스의 유보에도 불구하고

1934년 당대회에서는 다시 프란츠 아담이 지휘를 맡았다.

1935년에는 당 지도부가 푸르트뱅글러를 설득하여, 바그너의 오페라 『뉘른베르크의 마이스터징어』를 무대에 올렸다. 이 공연은 악명 높은 인종법이 채택될 예정이던 당대회 공식 개막 바로 전날이었다. 그는 실제로 지휘했으나, 무대에 선 것은 '자신의' 베를린 필하모닉이 아니었다. 공식적으로 그해의 당대회 오케스트라는 라이프치히 게반트하우스였다.

1936년, 베를린 필하모닉은 처음으로 뉘른베르크에서 연주했다. 이 사실은 연주자들 사이에서도 깊은 인상을 남겼다. 익명의 나치 단원(아마도 비올라 주자 베르너 부흐홀츠)은 다음과 같이 회상했다. "열차의 목적지는 당연히 뉘른베르크였다. 승객 대부분은 돌격대와 친위대 요원이었고, 다른 이들도 모두 목적지가 뉘른베르크라는 사실을 알고 있었다. 도시를 여유롭게 바라보고 싶었지만, 우리의 시작은 언제나 연습이었다. 오후 4시, 연습이 시작되었고 6시 30분까지 이어졌다. 문화회의가 시작되기 전까지 겨우 한 시간쯤 휴식할 수 있었다. 7시 45분, 연미복과 넥타이를 착용한 오케스트라는 무대에 앉았다. 객석은 이미 가득 찼고, 무언가 큰 사건이 임박한 듯한 분위기가 감돌았다. 첫 줄에는 제국 정부관료들이 앉아 있었다. 순간 갑자기 관객이 일어나고, 총통이 입장했다. 문화회의가 시작된 것이다. 그 이후 일어난 일은 방송과 언론을 통해서 이미 전 세계에 알려져 있다. 보켈만이 후고 볼프의 『프로메테우스』를 노래했고, 로젠베르크가 개막 연설을 했다. 그 뒤 페터 라베가 베토벤 『전원 교향곡』을 지휘했다. 총통이 연단에 올랐다. 그의 인격에서 뿜어져 나오는 진심이 인사를 건넸고, 우리는 우리가 참여한 순간의 위대함을 몸소 느꼈다.”

1937년, 정권 최고위층은 필하모닉과 푸르트뱅글러를 다시 뉘른베르크로 초대하여 “총통의 문화 연설과 문화회의를 장식하는 역할”을 부여하고자 했다. 특히 베토벤 프로그램이 강하게 요구되었다. 그러나 필하모닉과 푸르트뱅글러 모두 시간이 없었다. 당대회는 파리 세계박람회 공연 일정과 겹쳤기 때문이다. 해외에서 나치 독일을 대표하는 필하모닉의 역할은 연례 당대회보다 우선순위가 높았다. 파리에서 오케스트라는 네 차례 콘서트를 통해 독일을 대표했고, 그 프로그램에는 악명 높은 『호르스트 베셀의 노래[2]』부터 브루노 키텔 합창단과 함께한 푸르트뱅글러의 베토벤 『교향곡 9번』까지 포함되었다.

이듬해에는 일정이 조정되어 충돌이 없었다. 베를린 필하모닉은 당대회 문화회의에서 연주하며 히틀러와 괴벨스의 연설을 음악적으로 장식했다. 라이프치히 심포니 오케스트라의 수석 지휘자이자 국가사회주의 제국 교향악단(NSRSO)를 자주 객원 지휘했던 한스 바이스바흐가 베를린 필하모닉과 함께 브루크너 『교향곡 7번』을 연주했고, 푸르트뱅글러는 빈 필하모닉과 함께 공연했다.

1939년 여름 휴가 직전, 베를린 필하모닉 오케스트라는 마지막 순회 공지를 통해 다음과 같이 알렸다. “뉘른베르크 당대회 문화회의에서 푸르트뱅글러 박사가 지휘할 예정임을 알려드립니다. 우리는 이 소식을 큰 기쁨으로 알리며, 필요 연습 일정이 확정되는 즉시 상세히 안내하겠습니다.”

2　Horst-Wessel-Lied, 1930년부터 1945년까지 나치당의 당가로 쓰인 노래로, 나치당이 정권을 잡은 1933년부터 1945년까지 독일에서 국가로서 사용되었다. 공산당원에게 살해당한 나치돌격대원 호르스트 베셀이 가사를 썼다고 전해진다.

정치적 의미가 큰 공연이라 할지라도 철저한 연습은 필수적이었다. 이러한 업무관념은 한스 폰 벤다가 선전부에 보낸 편지에서도 드러난다. 그는 "제국 오케스트라는 독일의 모든 공식 행사에 참여해야 하는데 이는 오케스트라 자신도 간절히 바라는 바"라고 적었다. 이러한 공식 행사 출연에는 오케스트라나 개별 연주자에게 특별 수당이 지급되지 않았고, 여행 편의는 제한적이었으며 숙소도 소박했다. 그럼에도 단원들은 뉘른베르크를 포함한 정치적 행사에서 진지하게 연주했다. 요컨대 오케스트라의 엘리트 지위를 유지하기 위해, 개인적 불만을 억누르면서도 전문적인 태도를 유지했다.

예를 들어, 1936년 베를린 필하모닉은 올림픽 개막식에서 중요한 역할을 맡았다. 개막식에서는 리하르트 슈트라우스의 『올림픽 찬가』가 초연되었는데, 작곡가 자신의 지휘로 철저히 연습했다. 슈트라우스는 개막 두 달 전부터 오케스트라와 준비를 시작했다. 또한 베를린 필하모닉은 국제 올림픽 작곡가 콩쿠르의 주요 행사에서도 중심적 역할을 수행했다. 오케스트라는 리노 리바벨라('승자'), 쿠르트 토마스('올림픽 칸타타'), 파울 회퍼('올림픽 맹세'), 렌초 마사라니(이탈리아), 야마다 코사쿠 및 이토-노볼(일본), 한스 루카슈, 노르베르트 슈프롱글, 카를 플리스(오스트리아), 로버트 샌더스, 로이 해리스, 퀸시 포터(미국), 마리위스 모니컨담(네덜란드), 마르크-세자르 스코토(모나코) 등 다수 작품을 초연했다. 독일인 8명, 외국인 2명으로 이루어진 국제심사위원단은 베르너 에크의 『올림픽 축제음악』을 우승작으로 선정했다. 이 작품은 교향악, 삼중 합창, 여성·아동 합창, 관악 앙상블을 포함했다. 베를린 필하모닉은 그 밖의 기념 행사에도 활발히 참여했다. 1937년부터 매년 히틀러 생일에 방송을 통해 공연이 이루어졌다. 지휘는 헬무트 티어펠더, 한스 크나퍼츠부슈, 카를 뵘 등이 맡았으며, 1942년에는 푸르트뱅글러가 직접 지휘했다. 이러한 공연이 공식 생일 축하 일정으로 오케스트라 일정표에 기재되지 않았더라도, 언론은 늘 이를 생일 축하 공연으로 보도했다. 실제로 1942년, 선전부는 푸르트뱅글러가 히틀러 생일을 맞아 바흐와 베토벤 작품을 연주하는 특별 행사 3일 전, 관련 공문을 배포했다. 공문에는 다음과 같이 명시되어 있었다.

"향후 베를린 필하모닉의 해외 일정 계획 시, 오케스트라는 원칙적으로 총통 생일(4월 18~21일)에 베를린에서 개최될 예비 행사에 참여할 수 있도록 해야 한다."

1943년과 1944년에는 한스 크나퍼츠부슈가 제국 오케스트라의 총통 생일 축하 연주를 지휘했다. 오케스트라는 공식 일정에 포함되지 않았음에도, 이러한 행사 참여를 통해 정치적·상징적 역할을 수행했다.

베를린 필하모닉 오케스트라는 매년 11월에도 제국음악국 창립 기념 행사에서 연주했다. 이 자리에서는 괴벨스, 힌켈 등 고위 나치 인사들의 연설이 진행되었으며, 오케스트라는 바그너의 『뉘른베르크의 마이스터징어』 서곡 등으로 연설을 장식했다. 또한 뮌헨에서 열리는 '독일 예술의 날(Tage der Deutschen Kunst)' 행사에서도 연주했는데, 히틀러는 이 연례 행사에서 '독일적' 예술과 '퇴폐적' 예술 간의 투쟁을 주제로 직접 연설을 했다. 이러한 공연과 관련해 이때도 오케스트라의 단원들이 부담한 비용은 매우 컸다. 한 안내문에는 "호텔비는 각자가 부담해야 한다. 1인실 요청은 어떤 경우에도 수용할 수 없다. 이에 대한 항의는 무의미하다"라고 명시되어 있다. 몇몇 음악가들은 불만을 제기했지만, 오케스트라는 전체적으로 규정에 따라 연습하고 연주를 수행했다. 이러한 경험은 독일 문화의 최고봉과 동일시되며, 사회 상류층으로부터 인정받는 계기로 작용하여 오케스트라의 자부심과 동기를 고취시켰다.

매 시즌 베를린 필하모닉은 "국민계몽선전부의 명령에 따라" 추가 연주회를 열었다. 예를 들어 1938/39년에는 뒤셀도르프 제국음악회와 히틀러 유겐트를 위한 특별 연주회가 있었고, 1939/40년에는 제국음악회 외에도 또 다른 히틀러 청년 연주회가 있었는데 이번에는 아벤트로트가 지휘했다.

전쟁이 시작되자, 뉘른베르크 집회와 대규모 문화·음악 행사는 취소되었다. 1940/41년에는 베를린-아틀러호르스트 고등항공기술학교 행사와 프라하 독일 극장 개막식에서 오케스트라가 연주를 맡았고, 프라하에서는 푸르트뱅글러가 지휘했다. 이후에는 피츠너의 민족주의 칸타타 『독일의 영혼에 대하여』를 포함한 합창 공연과 아벤트로트 지휘의 콘서트가 진행되었다. 1943/44년에는 제국 모자이크홀에서 베토벤 프로그램을 연주하고, 오이겐 요훔이 지휘한 비공개 콘서트는 제국선전국을 위해 진행되었으며, 오케스트라는 히틀러 유겐트와 장관 초청 특별 연주회에도 참여했다. 사실 필하모닉의 의지보다 더 중요한 것은 나치 엘리트들이 베를린 필하모닉을 동원하고자 한 욕구였다. 뉘른베르크 집회에서는 다른 오케스트라도 연주했지만, 올림픽 경기와 히틀러 생일 축하 연주는 무엇보다 베를린 필하모닉을 원했다. 나치 지도부는 오케스트라를 '문화적 사치품'으로 만들고, 이 국가적 보석의 광채를 즐겼다. 반대로 오케스트라는 이러한 선전적 행사 참여를 통해 스스로를 타협했지만, 그 예술적 지위 덕분에 정권의 합법성을 상징하는 역할을 수행했다.

오케스트라는 때때로 "제국 장관의 명령"에 따라 희귀 음악 실험의 장으로 활용되기도 했다. 예를 들어 1939년 5월 안내문에는 "괴벨스 장관 요청으로 6월 7일, 필하모니에서 브루노 키텔 합창단과 함께 합창 작품 시연이 장관 참석하에 진행된다"고 적혀 있다. 해당 작품은 아르노 렌치의 신작 『영원한 부름』으로 추정되며, 1939년 11월 제국음악회에서 연주되었다. 음악적 가치는 의심되었지만, 괴벨스와 독일 노동전선 지도자 로베르트 라이의 연설 사이에 연주되었으며, 단원들에게 "모든 솔리스트가 참여해야 한다"라는 경고가 내려졌다.

1941년 새해 전날에는 특별 연습을 위해 호출되어 리하르트 슈트라우스의 『일본 축전 음악』을 1시간 동안 연주했다. 이 작품은 중요도가 낮았지만, 일본과의 '문화 교류' 맥락에서 중요한 역할을 했으며, 음악의 보편성과 문화 교류의 가치를 강조하는 선전적 의미도 포함되어 있었다.

베를린 필하모닉은 여러 국가와의 교류 콘서트에도 참여했다. 1934년에는 독일-스웨덴, 독일-덴마크 교류 콘서트에서 양국 현대 음악을 연주했고, 1936년 올림픽에서는 일본 지휘자 고노에 히데마로가 오케스트라를 지휘했다. 이후 시즌에는 프란시스코 미뇨네가 남미 작곡가 작품을 소개했고, 일본 작곡가 겸 지휘자 야마다 가즈오가 일본 현대 음악 프로그램을 라디오 방송용으로 지휘했다. 1937년에는 레오 보르하르트가 외국 작품 특별 연주회를 열었으며, 영국·프랑스·이탈리아-헝가리 작품과 외국인 지휘자와 독일 솔리스트의 협연이 포함되었다.

이러한 프로그램들은 특정 집단의 이해관계를 충족시키는 데 그치지 않고, 인종주의적 메시지를 전달하기도 했다. 문화 간의 대화를 촉진하기보다는, 국가사회주의 이데올로기의 기초를 이루는 의사과학적 인종 이론을 공고히 하려는 목적이었다. 오케스트라 홍보실은 국제 음악 교류 프로그램의 서문에서 다음과 같이 썼다.

"예술이 국제적이라는 말이 있다. 물론 이론적으로는 다른 많은 추상적 명칭과 같다. 이 격언을 전파하는 사람들은 어쩌면 오직 악보를 통해서만 '국제적'이라는 말을 이해할 수 있다고 생각할지도 모른다. 그러나 예술 작품의 표현과 연주는 가장 깊은 차원에서 고유하고도 민족적인 토대에 뿌리를 둔다. 음악 발전에 가장 크게 기여한 민족들 — 독일인, 이탈리아인, 프랑스인 — 의 거장과 작품만 떠올려 보아도 이는 분명하다. 하지만 여기서 이를 논하려는 것은 아니다. 이 인식은 그 자체로 단순하고 명확해서 이를 주제로 많은 책을 쓸 수 있으며, 실제로 그랬다. 우리가 독일인으로서 자랑스럽게, 누구도 부인할 수 없는 자부심으로 말할 수 있는 바는, 너무나도 위대하고 중요한 작품들을 저울 위에 올려놓을 수 있기에, 그밖의 다른 모든 음악 작품을 담은 추는 가파르게 치솟는다는 사실이다."

마치 이를 입증하려는듯, 선전부는 베를린 필하모닉이 외국 작곡가들의 작품을 외국인 지휘자의 지휘로 프로그램에 편성하도록 명시적으로 지시했다. 그 이면에는 독일 음악 문화의 우월성을 과시하려는 의도가 자리하고 있었다. 이러한 외국 음악 프로그램은 또한 유럽의 음악 문화와 세계의 다른 지역의 음악 문화 사이에 깊은 간극이 존재함을 분명히 드러내려는 목적을 지녔다.

1938년에는 필리오크테테스 에코노미디스와 페트로 페트리디스 에반겔라토스가 참여한 독일-그리스 교류 콘서트에서 리아디스, 칼로미리스, 페트리디스, 스칼코타스 작품이 연주되었다. 또한 제2차 이탈리아-독일 국제 교류 콘서트에서는 칼라브리니, 파로디, 케루비니, 포리니, 피체티, 루알디 작품이 연주되었다. 1939년 가을, 전쟁 발발 3주 후에는 독일-스페인 협회와 독일 단파방송 협력으로 콘서트가 열렸고, 알베니스, 고메스, 카투를라, 파비니, 부차르도, 클라토브스키, 소로 작품과 바그너 『뉘른베르크의 마이스터징어』 서곡이 연주되었다.

1940/41년에는 정부 지시에 따라 스페인, 이탈리아, 일본, 크로아티아 출신 외국 지휘자가 오케스트라를 지휘했으며, 다음 시즌에는 일본 지휘자 겸 작곡가 오타카 히사타다가 일본 현대 음악 프로그램을 지휘했다. 제국 집회에서의 히틀러 유겐트 연주, 오타카의 『아시야 오토메』 대편성 연주까지, 베를린 필하모닉 오케스트라의 목적은 명백했다. 다른 오케스트라는 이러한 요구를 받은 적도 수행한 적도 없었다. 명백히 정치적 기능을 넘어, 필하모닉은 특별한 존경을 받았다. 달리 말하면, 베를린 필하모닉 오케스트라의 음악적 탁월함이 연주에 선전적 가치를 부여한 것이었다. 특별 연습과 동원 연주는 흥미롭지만, 오케스트라 활동의 일부에 불과했다. 대부분의 연주는 베를린 관객을 위한 정규 공연에서 이루어졌다. 또한 정권은 오케스트라가 음악적 성공으로 특별한 지위를 정당화할 것을 중요시했다.

국가정책으로 채택된 반유대주의는 오케스트라, 음악가, 프로그램 구성, 비즈니스 파트너뿐 아니라 청중 구성에도 영향을 미쳤다. 1933년 이전, 베를린 필하모닉 오케스트라 청중 중 유대인이 어느 정도 비율이었는지는 알 수 없지만, 많은 유대인이 핵심 관객이었다. 1935년부터 필하모니 입구에는 "비아리아인 출입 금지"라는 경고문이 붙었지만, 베르타 가이스마르가 1933년 4월 이미 관찰했듯, 나치들은 직접적인 법적 조치 없이도 관객 구성을 변화시켰다. 유대인들은 공연에 참석하지 않았다. 오케스트라 단원들의 유대인 부인들이 남편의 공연 관람 허가를 위해 싸운 사례는 콘서트홀에서도 유대인 차별이 일상적으로 나타났음을 보여준다. 1933년과 1935년 사이, 오케스트라 경영진은 유대인 음악 애호가들의 연간 회원권을 해지했지만, 1930년대 동안 티켓 수요는 꾸준히 증가했다. 그 이유는 독일 경제 회복, 정부 홍보, 문화 교육 및 선전 효과, 혹은 혼란스러운 시기에 음악이 주는 정신적 위안 등으로 추정된다. 관객의 수요가 증가하면서 입장료도 상승했으며, 전쟁 중에도 고공행진했다.

1938/39년부터 필하모닉 콘서트는 라디오로 생중계되어 "유명한 필하모닉 콘서트가 이제 전 세계에 공개되었다"고 전해졌다. 전쟁 발발은 대체로 콘서트에 부정적 영향을 미쳤지만, 필하모닉 콘서트에 대한 열광은 줄지 않았다. 1939/40년에는 콘서트를 화요일 저녁에도 하기로 결정했는데, "푸르트뱅글러 지휘의 콘서트에 대한 수요가 매우 높았고, 공연 및 사전 공연 모두 시즌 시작 전에 매진되었기 때문"이라고 기록된다. 1942/43년에는 푸르트뱅글러의 콘서트가 최대 네 차례 공연되었는데, "추가 반복 공연에 대한 수요도 이전처럼 뜨거웠다".

푸르트뱅글러 콘서트는 수요가 너무 많아서 오케스트라는 회원권에 제한을 두지 않을 수 없었고, 그 결과 매 시즌마다 회원권을 자동적으로 갱신할 수 있는 권리를 폐지하기로 결정했다. 오케스트라는 이 조치를 당시 이데올로기적 정신으로 정당화하며, "모든 음악 애호가에게 한 번쯤 기회를 제공하기 위한 것이었으며, 오랫동안 구독권을 가지고 있었던 사람들은 당시 정신과 맞지 않는 사회적 특권으로 여겨졌기 때문"이라고 밝혔다.

푸르트뱅글러는 찬사와 높은 보수를 받았음에도 만족하지 못했다. 한스 폰 벤다는 지휘자가 종종 오케스트라와의 출연 횟수를 줄이고 싶다는 의사를 표했다고 전했다. 1936년, 푸르트뱅글러는 히틀러에게 직접 편지를 보내 다음 해에 자신을 빼달라고 요청했다. 그 결과, 1936/37 시즌에는 50년 만에 처음으로 필하모닉 콘서트에서 특정 지휘자가 특별히 부각되지 않았다.

1939/40 시즌에도 푸르트뱅글러는 "아예 지휘하지 않거나 제한된 범위에서만 지휘할 것"이라고 밝혔다. 이는 정치적 불편함 때문일 수도, 작곡에 대한 지속적인 관심 때문일 수도, 혹은 그의 예측 불가능한 성격에서 비롯된 행동일 수도 있다. 어쨌든 그는 언제나 필하모닉 콘서트 무대를 줄이길 원했으며, 1933/34 시즌 이후 더 이상 콘서트 전체를 지휘하지 않았고, 나중에는 콘서트 수를 10회에서 8회로 줄여 달라고 요청하기도 했다. 물론 경영진은 이를 거부했다.

1944년, 전선이 이미 베를린에 접근하자, 푸르트뱅글러와 벤다 후임인 게르하르트 폰 베스터만은 필하모닉 콘서트를 10회에서 8회로 줄이는 가능성을 다시 논의했다. 그러나 괴벨스는 상징적 이유로 이에 반대했다. 괴벨스의 후원 아래, 베를린 필하모닉 오케스트라는 제국의 아이콘이 되었으며, 푸르트뱅글러 지휘의 콘서트를 줄이는 것은 정권의 연약함을 인정하는 것이었다. 푸르트뱅글러는 다음 시즌을 위한 여섯 프로그램을 제출했고, 나머지 네 콘서트는 나머지 네 콘서트는 다른 지휘자(클레멘스 크라우스, 에르네스트 앙세르메, 카를 엘멘도르프)에게 맡겼다. 그러나 1944/45 시즌 필하모닉 콘서트는 나치 정권의 몰락으로 극적으로 단축되었다.

1933년 이전, 브루노 발터와 오토 클렘페러 같은 위대한 지휘자들은 필하모닉과 함께 콘서트 시리즈를 진행했다. 두 사람은 유대인이었다. 1933년에 그들의 출연이 사실상 금지되었을 때, 슈타츠오퍼 음악감독 에리히 클라이버가 발터를 대신하여 6회짜리 콘서트 시리즈를 맡았다. 또 카를 슈리히트는 필하모닉 합창단의 지휘를 맡았다. 1934년 12월에 푸르트뱅글러가 사임하자 수백 명의 청중이 정기 회원권을 해지했고, 몇 주 만에 빈 일정을 채우기 위한 임시 콘서트 계획이 마련되었다. 흥미롭게도 푸르트뱅글러는 자신을 대신할 지휘자를 추천하는 데 주저함이 없었던 것으로 보이는데, 크나퍼츠부슈, 아벤트로트, 요훔, 피츠너, 뵘이었다. 이들 나치와 밀접한 관계였다. 푸르트뱅글러는 클라이버도 당원이라고 생각했던 것 같다(이는 사실이 아니었다). 결국 아벤트로트와 요훔이 기용되었고, 이후 연주회는 카를 슈리히트, 헤르만 슈탕에, 페터 라베에게 배정되었다.

아직 경험이 부족했던 카를 슈테크만과 새로 임명된 제1경영이사 슈탕에는, 정기 회원들의 불만을 달래기 위해 다음과 같은 제안을 발표하는 큰 실수를 저질렀다. "푸르트뱅글러 박사 대신 다른 지휘자들이 정기연주회를 지휘하게 된 데 대해 어느 정도 보상을 제공하고자, 특별한 추가 비용 없이 클라이버의 마지막 연주회 중 하나를 관람하실 수 있도록 해드릴 수 있음을 알려드립니다."

푸르트뱅글러를 지지하며 슈타츠오퍼 직책을 사임했던 클라이버는 자신의 연주회를 '격하하는' 이런 제안을 모욕으로 받아들였다. 클라이버는 곧바로 변호사를 선임했고, 변호사는 오케스트라에 서한을 보내 무료 입장 제안이 자기 의뢰인의 동의 없이 이루어졌음을 지적하며, 그 제안은 "그의 이름을 남용하는 것이며 […] 그가 지휘하는 모든 연주회의 명성과 매력을 훼손하는 행위"라고 밝혔다. 결국 변호사는 오케스트라가 클라이버 연주회의 입장권을 무료로 배포하는 것을 금지하도록 하는 명령을 얻어냈다. 그리고 클라이버는 예정되었던 나머지 두 차례의 연주를 모두 취소했다. 이에 맞서 오케스트라는 계약 위반을 이유로 클라이버를 맞고소할 만한 근거가 충분한지 선전부에 문의하였다. 그러나 얼마 지나지 않아 클라이버는 독일을 떠났고, 이로써 논쟁은 무의미해졌다. 클라이버 시리즈의 다음 연주회는 확고한 나치였던 레오폴트 라이히바인이 지휘했다.

1934년 이후, 베를린 필하모닉은 처음으로 자체적으로 콘서트를 조직하기 시작했다. '힌데미트 사건' 이후 제국음악국은 오케스트라를 지원하며 조직, 인프라, 조언을 제공했다. 제국음악국에는 나치와 가까운 작곡가와 지휘자의 강력한 로비가 있었으며, 슈탕에와 라이히바인은 이를 통해 오케스트라 접근 권한을 얻었다. 연간 회원 감소를 우려하여 1935년 초 콘서트 참여 촉진을 위한 여러 아이디어가 논의되었다.

베를린 시가 설립한 콘서트 협회는 가족, 클럽, 노동자 단체에 대량으로 저렴하게 티켓을 판매했으며, 시간이 지나면서 자체 콘서트를 개최하기 시작했다. 공연 재정은 제국 문화회가 부담했으며, 티켓을 1제국마르크 이하로 수천 장 판매할 수 있었다.

1930년대 후반, 대중적 콘서트 관객 수가 감소하는 동안, 필하모닉 콘서트는 프로그램당 2~4회 공연으로 확대되었다. 필하모닉 콘서트는 경기 회복 이후 부르주아 계층의 경제적 지지를 받았으며, 시민적·자유주의적 이미지와 엘리트적 품질을 동시에 유지했다.

베를린 필하모닉의 시즌 구성은 필하모닉 콘서트, 소규모 콘서트 시리즈, 단독 콘서트, 심포니 콘서트 구독 시리즈, 대중적 콘서트, 합창단 협력 공연, 현대 음악 공연, 여름 콘서트, 특별·자선·보수 콘서트 등으로 이루어졌다. 베토벤 사이클과 같은 정규 공연이 포함되었으며, 공연 형태는 다양한 예술감독에 의해 수정·개선되었다. 결과적으로 베를린 필하모닉 오케스트라는 자유로운 공동체에서 점차 공권력에 의해 규제되는 기관으로 발전했다.

1937/38년, 한스 폰 벤다는 오케스트라 프로그램의 변화를 가져왔다. 우선, 사적인 '티켓 콘서트'를 축소하고자 했는데, 오케스트라가 개인의 후원으로 공연하던 과거의 잔재였다. 합창 아카데미와의 공연은 이러한 유형 중 가장 수준 높은 사례였지만 필하모닉이나 국가와 공식적으로 연결되어 있지 않았다. 이후 오케스트라와 합창단과의 관계는 간헐적 대형 공연으로 제한되었다.

다양한 지휘자가 이끄는 대중적 콘서트는 더 이상 인기가 없었다. 연간 최대 580회의 공연에도 불구하고 빈 객석을 마주할 때가 많았고, 과중한 노동은 연주의 질적 수준에도 부정적 영향을 미쳤다. 폰 벤다는 이를 해결하기 위해 대중적 콘서트를 폐지하고, 대신 합리적인 가격으로 4회의 연말 클래식 콘서트를 열 것을 제안했다.

1938년 베토벤 사이클을 위해 폰 벤다는 단 한 명의 지휘자, 카를 슈리히트를 고용했다. 이 사이클은 주요 교향곡과 협주곡을 8~10회에 걸쳐 약 두 달간 연주하는 프로그램으로, 베를린 필하모닉 오케스트라의 가장 성공적인 공연 중 하나였다. 이 전통은 1933년 이전에도 존재했지만, 베토벤의 독일 음악사적 위상 때문에 콘서트 시리즈는 새로운 정치적 의미를 띠게 되었다. 지휘자 선정에는 정치적 요소가 반영되어 수준 차이가 있었으며, 사이클에는 하인츠 본가르츠, 헤르만 슈탕에, 브루노 폰덴호프, 구스타프 하페만 등이 참여했다.

1930년대 중반 베토벤 사이클은 프로그램의 중심축이었지만, 이후 몇 시즌 동안 점차 필요성이 줄어들었고, 폰 베스터만이 프로그램을 재정리하면서 완전히 대체되었다. 그는 서로 독립적인 연간 회원 시리즈를 구성했으며, 각 시리즈는 아벤트로트, 뵘, 요훔, 크나퍼츠부슈, 슈리히트와 같은 지휘자가 이끄는 3회 공연으로 구성되었다. 이로써 오케스트라 공연 관람은 더 자유로워졌고, 특정 지휘자 편중 프로그램은 회복되었으며, 부르주아 청중의 개별적 음악 취향을 만족시키는 데 중점을 두었다.

한스 폰 벤다의 1938년 프로그램 개혁과 폰 베스터만의 1940년대 구조조정 계획은 오케스트라가 대중적 공연에서 벗어나도록 하는 방향을 강조했다. 정기 회원권 시리즈 외에는 프로이센 예술 아카데미와 협력해서 개최하는 현대 음악 연주회는 한 시즌에 3회 이상은 개최하지 않았다. 1940년에는 준비 부족과 관객 수 저조로 대중적 콘서트가 베를린 하우스의 '경쾌한 음악' 시리즈 3회로 제한되었고, 기존 프로그램이 반복되었다.

베를린 필하모닉 오케스트라의 청중은 그 어느 때보다 다양했다. 레퍼토리는 자주 반복되었지만, 공연마다 다른 관객층을 대상으로 했다. 예를 들어, 1937년 4월부터 1938년 5월까지 오케스트라는 베토벤 9번 교향곡을 최소 여섯 번 연주했다. 1937년 4월 2일 카를 아이멘도르프 지휘의 1937 베토벤 사이클 종료 공연, 4월 18~19일 푸르트뱅글러 특별 공연, 9월 6일 파리 세계박람회 공연, 12월 31일 제야 음악회 아르투어 로더 지휘, 1938년 4월 슈리히트 지휘 1938 베토벤 사이클, 5월 19일 아벤트로트가 지휘한 공연 등이다. 비록 9번 교향곡이 이데올로기적 의미를 지녔지만, 각 공연은 다른 청중을 겨냥했으며 겹치는 경우는 거의 없었다. 베토벤 사이클은 할인된 가격으로 제공되는 시리즈였지만, 푸르트뱅글러 특별 공연은 비싼 행사였으며, 나치 고위 간부가 참석하고 라디오에서 히틀러 생일 사전 축하 공연으로 방송되었다. 파리 공연은 정부 위탁으로 국제 관광객과 언론인, 외교관 대상 독일 음악 홍보였고, 제야 음악회는 전통적이고 격식 차린 방식으로 23시에 시작해 자정에 샴페인과 '환희의 송가'로 새해를 맞았다. '제국 음악의 날'은 당원, 학생, 관심 있는 일반 대중을 대상으로 한 노골적으로 이데올로기적인 행사로, 그 목표는 교육과 문화적 교양의 증진에 있었다.

1942년, 오케스트라는 푸르트뱅글러 지휘로 3회 연속으로 베토벤의 『교향곡 9번』을 연주했다. 3월 21일 필하모닉 콘서트에서 브루노 키텔 합창단과 함께 한 공연, 다음 날에 있었던 '기쁨을 통한 힘' 행사, 4월 19일 괴벨스의 열렬한 연설에 이어 행해진 히틀러 생일 기념 나치당 행사가 그것이다. 원래 목표였던 오케스트라의 에이전시 배제 계획은 사실상 달성되지 못했다. 오히려 오케스트라는 소유주, 제국음악국, 제국 선전부 및 기타 국가·당 조직과의 관계로 인해 행사 주최자와 후원자의 요구에 종속되었다. 필하모닉 콘서트 외 시즌 나머지는 의무 공연, 정치적·음악적 혼합 공연으로 채워졌다.

1932년 베를린 심포니 오케스트라와 합병 시 약속된 사회적 콘서트 계획은 실현되지 않았다. 30회의 '대중 심포니 콘서트'는 일요일·화요일 콘서트로 분리되었고 다양한 행사로 대체되었다. 청소년 교육용 콘서트는 1938년 12회에서 9회로 줄었고, 전쟁 발발로 중단되었다. 대신 오케스트라는 특별 공연으로 히틀러 유겐트를 대상으로 연주했으며, 나치 주최 공연을 통해 많은 청소년에게 도달할 수 있었다. 오케스트라는 또한 독일 적십자사, 겨울 구호 활동, 예술가 연금 기금 등 자선 공연을 수행했다. 단원들은 무보수로 연주했으며, 수익금은 전액 해당 단체에 전달되었다. 몇몇 공연은 오케스트라 자체 자금으로 수익을 보전했으나, 푸르트뱅글러 같은 지휘자는 통상적인 개런티를 받았다. 이러한 '공익적 서비스' 공연은 촬영되어 일반에 공개되었으며, 오케스트라의 선전 활동 일부로 간주될 수 있었다. 또한 해외에서 독일군 병사를 위해, 혹은 베를린 필하모니에서 연주할 때도 촬영 팀이 참여했다.

베를린 필하모니 오케스트라의 노동자, 군인, 공익 공연은 다른 나라에서도 존재했지만, 이 오케스트라의 특징은 국가 체계에 깊이 통합되어 있었다는 점이다. 1937년 4월, 오케스트라는 제국 공습 보호 연맹을 위한 자선 공연을 진행했으며, 이탈리아 순회 공연 중에도 슈리히트 지휘로 '자선 공연'을 가졌다. 당시 공연은 제국 선전장관 괴벨스와 이탈리아 대사 아톨리코의 보호 아래 진행되었다. 오케스트라는 다양한 특권을 누리는 동시에, 도덕적·공적 의무를 수행해야 했다. 또한 오케스트라는 이미지 관리에도 신경을 써야 했다. 1944년에는 자원부족으로 무료 푸르트뱅글러 콘서트 계획이 부분적으로만 실행되었다. 전반적으로 베를린 필하모닉 오케스트라는 나치 시기 내내 다양한 자선 목적 공연에 참여했다. 예를 들어, 1935년 오케스트라는 바흐의 『마태 수난곡』 특별 공연을 바흐·헨델·쉬츠 기념행사에서 진행했다. 제국 음악국이 개런티를 약속했으나, 선전부는 '행사 후원 차원에서 우정출연이 바람직하다'고 통보했다. 이에 더해, 베를린 필하모닉 뒤셀도르프에서 열린 제국음악제의 정치적 행사에도 참여했는데, 이 자리에서 괴벨스는 연설을 통해 "사상 처음으로 정부가, 외세의 지배에 맞서 음악을 확립한 세 거장의 음악적 성취를 전달하는 음악 행사를 지원했다"라고 선언했다.

같은 해, 오케스트라는 리스트, 베토벤, 브루크너를 교회·사회 단체 가톨릭 액션을 위해 스포츠팔라스트에서 연주했다. 교황 대관식을 축하하는 행사였다. 당시 바티칸과 히틀러 정권의 관계를 고려할 때, 이러한 공연은 중립적 사건으로 보기 어려웠다. 1937년에는 정치적으로 민감한 브레슬라우(현재 폴란드의 브로츠와프) 21차 슐레지엔 음악제에서도 공연을 진행했다.

정권은 필하모닉의 이미지를 중요하게 여겼다. 1942년 기밀 문서에는 오케스트라의 다양한 활용 가능성이 명시되어 있다. 예를 들어, 카라얀과 필하모닉 오케스트라가 WHW(겨울 구호 활동)를 지원하는 3회 공연이 계획되었는데, 12월 27일은 공개 공연, 12월 28일은 노동자 대상, 12월 29일은 부상자 대상 공연이었다. 이러한 사례는 자선, 노동자, 군인 공연이 조직적으로 통합된 전형적 사례였다.

1939년 9월, 괴벨스는 오케스트라에 라디오 방송 공연을 지시했다.

첫 방송은 9월 11일 오후 8시, 카를 뵘 지휘로 브람스 『교향곡 1번』과 베토벤 『레오노레 서곡』이 연주되었다. 사전 리허설은 2시간 진행됐다. 이 방송은 오케스트라가 수백만 청중 앞에 자신을 드러낼 기회였고, 독일군이 폴란드를 전격전으로 점령하는 동안에도 10회 이상의 공연이 송출되었다. 이후 이 방송은 '불멸의 음악' 시리즈의 기초가 되었으며, 라디오와 영화 스팟을 통해 독일 음악과 애국심을 선전했다. 오케스트라는 라디오 방송에도 오랫동안 참여했다. 독일 제국-방송 협회는 필하모닉 콘서트를 생중계하거나 스튜디오에서 라디오 전용 콘서트를 제작했다. 라디오 방송은 전통적으로 오케스트라 활동의 일부였다. 독일 제국-방송 협회와 오케스트라 간 계약은 다음 네 분야를 포함했다.

1. 라디오 콘서트
2. 필하모닉 콘서트 중계
3. 기타 오케스트라 공연 중계
4. 상업적 녹음 제작

라디오 콘서트는 대체로 1939년 9월 북미 대상 단파 방송, 1937년 스웨덴-노르웨이 협연 방송, 쇼팽 85주기 행사 등으로 이루어졌으며, 소편성(61명)으로 연주되었다. 대체로 인기 있는 클래식 쇼피스나 교향악 발췌곡을 지휘자가 선정해 연주했다. 전쟁 전에는 연간 약 5회 정도 방송되어 비교적 드물게 진행되었는데, 이는 악기 운반 비용과 연주자 보수(리허설 2회, 공연 1회 50제국마르크) 때문이었다. 게다가 방송국은 자체 오케스트라인 제국방송관현악단을 보유하고 있기도 했다.

반면 필하모닉 정기연주회의 경우 입장권 판매는 전혀 문제가 되지 않았다. 이 연주회들은 1938년부터 괴벨스의 승인하에 매주 월요일 저녁 독일국영방송을 통해 중계되었는데, 생중계인 경우도 있고 사전 녹음한 연주인 경우도 있었다.

1938년부터 월요일 저녁 독일 제국-방송 협회를 통해 송출된 필하모닉 콘서트의 중계방송은 시즌당 45,000제국마르크로 오케스트라에 지급되었다. 독일 제국-방송 협회는 1차·2차 송출 권리를 확보했다. 또한 외국 방송국 송출도 바람직하다는 합의가 있었다.

연간 회원권 외 오케스트라 콘서트 방송도 문화정치적 기능을 수행했다. 조건은 필하모닉 콘서트와 유사했지만, 보수는 낮았으며, 방송국이 자유롭게 레퍼토리를 선택하고 송출 시간을 결정할 수 있었다. 이 방식은 히틀러 생일 기념 방송 등 전략적 프로그램 구성에 활용되었다.

1938년과 1943년에는 필하모닉 공연이 군사 영화와 나치 홍보 영화에 포함되기도 했다. 정리하면, 1933~1945년 동안 베를린 필하모닉 오케스트라는 정치적·사회적·군사적 요구에 맞춰 다양한 공연을 수행했다. 합창, 현대 음악, 자선, 라디오 방송, 영화, 국제 공연 등을 통해 시민, 노동자, 군인, 정치인 등 다양한 청중에게 다가갔다. 음악 엘리트 기관으로서의 위치를 유지하면서도, 정치적·선전적 요구에 따라 활동 범위와 기능이 확대되었다. 특히 방송 활동은 오케스트라의 선전가치를 극대화했다. 1938년 이후 독일 음악 방송협회를 통한 필하모닉 콘서트 송출과 라디오 전용 녹음, 음반 녹음 제작 등 다양한 경로를 통해 독일 음악과 문화적 자부심을 선전했다. 1942/43년 시작된 '불멸의 음악' 시리즈는 전쟁의 고난과 독일 문화의 승리를 연결하는 선전 목적을 가졌다. 1945년까지, 베를린 필하모닉 오케스트라는 매주 전체 콘서트 프로그램을 방송하며, 자체 공연뿐 아니라 다른 독일 오케스트라 공연, 아카이브 녹음, 바이에른 바그너 축제 실황 등을 송출했다.

‘불멸의 음악’ 시리즈의 목표는 나치 시대 베를린 필하모닉 오케스트라의 다양한 활동을 특징짓는 정치적, 이념적, 교육적, 오락적 요소들의 다층적 혼합을 반영한다. 그러나 이 방송 시리즈를 둘러싼 논쟁은 항상 ‘품질’이라는 논거로 포장되었다. 1944년, 폰 베스터만과 함께 활동하던 푸르트뱅글러는 프로그램 구성에서 겪는 딜레마를 다음과 같이 토로했다. “저는 ‘불멸의 음악’ 때문에 당신이 느끼는 당혹감을 충분히 이해합니다. 8일내내 최고 수준의 프로그램을 구성하는 것은 유지하기 어려울 것 같습니다. 레퍼토리—연주자들 이야기는 차치하고—가 매우 제한적이니까요.”

이 발언은 시사하는 바가 크며, 동시에 당시 예술가가 취할 수밖에 없었던 은폐적 표현 방식을 보여준다. 역설적이게도 푸르트뱅글러와 폰 베스터만은 모두 예술에 헌신하고 있었으며, 최고 수준의 프로그램을 목표로 삼았다. 설사 무대가 상상할 수 없는 고통의 현장이었고, 레퍼토리가 이를 상기시키는 상황에서도 마찬가지였다. 그럼에도, 1939/40 시즌에서 폰 베스터만은 예술감독으로서 선전부에 보고했다. “국민계몽선전부 장관의 문화행사 명령 덕분에, 이번 시즌 계획된 모든 콘서트를 진행할 수 있게 되었습니다. 전쟁으로 인한 조치(등화관제, 교통제한 등)가 공연 관람에 영향을 줄 것이라는 우려는 근거 없다는 것이 드러났습니다. 오히려 전쟁은 독일 콘서트 관객에게 더 큰 참여와 음악에 대한 관심을 불러일으켰습니다.” 실제로 어려움이 발생한 경우, 가령 독일을 가로질러 함부르크에 가서 콘서트를 열었을 때 정부가 개입해서 원활한 진행을 보장했다.

실제로 전쟁 초기 몇 년은 베를린 필하모닉 오케스트라에게 가장 성공적인 시기 중 하나였다. 음악적, 정치적, 사업적, 사회적 활동 요소가 완벽히 조화를 이루었기 때문이다. 전쟁은 오케스트라로 하여금 자신들의 가치를 더 깊이 느끼게 했고, 청중에게 새로운 활력을 주고, 공공을 위한 봉사와 선전 사이의 경계를 더욱 흐리게 만들었다. 1939~1942 시즌 동안 베를린 필하모닉 오케스트라는 흔들리지 않는 존재감, 폭넓은 관객층, 프로그램 구성이라는 놀라운 조합으로 제국 오케스트라로서 전성기를 누렸다. 그러나 전세는 바뀌었다. 공습이 일상이 되었고, 음악에 대한 관심은 줄지 않았지만 기대를 충족시키기는 더 어려워졌다. 관객은 콘서트에 참석하기 어렵고, 연주자는 공연하기가 힘들었다. 1942/43 시즌 보고에서 폰 베스터만은 다음과 같이 기록했다. "독일 국영 철도에 부담을 최소화한다는 원칙 때문에, 우리는 제4차 전쟁 겨울에는 독일 내 콘서트 여행을 완전히 포기했습니다."

50년 전통의 함부르크 콘서트는 중단되었으며, 같은 해 베를린 콘서트는 오후 6시~6시 30분으로 앞당겨 시작되었다. 이후 프로그램 시간은 1시간 30분으로 제한되었다. 공습 경보 시에는 "모든 청중은 1층 복도와 탈의실로 이동해야 한다"는 지침이 내려졌고, 알람 사이렌이 점점 더 빈번해져 콘서트가 중단되고 청중과 오케스트라가 몇 시간 동안 벙커에 갇히는 일이 발생했다.

1943년 11월 28일, 처음으로 오케스트라 콘서트(카를 뵘 지휘의 필하모닉 콘서트)가 공습으로 취소되었다. 같은 주, 역사적 베를린 징아카데미(현재 막심 고리키 극장)와 필하모닉 오케스트라 행정 사무실이 연합군 폭격으로 파괴되었다. 전통적인 신년 콘서트는 안전상의 이유로 1월 1일 오후로 옮겨졌다. 오케스트라는 최악의 상황을 대비하며, 슈테크만, 로렌츠 회버, 선전부 음악 사서 프리드리히 크반테에게 특별 허가를 요청했다. "테러 공격" 시에는 필하모니로 신속히 이동할 수 있도록 허용해 달라는 내용이었다. 1944년 1월 30일 저녁, 영국군의 공습으로 필하모니가 파괴되었다. 방공대와 오케스트라의 신속한 조치에도 불구하고, 대강당은 완전히 소실되었고, 베토벤 홀은 크게 손상되었지만 사용 가능했다. 수많은 악기, 악보, 문서가 불에 타면서 피해는 컸고, 단원들에게 심리적 충격도 막대했다. 오케스트라는 다음 필하모닉 콘서트를 위해 베를린 슈타츠오퍼 극장 홀을 임대했다(2월 7~8일). 재정적·안전상의 이유로 이틀 연속 모두 동일한 푸르트뱅글러 프로그램을 오전과 오후에 연주했다.

다음 필하모닉 콘서트는 2월 20일과 21일에 예정되었으나 취소되었고, 3월 첫째 주 예정된 두 번의 뷤 콘서트 중 첫 번째 공연도 취소되었다. 베를린 필하모닉 오케스트라는 베를린 슈타츠오퍼(극장), 티타니아 팔라스트(영화관), 폴크스뷔네(극장), 베를린 대성당, 베토벤홀 등 베를린의 공연장에서 연주를 이어갔다. 공연장은 크기가 다양했고, 이용 가능 여부와 예상 관객 수에 따라 선택되었다. 예를 들어 크나퍼츠부슈의 콘서트는 많은 관객을 끌어들였기 때문에 베를린 대성당에서 열렸고, 로베르트 헤거나 요훔 같은 지휘자의 콘서트는 노이에-리히텐베르크 직업학교 같은 장소로 배치되었다. 필하모닉 콘서트는 더 나은 음향과 환경이 필요했기 때문에, 베를린 슈타츠오퍼에서 진행되었다.

담당자들을 골치아프게 한 것은 공연장 문제만이 아니었다. 특히 외국 지휘자들이 베를린 공연을 취소했고, 오케스트라는 입장료를 환불해야 했다. 재정, 프로그램 계획, 단원들의 사기가 모두 흔들렸고, 전용 공연장이 없었기 때문에, 선전부는 오케스트라를 순회연주 시키기로 결정했다. 3월 중순부터 오케스트라는 스칸디나비아로 이동했으며, 잠시 귀국해 4월 히틀러 생일 축하 공연에서 크나퍼츠부슈와 함께 연주한 후, 예기치 않은 6주간의 프랑스, 포르투갈, 스페인 콘서트 여행에 나섰다. 이베리아 반도 체류 중에는 선전 영화가 촬영되었다. 베를린 필하모닉은 6월에 돌아왔는데, 마침 파리를 통과한 주에는 연합군이 노르망디 상륙작전을 벌였다. 귀국 후 연주자들은 즉시 여름휴가에 들어갔다.

1944년 여름, 베를린 필하모닉 오케스트라는 다시 한번 정권의 혜택을 받았다. 선전부는 오케스트라 단원들이 7월 말부터 9월 중순까지 가족과 함께 비교적 안전한 바덴바덴의 여름 별장에서 머물 수 있도록 주선했다. 바이에른 코부르크 근처 플라센부르크의 안전한 장소에는 악기를 보관했고, 피난 온 오케스트라는 라슈타트, 가겐아우, 라어 같은 지방 도시에서 공연을 이어갔다. 장기 휴가 동안 필하모닉 단원들은 로베르트 헤거와 함께 일련의 라디오 녹음을 진행했다.

오케스트라가 결국 1944년 9월 베를린으로 돌아왔을 때, 도시 풍경뿐 아니라 문화 생활도 변해 있었다. 1944년 가을, 독일의 모든 문화기관 종사자들이 전쟁에 동원되었다. 베를린 슈타츠오퍼의 오케스트라와 앙상블, 브루노-키텔 합창단, 필하모닉 합창단이 해체되거나 징집으로 크게 축소되었다. 극장과 음악 앙상블도 유사한 운명을 맞았다. 남은 것은 오직 베를린 필하모닉 오케스트라뿐이었다.

긴 공백은 관리들과 정치인들이 1944/45 시즌의 세부 사항을 계획할 시간을 제공했다. 첫 필하모닉 콘서트는 베를린 슈타츠오퍼에서 열렸지만, 12월부터는 아드미랄스팔라스트로 이전되었다. 정치적 차원에서 베를린 슈타츠오퍼에서는 "티켓 판매가 없는 행사만 진행, 당 또는 기관 단체 시간 형태, 일반 공개 콘서트는 제외"라는 결정이 내려졌다. 1945년 1월 베를린 슈타츠오퍼도 폭격으로 피해를 입어, 베를린 필하모닉 오케스트라는 전쟁 마지막 몇 달 동안 도시 외곽에서 공연해야 했다.

관객 수는 줄고, 공연 횟수도 감소했다. 오케스트라의 주요 활동은 최대한 많은 사람에게 다가가는 데 집중되었다. 라디오 방송과 대규모 콘서트가 우선권을 가졌다. 아벤트로트와 카일베르트는 12월과 1월에 일련의 공연을 지휘했고, 푸르트뱅글러는 1945년 1월 22일과 23일 마지막 필하모닉 콘서트를 지휘한 후 독일을 떠났다. 이후 제국 스포르츠펠트돔홀에서 빌리 트레더의 새 합창 작품과 함께 열린 추모식(2월 21일), 히틀러 유겐트를 위한 콘서트(3월 24일), 초센에서의 독일군 자선 콘서트(3월 27일), 베토벤 홀에서 라미 합창단과 함께한 모차르트 레퀴엠(브루노 키텔 합창단은 이미 존재하지 않음, 3월 29/30일) 및 마지막 〈마이스터징어〉 전주곡 공연(4월 7/13일)이 이어졌다.

난방이 되지 않은 베토벤홀에서는 게오르크 슈만 지휘로 남아 있는 베를린 합창아카데미 단원과 함께 브람스의 『독일 레퀴엠』이 연주되었다(4월 14일). 이 마지막 공연들이 정확히 어떤 시간대에, 누구를 위해 열렸는지는 기록되지 않았다. 4월 중순, 적군이 이미 베를린 바로 앞까지 접근했고, 전투 가능한 남성들은 오래전에 전선으로 징집되었다. 국민돌격대가 거리를 장악했고, 너무 어리거나 늙은 사람들은 몸을 숨겼다. 전쟁은 고향에 도달했고, 필하모닉 단원들은 테러와 나치정권이 초래한 죽음과 파괴의 폭풍을 체험했다. 친구와 동료가 죽고, 가족은 파괴되며, 거리 전체가 불타도, 오케스트라는 연주를 이어갔다.

이 우울한 마지막 콘서트, 즉 군인과 히틀러 유겐트를 위한 대중 공연 이후, 마지막 공연이 있었다. 1945년 4월 11일, 제국 군수부 장관 알베르트 슈페어가 오케스트라를 베토벤 홀의 개인 콘서트로 호출했다. 슈페어는 교양 있고 음악을 사랑하는 사람이었다. 오케스트라 단원들은 슈페어 덕분에 거의 확실한 죽음에서 벗어났는데, 그가 괴벨스의 지시를 무시하고 오케스트라의 군 징집 면제를 연장했다고 알려졌기 때문이다. 오케스트라는 베토벤, 브루크너, 바그너로 이루어진 프로그램을 연주하며 구세주에게 감사를 표했고, 그 연주를 수백만 청중이 들을 수 있도록 해준 정권의 대표에게 마지막으로 인사했다.

요제프 괴벨스는 베를린 필하모닉 오케스트라가 소속된 나치 선전부의 장관으로 제3제국의 문화정책을
총괄했다.

5

음악 프로그램 구성의 변화

"그래, 우리의 독일 음악… 보라, 그네들이 아무리 부유할지라도 음악에서는 모두 우리의 왕좌 앞에서 비참한 상인처럼 서 있을 뿐이다. 오직 독일의 심장에서만 토마스칸토르 바흐가 태어날 수 있었고, 토마스 합창단은 오늘날에도 노래할 수 있다. 순수하고 정결한 울림을 듣고 있는가? 바흐, 그는 단지 위대한 이들의 긴 계보 중 한 사람일 뿐이다! 동시대인 헨델, 그가 살았던 영국에서는 '독일 곰'이라고 불렸지, 그리고 글루크, 하이든, 모차르트. 그의 이름만 울리면 세상의 모든 것이 황금빛으로 빛난다. 그리고 다른 이들…. 우리는 얼마나 부유한가, 정말 부유하다. 슈베르트, 가곡의 시인; [그리고 바그너] 마이스터징어의 노래와 트리스탄의… 브람스, 그리고 브루크너… 그를 들을 때마다, 아, 하늘이 갈라지고 나는 천사들이 음악하는 모습을 본다, 큰 천사, 작은 천사, 아주 작은 천사들, 통통한 맨다리로. 그리고 중앙에는 하느님이 계시고—아—오늘날 위대한 이들이, 당신의 지휘 아래 연주될 때, 빌헬름 푸르트뱅글러: 레거, 슈트라우스, 피츠너. 나는 독일 음악의 영원한 기적을 믿는다. 음악은 나에게 신성하다, 세상의 수수께끼를 제시하고 풀어주는 음악…. 그 울림과 소리는 마치 영원의 목소리와 같다."

국가사회주의자들은 레퍼토리에 명확한 취향을 가지고 있었는데, 이는 미적 평가, 이념적 원칙, 개인적 선택이 뒤섞인 모순적인 결과였다. 요컨대 나치들은 음악을 정치적 해석 기준, 즉 "고급 음악"과 대중·오락 음악의 통합이라는 이념적 틀로 평가했다. 그들은 독일 고전 작곡가들과 그 후계자들을 진정한 '게르만 민족'의 대표자로 보았다. 따라서 18~19세기 독일 표준 작품과 낭만적 스타일로 작곡한 현대 독일 작곡가들을 선호했다. 이러한 분류는 우월한 독일 문화와 외래 '퇴폐적' 영향 사이의 투쟁이라는 관념을 결합한 것이었다. 또한 당과 국가 상위층의 개인적 취향도 반영되어 있었다. 히틀러, 괴벨스, 괴링, 로젠베르크, 레이 등이 이러한 작품들을 공개적으로 후원했고 이를 통해 자신들이 선호하는 음악을 강화했다. 사실, 나치의 음악적 취향은 오래전부터 알려져 있었다. 따라서 히틀러가 제국수상으로 임명된 이후, 정부가 구체적으로 무엇을 금지하는 경우는 극히 드물었다. 반유대주의가 이 과정에서 발현되었지만, 나머지 레퍼토리를 걸러내는 데 공식적 개입은 거의 필요하지 않았다.

베를린 필하모닉 오케스트라의 경우, 프로그램에 대한 정치적 영향력은 나치 후원하에 있는 당 행사나 국가 후원 행사로 제한되었다. 이에 해당하는 것은 뉘른베르크의 제국당 대회, 뮌헨과 뒤셀도르프의 각종 음악·예술 행사, 특별 기념일 공연 등이었다. 이러한 경우에도 기본 틀과 특정한 미학적 선호가 나타났지만, 구체적 선택은 어느 정도 자유롭게 남겨두었다. 예를 들어 1937년, 제국문화행정관 한스 힌켈은 카를 뵘에게 편지를 보냈다.

"괴벨스 제국장관의 요청에 따라, 당신은 올해 11월 26일 베를린 필하모니에서 제국문화회의 오전 세션을 위한 서곡(교향곡)을 지휘하도록 선정되었습니다. 곧 저에게 연락하시어 작품 선정 관련 제안을 알려 주시기 바랍니다."

제3제국의 확고한 취향으로 인해 맥락은 기대 범위를 설정했지만, 지휘자는 작품 선택에서 어느 정도는 자유로웠다. 뵘은 슈만과 바그너 작품으로 프로그램을 구성했으며, 이는 충분히 장엄하고 나치의 미적 기준에도 부합했다.

1943년, 히틀러는 푸르트뱅글러가 자신이 기대하는 작품을 연주하기를 원했다.

"총통께서는 브루크너와 베토벤의 교향곡을 프로그램에 포함하기를 원하십니다."

사실 정부와 당은 이러한 지시를 내릴 권리가 있었다. 오케스트라는 그들의 소유였고, 월급을 줬으며, 공연장을 제공했다. 물론 정권 입장에서는 엄청난 사치였지만, 최소한 나치 고위층은 지휘자와 오케스트라가 브루크너와 베토벤 작품 중 무엇을 연주할지 자유롭게 선택하도록 했다.

정치적 프로그램 요청이 예술적 자유를 제한했지만, 내용상으로는 베를린 필하모닉 오케스트라의 핵심 레퍼토리와 잘 부합했다. 예를 들어 1935년 오케스트라 178회 프로그램 중 연주된 곡 수를 보면, 베토벤 85곡, 브람스 45곡, 바흐 28곡, 헨델 16곡, 피츠너 15곡, 슈만 20곡, 리하르트 슈트라우스 29곡, 바그너 16곡, 베버 19곡, 브루크너 16곡, 하이든 26곡, 모차르트 38곡, 슈베르트 20곡이었다. 유일한 비독일 작곡가는 차이콥스키로 18곡이었다. 이 비율은 다음 10년 동안 크게 변하지 않았으며, 레퍼토리 중심은 독일에 있었다. 따라서 정부는 오케스트라를 국가 관리하에 두고도 프로그램 개입을 굳이 하지 않아도 되었다. 그 배경에는 여러 이유가 있었다. 1933년 오케스트라의 주요 콘서트 시리즈는 대중적 성격의 일요일·화요일 콘서트와 고급 필하모닉 콘서트였다. 관객 유치를 위해 콘서트의 프로그램은 대중에게 익숙한 작품으로 구성될 수밖에 없었다. 예를 들어 1933년 9월 24일 하인츠 본가르츠 지휘 콘서트 프로그램은 다음과 같았다.

바그너: 뉘른베르크의 『뉘른베르크의 마이스터징어 서곡』

모차르트: 『아이네 클라이네 나흐트무지크』

바흐: 『G단조 모음곡(소나타) 중 아다지오와 푸가』

베토벤: 『레오노레 서곡 3번』

베버: 『오이리안테 서곡』

쇼팽, 포레, 포퍼: 첼로 작품

골트마르크: 발레 음악 『시바의 여왕』

이러한 프로그램은 관객을 위한 현실적 선택이었다. 1930년대 베를린에는 음악회 외에도 다른 야간 오락이 존재했기 때문이다. 나치가 몇몇 작곡가를 인종적 이유로 꺼릴 수 있었지만, 대중적 콘서트 프로그램은 베를린에서 공연의 거의 절반을 차지했음에도 당의 기대와 대체로 부합했다.

원래도, 돈 많은 부자가 오케스트라를 빌려서 자신의 취향에 맞춘 프로그램을 듣곤 했다. 1935년 필하모닉이 제국의 오케스트라로 승격되면서 후원자는 변했지만, 음악적 취향은 그대로였다. 장기 후원자 파울 빈켈제서가 사망하며 남긴 40,000제국마르크 기부금에는 조건이 있었다. "그의 생일(1월 중순)에 가까운 날짜에 추모 콘서트를 개최할 것. 프로그램은 슈베르트 '미완성', 바흐 두 대의 바이올린을 위한 협주곡, 『베토벤 교향곡 9번』 중 3악장으로 한다. 매년 기념일에 연주한다."

빈켈제서 추모 콘서트는 1937년까지 유지되었다. 반면 필하모닉 콘서트는 푸르트뱅글러의 영역이었다. 그는 솔리스트, 객원지휘자, 레퍼토리 선택을 포함해 프로그램 구성에 대한 전적인 책임을 졌다. 그러나 이 역시 경제적 고려에서 자유롭지 않았다. 필하모닉 콘서트는 오케스트라의 주요 수입원이었으며, 대담한 프로그램 선택으로 위험을 초래할 수 없었다. 1920/21년 아르투어 니키슈의 마지막 시즌 동안 열린 10회의 필하모닉 콘서트에는 다음과 같은 도전적인 작품이 포함되었다.

발터 브라운펠스: 『베를리오즈 주제의 환상적 현상』
말러: 교향곡 7번
에른스트 폰 도흐나니: 바이올린 협주곡
에두아르트 에르트만: 오케스트라를 위한 론도
에리히 볼프강 코른골트: 교향적 서곡 『수르숨 코르다』

니키슈의 선택은 지휘자가 '현대 음악'에 관심을 가지고 있었음을 보여주지만, 아방가르드로 과감히 나아가진 않았다.

푸르트뱅글러의 레퍼토리 또한 낭만적 독일 표준 작품을 넘어섰지만, 베를린 필하모닉에서의 프로그램 구성은 몇 가지 면에서 전임자와 달랐다. 1922/23년 필하모닉 콘서트 지휘자로서의 첫 시즌에는 당시 생존해 있던 작곡가의 작품 일곱 작품을 지휘했다.

시벨리우스:『전설』
피츠너:『하일브론의 캐트헨 서곡』
글라주노프: 바이올린 협주곡
리하르트 슈트라우스:『틸 오일렌슈피겔의 유쾌한 장난』
막스 트랍:『교향곡 2번』
쇤베르크:『오케스트라를 위한 다섯 개의 소품 op.16』

다음 시즌에는 스트라빈스키, 말러, 쇤베르크, 힌데미트 등의 작곡가도 프로그램에 포함되었으나, 기본적으로 푸르트뱅글러는 낭만적 양식을 선호했다.

푸르트뱅글러는 자신의 프로그램 선택 원칙을 이렇게 설명했다. "왜 18~19세기 특정 작품을 반복해서 연주하는가"라는 질문을 받는데, 한 가지 이유입니다. 무엇보다도 학문적 관심으로가 아니라, 음악 애호가로서 연주하기 때문입니다. 나는 위대한 작품들을 사랑하기 때문에 연주합니다. 이 최고 수준의 음악이 내 안에서 일으키는 열정, 따뜻함, 감미로움, 아름다움, 위대함이 모든 연주의 근원입니다."

니키슈는 브라운펠스, 말러, 코른골트 등 유대인 작곡가의 작품을 단순히 그 핏줄 때문에 프로그램에 넣은 게 아니었고, 쇤베르크를 제외하면 푸르트뱅글러 또한 인종적 이유로 유대인 작곡가를 피한 것이 아니었다. 사실 인종적 편견보다는 미학적 문제였다.

니키슈가 1920/21년에 무대에 올린 작곡가들은 나치 시대에 금지되거나 비판받았다. 이는 단순한 혈통 때문만이 아니라, 그들의 진보적 음악 경향 때문이었다. 반면 푸르트뱅글러의 레퍼토리는 1922년 이미 나치 기준과 상당히 부합했다.

1932/33 시즌, 바이마르 공화국에서 나치 체제로 넘어가는 시점의 필하모닉 콘서트 프로그램에는 당시 생존 작곡가 작품 6곡이 포함되었다.

프로코피예프: 피아노 협주곡 5번(자작자연)

고트프리트 뮐러:『변주곡과 푸가』

카를 마르크스와 후고 라이헨베르거: 단편 작품 각 2곡

리하르트 슈트라우스:『틸 오일렌슈피겔의 유쾌한 장난』

아르튀르 오네게르:『교향적 악장 3번』(초연)

리하르트 슈트라우스는 1933년 무렵 모두가 존경했고, 생전에 이미 교향곡 레퍼토리의 고전적 위치를 확보했다. 많은 사람들은 그를 바그너의 합법적 후계자로 여겼고, 나치도 그의 매혹에서 벗어날 수 없었다. 당시 작곡가 중 독일인 뮐러, 마르크스, 라이헨베르거는 나치 시대 내내 연주되었으며, 모두 19세기 음악적 뿌리에 확고히 자리 잡은 독일 작곡가였다. 뮐러는 1933년 나치당에 가입했으며,『독일 영웅 레퀴엠』을 아돌프 히틀러에게 헌정했다. 이 헌정과 관계없이, 괴벨스뿐 아

니라 푸르트뱅글러도 이 작품을 높이 평가했다.

오네게르의 작품은 1932/33 시즌에 외국 작곡가 작품으로 연주되었지만, 전쟁 전까지 필하모닉 콘서트에서 거의 들을 수 없었다. 그의 『교향적 악장 3번』은 오케스트라와 푸르트뱅글러에게 헌정되었으며, 현대적이지만 도발적이지 않았다. 따라서 나치 당국이 그의 작품을 금지했다는 근거는 없다. 반대로 프로코피예프의 음악은 나치 음악 미학과 충돌할 여지가 있었다. 그의 음악은 혁명적이지 않았지만 대담했고, 그는 무엇보다 러시아인이었다. 그의 작품은 1938/39 시즌에 두 차례 연주되었고, 1940년에는 『바이올린 협주곡 2번』의 독일 초연이 이루어졌다. 이후 연주가 중단된 것은 정치적 금지 때문이 아니라 푸르트뱅글러의 음악적 취향 때문이었다. 오네게르와 프로코피예프 사례는 하켄크로이츠 아래 문화적 일사불란함이 반드시 정치적 압력 때문만은 아님을 보여준다. 푸르트뱅글러의 음악적 선호가 이미 나치의 핵심 레퍼토리 집중에 기반을 마련한 것이다.

압박이 있었든 스스로 선택했든, 1933/34 시즌 푸르트뱅글러는 필하모닉 콘서트 프로그램에서 베토벤, 브람스, 브루크너, 리하르트 슈트라우스, 모차르트, 바흐, 하이든, 슈베르트 외에 현대 독일 작곡가들만을 배치했다. 여기에는 파울 그래너, 막스 트랍, 지크프리트 뮐러, 한스 피츠너, 파울 힌데미트가 포함되었다.

피츠너는 리하르트 슈트라우스 다음으로 독일 음악의 대표적 인물로, 19세기 전통의 고귀한 유산을 계승했다. 그래너는 1936년 제국음악단체의 부회장에 임명되었고, 트랍은 1932년 나치당에 가입했으며, 뮐러의 음악은 1933년 이후 독일 전역에서 인기를 얻었다. 힌데미트는

1933년 당시 떠오르는 인기 절정의 작곡가였다. 다섯 명 모두 독일인이었다는 사실은 우연일 수도, 푸르트뱅글러의 충성 표시일 수도, 혹은 정치적 상황을 전략적으로 활용한 결과일 수도 있다.

힌데미트 오페라 『화가 마티스』가 슈타츠오퍼 공연에서 제외되면서 푸르트뱅글러가 필하모닉 상임 지휘자직에서 물러난 사건은 종종 미학적 이유로 해석되지만, 실제 이유는 더 복잡하다. 푸르트뱅글러는 힌데미트를 지지했고, 작곡가는 오케스트라와 긴밀한 관계였다. 힌데미트의 음악은 히틀러와 괴벨스에게는 지나치게 도발적이었고, 푸르트뱅글러의 사임은 정치적 이유, 즉 정치적 금지로 인한 것이 결정적이었다.

푸르트뱅글러는 1934년 12월 사임사에서 이렇게 적었다. "예술적 자유가 후세대를 위해 나치에 의해 훼손되고, 정치적 이유로 힌데미트를 연주할 수 없게 되었을 때, 나는 모든 직위를 내려놓았다."

사람들은 나치가 힌데미트를 재평가할 것이라고 기대했다. 대부분 그의 음악이 아방가르드적이지 않았기 때문이다. 그러나 이 사건은 미학적 논쟁이 아니라 정치적 논쟁이었고, 따라서 힌데미트 음악의 복권은 이루어지지 않았다. 결과적으로 힌데미트는 터키를 거쳐 결국 미국으로 이주했고, 푸르트뱅글러는 독일에 남았다. 1935년, 그는 나치 체제와 화해를 청하는 편지에서, 국가사회주의 독일에서 예술가는 정치 권위에 복종해야 하느냐는 질문에 답했다. 여기서 주목할 점은 실제 공개 검열 사례가 얼마나 드물었는가이다. 나치의 문화 정책은 모든 예술 활동을 국가사회주의 원칙에 맞추려 했지만, 1933~34년 베를린 필하모닉 오케스트라와 관련해서 푸르트뱅글러에게 무엇을 연주하고 누구와 함께 무대에 오를 수 없는지를 지시하는 서한, 회의, 발표는 존재하지 않았다. 문화 정책은 분위기와 지시 양쪽의 문제였다. 적대적·불신의 분위기는 새로운 도전을 꺼리게 만들었고, 정치적 선호는 자연스럽게 위험 회피로 이어졌다. 나치 선호와 대중의 취향이 일치한다는 사실 또한 강력한 논거가 되었다.

힌데미트 사건 이후, 푸르트뱅글러는 오케스트라와 관계는 긴밀했으나 그의 영향력은 제한적이었다. 오케스트라의 운영은 헤르만 슈탕에, 한스 폰 벤다, 게르하르트 폰 베스터만 같은 정치적으로 임명된 관리들에게 맡겨졌다. 이들은 오케스트라의 연주 일정, 연주자, 프로그램 기획을 담당했고 푸르트뱅글러와 협의했지만, 동시에 오케스트라와 임명 기관의 경제적·정치적 이해를 고려했다. 슈탕에, 폰 벤다, 폰 베스터만은 모두 선전부에서 임명되었고, 나치에 충성했다. 슈탕에와 폰 벤다는 오케스트라가 아닌 정부와 직접 계약을 맺기도 했다. 이렇게 운영권이 정부 손에 있던 오케스트라는 푸르트뱅글러 퇴임 이후에도 나치 선호에서 벗어날 위험이 없었다. 이러한 선제적 복종과 청중을 끌어야 한다는 목표가 맞물리면서, 관리나 음악가 모두 나치당에 불성실하게 행동할 이유가 없었다.

푸르트뱅글러 시절부터, 베를린 필하모닉 오케스트라는 좁지만 안전한 길을 걸었다. 이후 다양한 예술감독들에 의해 이 원칙은 유지되었다. 1938/39 시즌, 연주된 작품의 절반 이상은 베토벤, 브람스, 브루크너, 하이든, 모차르트, 리하르트 슈트라우스 등 단 7명의 작곡가 작품이었다. 바그너까지 포함하면, 77회 공개 프로그램 중 66회가 이 8명의 작곡가의 작품으로 진행되었다. 1938/39 시즌에서 바흐 가문, 슈베르트, 슈만, 베버는 다음 계층을 대표했다. 1934/35 시즌처럼 차이콥스키는

15회 연주로 두 자리 수 연주를 가진 외국 작곡가 중 한 명이었다. 다른 한 명은 베를리오즈였다. 이들 레퍼토리는 1938/39 시즌뿐 아니라 나치 시대 전반에 걸쳐 오케스트라 레퍼토리의 70% 이상을 차지했다.

푸르트뱅글러 퇴임 후 선전부는 오케스트라를 제국음악국의 보호 및 지원하에 두었다. 푸르트뱅글러 부재 시, 파울 그래너, 페터 라베, 하인츠 일러트 등이 오케스트라의 프로그램을 조언했으며, 특정 작곡가를 밀어주거나 배제했다. 이 통제와 영향 체계는 푸르트뱅글러 복귀 후에도 유지되었다. 지휘자는 프로그램에 대해 공식 승인 절차를 거쳐야 했다. 결국 에밀 폰 레즈니체크, 아르노 렌츠, 베르너 에크 등 비교적 평범한 작곡가들의 작품도 프로그램에 포함될 수 있었다. 이들은 말러, 코른골트, 힌데미트, 쇤베르크 등을 대신했다.

베를린 필하모닉에 새로이 행정직이 신설되면서 프로그램 기획은 훨씬 용이해졌다. 오케스트라 행정이 국가 관료제의 일부였기에, 정치적 우선순위를 음악 프로그램에 효과적으로 반영할 수 있었다. 이러한 결정은 지휘자와 행정 당국 양쪽 모두의 합의로 이루어졌다. 예를 들어, 선전부가 스트라빈스키 작품 연주를 "선례가 될 수 있으므로 바람직하지 않다"라고 언급했을 때, 이는 명령이라기보다는 절차상의 문제 제기와 우려 표명으로 처리되었다. 이러한 행태는 전형적인 사례였다. 양측 모두 일정 수준의 융통성을 가지면서, 오케스트라 레퍼토리 규제는 관료적 방식으로 진행되었으나 개인적 의심, 이념적 불일치, 정치적 요인 등으로 인해 완전히 표준화되지는 않았다. 스트라빈스키는 대표적 사례다. 그는 유명하고 공개적인 반유대적 입장을 지니면서, 나치의 취향과 충돌할 수 있는 진보적 작곡 성향을 가지고 있었기에 분류가 어려웠다. 필하모닉 오케스트라는 1934년 『봄의 제전』을 에리히 클라이버 지휘로 연주한 전례가 있었다. 클라이버는 곧 독일을 떠났지만, 오케스트라는 1937년 『불새 모음곡』을 두 차례 연주했고, 1938년에는 요훔이 『카드놀이』를, 같은 해 푸르트뱅글러가 직접 『요정의 입맞춤』을 연주했다. 이러한 연주들은 오히려 정치적 유연성과 행정의 융통성을 보여주었다. 동시에 일정 수준의 음악적 다양성에 대한 자연스러운 예술적 욕구도 반영되었다.

스트라빈스키는 레퍼토리 주변부 작곡가 중 약 30%에 속하며, 정통 레퍼토리에는 포함되지 않았다. 그 외에는 독일 현대 음악이 등장했지만, 주요 필하모닉 시리즈에서는 드물게 연주되었다. 현대 비독일 작곡가의 음악은 주로 게오르크 슈만이 지휘하는 예술 아카데미와 협력한 현대음악 전용 프로그램에서 다뤄졌다.

오케스트라는 특정 국가의 음악을 소개하는 특별 프로그램도 열었다. 레오 보르하르트는 1936/37 시즌에 프랑스, 영국, 이탈리아-헝가리 음악 프로그램을 지휘했으며, 스웨덴-노르웨이 프로그램과 1939년 독일-일본 협회 후원 콘서트도 있었다. 1941년 독일-그리스 교류 콘서트에서는 그리스 지휘자와 솔리스트가 그리스 음악을 연주했다.

나치 이데올로기에 따른 인종적 세계 구분은 이러한 공연이 선전 행사로 여겨지도록 만들었다. 프로그램과 솔리스트는 유럽 민족 간의 차이를 강조하도록 선택되었으며, 비독일 음악과 현대 음악을 특별 콘서트로 격리시키는 것도 이러한 목적을 반영했다. 즉, 독일 문화 정체성을 부각시키는 것이 목표였다. 비교적 좁은 범위 내에서, 프로코피예프, 스트라빈스키, 오타카, 에코노미디스, 하인츠 티센 등의 작품이 가

끔 연주될 수 있었는데, 이는 오케스트라의 예술적 색채가 나치 규범과 충돌하지 않는 범위였다.

일부 작곡가는 인종적·정치적 이유로 금기였다. 그러나 국가가 프로그램 정책을 감독했다고 해서 1933년 1월 30일 이후 곧바로 변화가 이루어진 것은 아니었다. 말러, 쇤베르크, 코른골트는 레퍼토리에서 사라졌지만, 멘델스존은 예외였다. 예를 들어 1933년 12월, 나치당 회원인 루돌프 폰 슈미트제크가 멘델스존 작품을 연주했다. 선전부가 선호하는 바이올리니스트 게오르크 쿨렌캄프는 1935년 3월 멘델스존『바이올린 협주곡』을 연주했는데, 이는 불과 2주 후 한스 슈미트-이세르슈테트 지휘로 베를린 필하모닉과 녹음하기 전이었다. 1936년에도 오케스트라는 멘델스존의『한여름 밤의 꿈』발췌를 도이치 텔레푼켄을 위해 연주했다. 선전부는 이러한 활동을 막지 않았다. 멘델스존은 나치에게 골치 아픈 문제를 안겨주었다. 1933년 이전과 비교하면 현저히 줄었지만, 완전 금지를 위해서는 수년에 걸친 이념적·음악 정치적 조작이 필요했다. 전설에 따르면, 멘델스존의 음악이 공연되지 않을 때조차 베를린 필하모닉 로비에는 그의 흉상이 남아 있었다. 이는 단순히 저항의 표시가 아니라, 문화 정책의 모순을 보여주는 흔적으로 보인다.

각 시즌마다 오케스트라 예술감독은 프로그램 계획을 선전부에 제출해야 했다. 11년에 달하는 선전부 관할 기간 동안, 프로그램 강제 변경의 증거는 없다. 즉, 1936년 멘델스존 연주나 1939년 스트라빈스키 연주도 나치 당국의 승인으로 이루어진 것이다. 전쟁 발발 전까지, 베를린 필하모닉의 프로그램 구성은 나치의 기대와 원칙에 부합했다. 그 이유는 여러 가지였다. 이념적 사전 조건화, 경제적 고려, 푸르트뱅글러의 음악적 취향, 자기 검열, 국가 행정과 오케스트라 행정의 긴밀한 관계 등이 그것이다. 그러나 1939/40 시즌, 전쟁으로 인해 프로그램 구성에 대한 재검토가 필요했다. 특히 전쟁은 음악의 예술적 측면과 상징적·선전적 측면의 차이를 뚜렷하게 보여주었다. 예를 들어 드뷔시, 프랑크, 라벨 등의 프랑스 음악은 1939년 이후 프로그램에서 사라졌으며, 정치적 변화에 따라 영국과 러시아 작곡가 작품도 더 이상 연주되지 않았다. 음악 프로그램은 상황에 맞게 조정되어야 했다. 1942년, 선전부는 다음과 같이 지시했다. "힌켈 씨는 장관 지시를 전달했습니다. 검증되지 않은 작품을 연주하지 말 것. 문제되는 작품은 하지 말 것."

이 지침은 모든 독일 오케스트라에 해당되었는데, 음악이 정치적 수단으로 확장되었음을 보여준다. 괴벨스는 1939년 폴란드 침공 당시 라디오 방송용 베토벤 프로그램을 직접 지시했을 가능성이 높다. 당시 상황은 국민을 전쟁에 맞게 동원하고 고무할 영웅적 음악을 필요로 했다. 베를린 필하모닉만큼 이를 잘 수행할 수 있는 기관은 없었다. 폰 벤다가 다양화한 '클래식 사이클' 대신, 1939/40과 1940/41 시즌에는 베토벤 중심의 전통적 사이클로 회귀했으며, 오케스트라 프로그램은 베토벤, 브루크너, 브람스, 슈트라우스, 바그너로 더욱 집중되었다. 실험적 음악은 불안정한 영향 때문에 최대한 억제되었다.

나치는 음악의 암시적 힘이 단순한 긍정적 강화에만 국한되지 않는다는 사실을 알고 있었다. 힌켈의 엄격한 프로그램 통제는 멘델스존과 힌데미트 부활이나 재즈 확산을 막기 위한 것이 아니라, 1941년 모차르트 금지와 같은 상황을 통제하기 위한 것이었다. 독일군이 러시아의 혹한으로 큰 타격을 입으면서, 괴벨스는 모차르트 『레퀴엠』이 청중에게 군사적 실패를 떠올리게 하는 불편을 막고자 했다. 따라서 푸르트뱅글러 지휘 『레퀴엠』 연주는 녹음은 허용되었지만 라디오 방송은 금지되었다. 전쟁이 진행되면서 정부 통제는 점점 강화되었으며, 특히 라디오 프로그램과 관련되었다. '불멸의 음악' 시리즈에서 푸르트뱅글러는 레퍼토리가 매우 제한적이라고 불평했다. 이러한 제한은 단순히 레퍼토리에 국한되지 않고, 특정 음악적 가치의 이념적·정치적 우대가 지휘자와 솔리스트 선정에도 영향을 미쳤다.

1933년 3월 20일, 베를린 필하모닉은 브루노 발터 지휘로 5회 콘서트 중 네 번째 공연을 진행할 예정이었다. 당시 발터는 히틀러 집권 이후 오케스트라와 공연한 유대인 예술가 중 첫 번째가 아니었다. 2월 6일, 오케스트라 콘서트에서 콘서트마스터 지몬 골드베르크는 푸르트뱅글러 지휘로 베토벤 『바이올린 협주곡』을 연주했다. 3주 후, 유명 바이올리니스트이자 교수인 카를 플레슈는 브람스 『바이올린 협주곡』을 푸르트뱅글러와 함께 연주했다. 바로 그날 저녁, 즉 1933년 2월 27일에 옛 필하모니에서 몇백 미터밖에 떨어져 있지 않은 국회의사당이 저 악명 높은 '방화 사건'으로 불탔다. 3월 3일, 오토 클렘페러는 베토벤 『미사 솔렘니스』를 지휘했으며, 솔리스트는 골드베르크와 알렉산더 키프니스 등이었다.

3월 중순부터 나치는 국회의사당 방화 사건에 대한 후속 조치로 총통의 긴급명령을 근거로 강력한 조치를 시행했다. 바이마르 헌법의 기본권이 무력화되면서, 정부는 수많은 반대자를 구금할 수 있었다. 3월 5일 선거에서 나치당이 거둔 승리 덕에, 히틀러와 나치 지도부는 합법적으로 이념적 목표를 실현할 수 있게 되었다. 브루노 발터의 예정된 공연은 괴벨스, 그의 부하 한스 힌켈, 그리고 발터 풍크에게 입장을 표명할 기회를 제공했다.

브루노 발터는 구스타프 말러의 제자이자 라이프치히 게반트하우스 오케스트라와 베를린 시립 가극장 음악감독으로 유명했다. 콘서트는 유대인 기획사 볼프 & 작스가 주최했다. 이 사건은 나치의 전략을 보여주는 사례였다. 힌켈은 나치당이 브루노 발터 콘서트를 금지했는지에 대해 다음과 같이 밝혔다. "우리는 이 콘서트를 금지한 적도 없고, 발터 씨(본명 슐레징어)의 지휘를 막은 적도 없다. 다만, 공연장 경호를 제공하는 것은 불가능했다. 주최 측이 스스로 콘서트를 취소했다. 참고로, 리하르트 슈트라우스가 발터 대신 지휘했을 때 미국에서 협박 편지를 받았다." 힌켈의 설명은 노골적이지만, 나치의 전략적 조작을 보여준다. 발터 콘서트는 금지되지 않았지만, 사실상 불가능했다. 발터는 사태를 간파하고 "더 이상 할 일이 없다"며 바로 도시를 떠났다. 실제로 콘서트 취소는 발터의 결정이었지만, 결과적으로는 나치의 의도에 말려든 셈이었다.

리하르트 슈트라우스가 발터 콘서트를 대신 지휘하게 된 과정은 여전히 미스터리다. 하지만 1933년 3월 당시의 맥락에서, 그 외형적인 인상 자체는 아주 매력적인 선전 재료가 되었다. 브루노 발터가 '버린' 베를린 필하모닉을 절박한 때에 독일 음악의 참된 영웅이 '구원'한 것이다. 공연은 진행되었으며, 슈트라우스는 협박 편지에도 불구하고 무대에 섰다. 더욱 극적인 점은 슈트라우스가 개런티를 오케스트라에 기부했다는 사실이다.

슈트라우스의 기부는 오케스트라와의 오랜 관계, 그리고 발터에 대한 존중 등이 맞물린 결과일 가능성이 크다. 그러나 1933년의 극도로 정치화된 상황에서, 베를린 필하모닉은 이후 12년간 자신을 감쌀 상징적 이미지를 이미 확보했다. 나치에게 베를린 필하모닉은 정치적 투쟁의 무대였으며, 필하모닉은 고통받는 국민, 브루노 발터와 슈트라우스는 의도치 않게 악역과 구원자의 역할을 맡게 되었다. 이 패턴은 그다음 몇 달과 몇 년 동안 여러 차례 반복되었다. 나치당은 음악적 환경을 재편하기 위해 위협, 허위 정보, 그리고 국민의 순진함을 이용했다. 브루노 발터 사건과 유사한 처우를 경험한 이는 오토 클렘페러로, 그는 필하모닉 합창단의 지휘자로서 세 차례의 공연을 준비하고 있었다. 힌켈은 다시 보고했다.

"독일의 발전을 위해, 며칠 전 독일에서 계획되었던 그의 공연은 … 당분간 연기될 수밖에 없었다. 우리는 당시 중요한 일을 위해 돌격대와 친위대를 필요로 했으므로 클렘페러 씨를 위한 공연장 경비를 배치할 수 없었다. 결국, 독일 공중은 오랜 기간 예술계에서 몇몇 유대인 파산자들로 인해 자극받아왔기 때문에, 클렘페러와 브루노 발터는 이러한 국민 정서의 영향을 받았다."

힌켈의 설명에 따르면, 발터와 클렘페러는 나치가 부추기고 정당화한 반유대주의적 분노의 우연한 희생자였을 뿐이다. '안전' 명목의 조치는 나치에 동조하지 않는 사람조차도 계획된 변화가 불가피하다는 설득력 있는 이유로 받아들이도록 만들었다. 1933/34 시즌 동안 필하모닉 합창단의 지휘자는 클렘페러에서 슈리히트로 교체되었다. 이는 발터와 슈트라우스 사건만큼 극적이지는 않았지만, 똑같이 막을 수 없는 불가피성의 인상을 주었다.

카를 슈리히트는 나치 시기에 이름을 알린 지휘자들 중에서 가장 나이가 많았다. 이 세대에는 오이겐 요훔, 헤르만 아벤트로트, 카를 뵘, 헤르베르트 폰 카라얀도 포함된다. 그들의 경력이 어떻게 전개되었을지 가정하는 것은 무의미하다. 클렘페러의 강제 퇴출이 슈리히트에게 기회를 제공하지 않았다면, 요훔이 힌데미트 사건 이후 푸르트뱅글러를 대신하지 않았다면, 아벤트로트가 브루노 발터의 뒤를 이어 게반트하우스 오케스트라를 맡지 않았다면, 프리츠 부슈가 드레스덴을 떠나지 않아 뵘이 기회를 얻지 못했다면, 또는 괴링이 아헨의 카펠마이스터 카라얀을 후원하지 않았다면 어떻게 되었을지 추측할 수 없기 때문이다.

이 모든 지휘자들은 뛰어난 재능을 가지고 훌륭한 업적을 쌓았으며, 나치가 제공한 기회가 없었더라도 성공을 이뤄냈을 것이다. 클레멘스 크라우스와 한스 크나퍼츠부슈 역시 훌륭한 지휘자였으며, 나치당의 전폭적인 지지를 받았다. 일부는 나치당원이었고, 몇몇은 그렇지 않았다. 결정적 요소는 개인의 정치적 신념이 아니라, 재능과 야망, 그리고 '국가성'의 효과적인 결합이었다. 이 남성들은 '독일 최고의 인재'를 대표했고, 나치 엘리트는 이들을 장난감처럼 활용했다. 이들은 모두 독일 혹은 오스트리아의 주요 오케스트라와 오페라 하우스와 연계되어 있었으며, 베를린 필하모닉과도 장기간 관계를 유지했다. 반면, 나치 체제에서 베를린 필하모닉은 '독일 최악의 인재'들과도 마주해야 했다. 가장 극단적 사례는 정치적 영향력을 이용한 헤르만 슈탕에였다. 이류 또는 삼류 지휘자 중에는 베르너 리히터-라이히헬름, 쿠르트 오버호프, 오토 프릭호퍼, 한스 바이스바흐, 하인리히 슈타이너 등이 있었다. 이들은 필하모닉을 지휘할 기회를 얻었지만, 대부분 딱 한 번이었다. 정치

178

적 압력과 음모에도 불구하고 별 볼 일 없는 지휘자가 필하모닉 지휘를 맡는 경우는 극히 드물었다. 오케스트라, 경영진, 정부 모두에게 중요한 것은 필하모닉이 최고의 음악적 수준을 유지하며, 최고의 인재에게 공연 기회를 주는 것이었다. 나치 엘리트는 자신들의 자랑거리인 오케스트라가 웃음거리가 되는 걸 방치하지 않았다. 그 결과, 나치 시대에 필하모닉은 점점 더 많은 주요 지휘자들과 협연하게 되었다. 1941/42 시즌에는 아벤트로트, 뵘, 요훔, 크나퍼츠부슈, 슈리히트가 각각 필하모닉과 자체 공연 시리즈를 가졌다. 각 시즌별 공연 수를 보면, 이들은 심지어 푸르트뱅글러보다 더 집중적으로 필하모닉과 작업했다.

정규 공연 외에도, 헤르만 아벤트로트, 카를 뵘, 한스 크나퍼츠부슈는 공식 행사에서 오케스트라를 자주 지휘했다. 푸르트뱅글러는 이러한 의무에서 벗어나려 했으며, 나치 정권은 훌륭한 대체자를 확보했다. 크나퍼츠부슈는 히틀러 생일 기념식에서 세 차례 지휘했고, 1941년에는 뵘이 담당했으며, 같은 해 발칸, 프랑스, 스페인 투어도 지휘했다. 아벤트로트는 1942년과 1943년 괴링과 괴벨스 후원 특별 콘서트를 지휘했다. 이들은 모두 전통 음악적 가치를 유지하면서, 신체적·정신적으로 나치 이상을 구현했다.

카를 슈리히트가 필하모닉 합창단 지휘자로 재직한 2년간 (1933~1935)은 베를린 필하모닉과의 풍성한 협업의 시작이었다. 그는 종종 마지막 순간에 부재 중인 동료를 대신해 달라는 요청을 받았으며, 레퍼토리와 위상 면에서 일종의 "가난한 자들을 위한 푸르트뱅글러"와 같았다. 비스바덴의 음악감독이였던 그는 1936/37 시즌 첫 필하모닉 콘서트를 지휘했는데, 당시 푸르트뱅글러는 부재 중이었다. 1937/38

시즌에는 스트라빈스키와 루셀의 작품을 포함한 현대 음악 콘서트 시리즈와 네 번의 '클래식 밤' 및 베토벤·모차르트 6부작 전체를 맡았다.

슈리히트는 다재다능한 지휘자로, 필하모닉의 대중 프로그램을 지휘하고, 현대 음악 특강을 진행하며, 슈만 사이클을 지휘하고, 1938년 첫 독일 라거 축제 무대에도 섰다. 1941/42 시즌에는 오케스트라 경영진이 그의 성실한 봉사에 보답하며 정기 구독 콘서트 시리즈를 마련해 주었다.

오이겐 요훔 역시 필하모닉과의 공연에서 많은 정치적 행사를 요구받았다. 그는 1932년에 오케스트라와 데뷔했지만, 본격적인 경력은 1934년, 함부르크 음악감독으로서 필하모닉 첫 콘서트를 지휘하면서 시작되었다. 또한 푸르트뱅글러 부재 시 오케스트라와 함께 투어를 떠날 수 있었던 첫 지휘자였다. 1935/36 시즌부터는 네 차례 정규 콘서트 시리즈를 맡았고, 1938년과 1940년에는 스칸디나비아로, 1942년에는 파리로 순회 공연을 가졌고, 1943년에는 제국선전부의 특별 콘서트를 지휘했다.

클레멘스 크라우스는 뮌헨, 잘츠부르크, 빈에서의 공연 때문에 동료보다 필하모닉 지휘가 드물었지만, 의미 있는 행사를 맡았다. 1939년 리하르트 슈트라우스 75세 생일 축하 공연, 1941년 시벨리우스 75세 생일, 1942년 오케스트라의 프랑스·스페인·포르투갈 대규모 투어 등이 있었다. 투어 중에는 프랑스 노동자, 적십자사, 군부대 공연과 리스본 빈민을 위한 자선 연주, 마드리드의 프랑코 정권 엘리트를 위한 공연도 포함되었다. 다음 해 이베리아 반도 투어에서는 살라자르 치하 리스본에서 두 번의 오페라 공연이 열렸는데, 로베르트 헤거 지휘로 바그너의

『트리스탄과 이졸데』가 연주되었다.

마지막으로, 헤르베르트 폰 카라얀은 베를린 필하모닉에서 성공한 독일 일류 지휘자 그룹에 합류했다. 카라얀은 1937/38 시즌 아헨에서 베를린 슈타츠카펠레로 이적했다. 카리스마 있고 야심만만한 그는 자신의 재능을 괴링의 후원이라는 정치적 힘과 결합시켜 정상에 올랐다. 카라얀의 필하모닉 첫 공연은 한스 폰 벤다가 주선했다. 첫 공연은 1938년 4월 8일 열렸으며, 프로그램에는 모차르트 교향곡 33번, 라벨 '다프니스와 클로에' 2번 모음곡, 브람스 교향곡 4번이 포함되었다. 당시 카라얀은 겨우 30세였다. 평론가 에트빈 폰 데어 뉠은 베를린 슈타츠오퍼 『트리스탄과 이졸데』 공연 후 "기적의 카라얀"이라고 평가했는데, 나치 독일의 언론 환경에서 이런 찬사는 정치적 동기가 있음을 의심하게 만들었다. 푸르트뱅글러와 다른 사람들은 이 '기적의 비평' 뒤에 정치적 이유가 있다고 판단했으며, 젊은 오스트리아인의 지원이 괴링과 슈타츠오퍼의 감독 하인츠 티첸의 공동 작업 때문이라고 보았다.

벤다는 카라얀이 필하모닉에 데뷔한 후 몇 달 뒤, 이 사건이 푸르트뱅글러가 떠난 진짜 이유라고 기록했다. "푸르트뱅글러는 카라얀이 이제 자신을 파멸시키기 위해 총감독 티첸이 사용할 무기일 뿐이라고 생각했다."

푸르트뱅글러와 티첸은 1934년 이후 베를린 슈타츠오퍼 및 힌데미트 사건 등으로 충돌하고 있었다. 벤다에 따르면, 카라얀은 푸르트뱅글러와 티첸 사이, 그리고 괴링과 괴벨스의 권력 싸움에서 이용된 도구였다. 카라얀의 발탁은 푸르트뱅글러를 자극했고, 그는 최고위급 선전부에 연락해 예술감독의 해임을 요구했다. 벤다는 자신을 무고한 희생자로 묘사하며 필하모닉 관중을 위해 떠오르는 스타 지휘자를 초청했다고 주장했지만, 푸르트뱅글러와의 관계를 악화시키거나 괴링과 괴벨스의 권력 싸움에 개입하려 했던 가능성도 배제할 수 없다. 그러나 프로그램 책임자로서 벤다 혼자 카라얀 발탁을 결정했을 것 같지는 않다. 카라얀은 괴링 외에도, 에이전트 루돌프 베더의 후원을 받았다.

베더는 1933/34년에 베를린 음악계에서 자리 잡기 위해 볼프 & 작스를 인수하려 했지만 실패했다. 이후 몇 년 동안 그는 클레멘스 크라우스, 오이겐 요훔, 파울 판 켐펀, 프리츠 레만, 빌럼 멩헬베르흐 등 뛰어난 지휘자를 모았다. 베더의 성공은 재능 발굴과 정치적·음악적 채널을 통한 지원에 기반했다. 그는 음악 매니저이자 나치당원으로, 정치·행정 고위층과의 관계를 이용해 영향력을 행사했고, 나중에는 힘러와 직접 연결되었다.

루돌프 베더는 자신이 무명 음악가를 대도시의 메인 오케스트라에 데뷔시킬 수 있다며 자랑했다. 카라얀이 베더가 필하모닉 오케스트라에 소개한 첫 지휘자는 아니었지만, 예술적 프로그램 구성과 정치적 음모가 맞물린 가장 대표적 사례로 꼽힌다. 베더는 괴링, 힌켈, 티첸과의 연계를 활용해 카라얀과 필하모닉을 연결하는 전략을 추진했다.

카라얀의 필하모닉과의 초기 관계는 사실 뜨뜻미지근했다. 벤다가 묘사한 푸르트뱅글러의 불신, 질투, 복수심은 카라얀이 처음에는 필하모닉에서 미미한 역할에 머물게 된 이유를 설명한다. 그러나 푸르트뱅글러의 영향력은 제한적이었다. 1934년 이후에는 오케스트라의 상임이 아니었으므로, 카라얀을 거부할 권한이 없었다. 또한 그는 카라얀의 재능을 인정할 수밖에 없었다. 정치나 연줄로 들어온 인간들과 달리, 카라얀은 실력이 있었기 때문이다. 푸르트뱅글러가 사용할 수 있었던 유일한 수단은 벤다를 몰아내고, 베더를 통해 카라얀을 견제하는 것이었다. 당시 폰 베스터만은 푸르트뱅글러의 입장을 대변하며 이렇게 경고했다. "상인이 아닌 예술가가 독일 음악계에 결정적 영향력을 행사해야 한다."

푸르트뱅글러의 술책은 어느 정도 효과적이었지만, 카라얀이 필하모닉과 장기적 관계를 구축하지 못한 이유를 설명하지는 못한다. 또 다른 장애물은 젊은 지휘자 자신에게 있었다. 베스터만에 따르면, "카라얀은 다른 지휘자와 동등하게 취급되길 원치 않았고, 항상 특별한 대우를 원했다. 그는 크나퍼츠부슈보다 높은 출연료도 요구했으므로 협력이 이루어지지 않았다."

카라얀은 에이전트의 조언에 따라 지나친 요구를 내세우면서 사실상 스스로 필하모닉 접근을 차단했다. 그럼에도 베를린 슈타츠오퍼는 수용했고, 그는 괴링 세력을 기반으로 권력 기반을 구축하기 시작했다.

카라얀과 베더는 1939~1942년 동안 계속 싸움을 벌였으며, 괴링과 협력해 푸르트뱅글러와 괴벨스를 견제했다. 그들의 전략에는 베를린 슈타츠오퍼에서 카라얀 정기 콘서트 시리즈를 만들고, 필하모닉 오케스트라 단원을 슈타츠카펠레로 유도하는 계획이 포함되었다. 이는 필하모닉의 이류 시리즈 지휘자(뵘, 슈리히트, 크나퍼츠부슈)와 경쟁하게 하고, 오케스트라의 예술적 수준을 약화시키려는 목적이었다. 1940년에는 콘서트마스터 지크프리트 보리스가 카라얀의 오케스트라로 옮겼지만, 게르하르트 타슈너는 유혹을 거부하고 1년 후 푸르트뱅글러에게 충성을 유지했다. 베더의 영향력은 막강했지만, 푸르트뱅글러와 괴벨스는 강력한 권력 블록을 형성했다. 타슈너 사건은 1942년 베더의 제명과 음악 제국 몰락으로 이어졌다. 이른바 '베더 사건'은 카라얀과 푸르트뱅글러의 경쟁과 연결되며, 나치 통치 기간 내내 논란이 되었다.

1934년 베를린 필하모닉 오케스트라 유한회사에서 작성된 푸르트뱅글러 계약 초안에는 "비아리아인의 임명은 금지된다"라는 조항이 포함되어 있었다. 이 반유대주의 조항은 국가와 베를린 필하모닉, 제1지휘자 간 법적 결합에 나치의 정책을 적용한 것이었다. 푸르트뱅글러는 서명하지 않았고, 이후 계약에서는 조항이 삭제되었다. 이는 푸르트뱅글러가 괴벨스에게 항의했기 때문이다. 그의 나치 정책 저항은 유대인 음악가 선호 때문이 아니라, 정치적 간섭 없이 자신이 원하는 사람을 자유롭게 고용할 권리를 지키기 위한 것이었다.

이 원칙을 바탕으로 푸르트뱅글러는 브로니스와프 후베르만, 아르투어 슈나벨, 프리츠 크라이슬러 같은 유대인 솔리스트를 1933/34 시즌 필하모닉에 초청했다. 나치의 공식 방침을 명백히 무시한 것이며, 실제로 매우 용감한 도전이었다. 이러한 행동은 예술적 자유를 수호하기 위한 것이었지, 유대인 음악가를 보호하기 위한 것이 아니었다. 푸르트뱅글러는 나치식 반유대주의자가 아니었지만, 체제와의 충돌은 인종 정책이 아닌, 자신의 고용권 수호를 위한 것이었다.

푸르트뱅글러의 태도는 당과 관료들에게 많은 불신을 불러일으켰다. 1933년 7월, 한 직원이 국가위원 힌켈에게 보낸 풍자 섞인 편지에는 "푸르트뱅글러가 옹호하지 않는 유대인을 한 명이라도 말할 수 있습니까?"라는 내용이 포함되어 있었다. 불신은 나치 체제가 근간으로 삼은 두려움에서 비롯된 자동적 반응이며, 선전으로 강화되었다. 푸르트뱅글러는 독일에서 칭송받는 최고 예술가였기에, 유대인 예술가를 기용했다는 '죄'는 사실상 면죄부를 받았다.

"유대 예술가들을 우대하게 만드는 동력은 푸르트뱅글러의 유대인 비서로 푸르트뱅글러의 결정에 영향을 미친다고 한다."

공식적인 반응은 푸르트뱅글러의 태도를 왜곡하여, 반유대적 편견을 강화했다. 베르타 가이스마르는 푸르트뱅글러의 예술적 결정 뒤에서 음모를 꾸미는 인물로, 사건 전체는 유대인이 독일인의 선의를 훼손하는 사례로 오해되었다. 그러나 실제로는 반대로, 푸르트뱅글러는 나치의 유대인 박해를 이용해 독일 의사결정자들에게 도전하고 있었다. 가이스마르는 이 충돌에서 비난을 받았다.

브루노 발터, 오토 클렘페러, 막스 라인하르트, 아르놀트 쇤베르크 등은 나치의 인종청소로 피해를 입었고, 적대적 정치 환경은 유대인 예술가들을 위축시켰다. 푸르트뱅글러는 체제에 도전할 수 있다고 느꼈고, 정치인과 관료와 맞설 자신도 있었지만, 유대인 음악가들은 독일과 오스트리아에서 환영받지 못하는 상태였다. 푸르트뱅글러는 그들의 싸움을 대신하지 않았으며, 유대인 예술가들은 자신의 의지가 배제된 상황에서 승자와 패자가 되기를 원하지 않았다. 이것이 유대인 솔리스트들이 푸르트뱅글러 초대를 거절한 이유이다.

프리츠 크라이슬러는 1899년 니키슈 지휘 아래 베를린 필하모닉에서 데뷔했고, 1924년부터 베를린에 거주했지만, 푸르트뱅글러의 초대를 거절했다. 그는 이유를 다음과 같이 설명했다.

"초대해주신 점, 특히 저에게 '끊어진 관계를 다시 이어주는 임무를 맡긴 첫 예술가'라는 점에 진심으로 감사드립니다. 하지만 제가 이 임무를 수행할 적임자라고 확신할 수 없습니다. 저는 브루노 발터, 클렘페러, 부슈와 같은 예술가들이 복귀하는 것이 예술 문제를 해결할 유일한 길이라고 믿습니다. 저와 관련해서는 타협의 의혹만을 낳을 뿐입니다. 따라서 모든 예술가가 출신, 종교, 국적과 관계없이 독일에서 활동할 권리가 확고히 보장될 때까지 출연을 연기하겠습니다."

브로니스와프 후베르만 역시 푸르트뱅글러의 요청을 거절했다. 그는 토스카니니, 아돌프 부슈 등 비유대인 예술가가 독일을 떠나거나 보이콧한 사례를 근거로, 나치와의 협상이나 논쟁이 정당화될 수 없다고 지적했다. "당신은 '누군가는 이 장벽을 허물기 위해 시작을 해야 한다'는 문구로 나를 설득하려 합니다. 예, 만약 그것이 콘서트 홀의 벽에 불과하다면 얼마나 좋겠습니까! 하지만 바이올린 협주곡의 해석 문제 같은 것은 이 사태의 수많은 측면 중 하나일 뿐이며, 하느님은 아시겠지만 결코 가장 중요한 것이 아닙니다! 진실은 바이올린 협주곡이나 유대인에 관한 것이 아닙니다. 그것은 우리 유럽 문화의 가장 근본적인 전제 조건인 '개성의 자유'와 '계급 및 인종의 굴레에서 벗어난 무조건적인 자기 책임성'에 관한 것입니다!".

후베르만은 개인의 자유가 공포와 권위주의적 사고로 파괴될 위험을 간파했다. 푸르트뱅글러의 대응은 예술적 자유와 오케스트라 자율성을 확보하는 데 있었다. 이는 일정 성과를 거두었지만, 나치의 원칙을 정당화하는 대가도 수반했다. 유대인 솔리스트들은 체제의 경멸 대상이 되거나 푸르트뱅글러의 정치적 싸움에 휘말리는 것을 거부했다.

1946년 푸르트뱅글러는 탈나치화 절차에서 1933/34년 베를린 필하모닉과 함께 유대인 예술가를 기용하려 했던 시도를 강조했다. "위대한 외국 솔리스트들이 점차 오지 않았다. 프로그램 진행이 더 어려워졌다"고 회상했다. 크라이슬러, 후베르만, 아르투어 슈나벨 등은 오지 않았지만, 나치 체제 초기 시즌에도 오케스트라는 크게 변하지 않았으며, 몇몇 유대인 연주가 여전히 있었다.

지몬 골드베르크: 1933~34 시즌 다섯 차례 솔리스트로 출연
요제프 슈스터: 드보르자크와 생상스 첼로 협주곡 연주
니콜라이 그라우단: 1934년 11월 슈만 첼로 협주곡 연주
한스 보터문드: 1936년 11월 드보르자크 첼로 협주곡 연주 카를 루이슈너와 함께 프로그램 참여

사실 유대인 음악가들이 베를린 필하모닉 오케스트라 콘서트에 초청된 것은 오케스트라의 전통을 이어가는 것이었다. 이러한 전통은 예술가와 당국이 독일 문화 생활 재편 과정에서 느낀 불확실성을 반영한 것이지, 정치적 저항의 의도가 아니었다.

1933년부터 1936년 사이, 오케스트라 프로그램은 많은 옛 전통을 유지하며 안정기를 보냈다. 솔리스트와 지휘자의 스펙트럼은 유대인 음악가부터 나치당 회원까지 다양했다. 예를 들어 1933년 11월 14일에는 요제프 슈스터가 생상스의 협주곡을 연주했고, 지휘는 헬무트 켈러만이 맡았다. 1934/35 시즌 푸르트뱅글러의 첫 필하모닉 콘서트에서는 니콜라이 그라우단, 지크프리트 보리스, 나치당 지지자 발터 기제킹이 솔리스트로 출연했다.

1936년 2월 26일에는 바흐, 슈만, 라벨 작품의 콘서트가 열렸고, 지

휘는 공개적으로 동성애를 인정한 드미트리 미트로풀로스가 맡았다. 피아니스트는 빌헬름 켐프였다. 1938년 카를 슈리히트가 지휘한 베토벤/모차르트 사이클에서는 콘서트마스터 에리히 뢴, 콜베르크, 라인하르트 볼프, 프랑스의 로베르 카자드쉬, 러시아 피아니스트 안나 안토니아데스, 우크라이나 피아니스트 루브카 콜레사 등이 솔리스트로 참여했다.

외국 지휘자들은 나치 시대 동안 정기적으로 오케스트라와 연주했다. 비첨과 멩헬베르흐는 이미 수십 년간 오케스트라와 관계를 유지했으며, 나치 권력 이후에도 비첨은 베를린을 계속 방문해 필하모닉을 지휘했다. 멩엘베르흐 역시 친밀한 관계를 바탕으로 정기적이고 존경받는 객원지휘자로 남았다. 이후 몇 년 동안, 지휘자들은 대부분 '우호적인' 국가 출신이었으며, 개인 예술가의 정치적 성향과는 무관했다. 예를 들어 이탈리아 출신 빅토르 데 사바타, 일본 출신 오타카 히사타다, 루마니아 출신 제오르제 제오르제스쿠, 체코슬로바키아 출신 바츨라프 탈리히 등이 있었다.

1937년 드미트리 미트로풀로스가 베를린에 왔을 때, 필하모닉의 자체 홍보지는 이를 이렇게 설명했다. "문화 교류의 의미에서, 높은 홍보 가치를 인식하고 체계적으로 진행되는 것입니다. 우리 필하모닉이 해외로 나가듯, 외국 지휘자와 작곡가들도 베를린에서 자신의 기량을 입증할 기회를 갖습니다. 본질적으로 독일 음악을 한 그리스 출신 음악가가 연주하며, 그 음악가가 우리로부터 평가받기를 원합니다."

1937년 '외국 지휘자와 독일 솔리스트' 시리즈와 같은 콘서트에서는 예를 들어 로브로 폰 마타치치가 후고 콜베르크와 함께 바그너, 무소르그스키, 랄로, 브루크너 작품을 연주했다. 이는 나치 정권을 합법화하는 동시에 관용이 존재한다는 인상을 유지했다.

한편, 당 행사나 명령에 따른 공연에는 독일인 지휘자와 솔리스트만 그것도 가능한 한 당원들만 참여했다. 예를 들어 1937년 1월 31일 콘서트에서는 바그너·베버 프로그램을 지휘자 에리히 오르트만과 솔리스트 티아나 렘니츠, 한스 헤르만 니센(모두 나치당원)이 맡았다.

베토벤 『교향곡 9번』의 연주에는 루돌프 바츠케, 발터 루트비히, 엘리자베트 횡엔과 브루노 키텔 합창단이 정기적으로 참여했다. 합창단 지휘자는 푸르트뱅글러의 오랜 친구이자 충성스러운 나치당원이었다. 이처럼 명백히 정치적 성격의 행사는 레퍼토리, 지휘자, 솔리스트 측면에서 계획이 필요했지만, 콘서트의 음악적 품질은 여전히 최우선 과제였다. 나치 시대 독일에서 음악과 프로그램 기획의 정치화는 막대한 대가를 치렀다. 편협한 반유대주의는 독일 음악계에 회복 불가능한 손상을 주었고, 레퍼토리의 재편은 다양성을 방해하며 음악적 진보를 늦췄다.

베를린 필하모닉 오케스트라는 새로운 조건에 적응하며 국가 음악 문화의 대표로서 명성을 유지했고, 최고 수준의 공연을 위한 지원도 받았다. 그러나 의도치 않게, 오케스트라는 발터, 클렘페러, 슈나벨, 크라이슬러, 후베르만, 부슈, 토스카니니 없이도 품질을 유지함으로써 나치의 인종주의 이데올로기를 뒷받침했고, 멘델스존, 쇤베르크, 말러, 힌데미트의 작품 없이 독일 음악의 유산을 이어갔다.

푸르트뱅글러는 이렇게 회고했다. "히틀러는 예술가를 정치적 성향에 따라 평가한 최초의 인물이었다." 하지만 히틀러의 판단은 대중과 예술가 모두에게 오히려 매우 만족스러운 것으로 보였다.

순회공연은 모든 오케스트라의 숙명 같은 일이었다. 특히 제국의 오케스트라인 베를린 필하모닉은 구멍난 재정을 메우기 위해 다른 선택이 없었다.

6

조국의 대표자: 오케스트라는 순회공연 중

"특히 국경 지역에서의 콘서트 여행을 강조하고자 합니다. 점령 시기에도 라인강과 자르 지역에서 공연했으며, 이 지역 주민들의 열광적인 반응은 오케스트라의 공연이 수도에서 온 충성의 상징이자 모든 독일 민족의 결속을 보여주는 것으로 받아들여진다는 것을 보여주었습니다." (로렌츠 회버, 프로이센 재무부에 보낸 서한, 1931년 1월 27일)

베를린 필하모닉 오케스트라는 창단 초기부터 순회공연을 해왔다. 독일 전역과 해외—프랑스, 영국, 스칸디나비아, 이탈리아, 러시아, 네덜란드—에서의 공연은 두 가지 목적을 가지고 있었다. 하나는 국제적 명성을 확보하는 것이었고, 다른 하나는 오케스트라의 주머니 사정을 개선하는 것이었다. 이 두 가지 측면은 1920년대 오케스트라의 재정 상황이 악화되면서 더욱 결합되었다. 공적 자금을 확보하기 위해 오케스트라는 스스로를 베를린과 독일 전체의 대체 불가능한 문화사절로 포장했다. 뛰어난 음악적 역량, 국제적 명성, 그리고 당대 민족주의적 수사학의 혼합은 베를린 시와 독일 제국이 보조금을 지급하도록 만들었다. 1933년 이전에도 베를린 필하모닉 오케스트라는 독일인을 결속시키고 독일의 최상급 문화를 세계에 보여주는 효과적인 선전 수단으로 여겨졌다.

오케스트라가 괴벨스 장관의 통제 아래 들어가면서, 자부심과 필요에 의해 수행되던 연주는 의무로 변모했다. 오케스트라의 125년 역사상, 한 시즌에 이토록 많은 공연을 하고, 이렇게 다양한 나라를 방문한 적은 없었다. 1933년 파산 시점부터 1944년 필하모니 극장 파괴 이후의 공연까지, 오케스트라는 정기적으로 해외 순회연주를 했다. 이러한 전통은 나치가 집권하기 전부터 존재했으며, 오케스트라는 히틀러 몰락 이후에도 이를 계속 유지했다. 군대 콘서트나 정치적으로 특별한 공연을 제외하면, 해외 순회공연의 목적은 변하지 않았고, 동기만 바뀌었다. 베를린 필하모닉 오케스트라의 해외 공연의 목표는 독일 문화의 위대함으로 외국인들을 감동시키는 것이었다. 단지 상업적 이익과 선교적 열정이라는 투어 추진 동력의 비율이 1933/34년에 크게 바뀌었을 뿐이다.

베를린 필하모닉 오케스트라는 스스로 선전 도구로서 갖는 잠재력을 인식하고 있었다. 앞서 인용한 로렌츠 회버의 찬사는 1931년, 심각한 재정 위기에 처해 지원을 요청해야 했던 시기의 것이며, 그때도 오케스트라는 두 가지 상징적 가치를 강조했다. 첫째, 독일인에게 그들의 '민족'이 이룬 위대한 성과를 보여주는 국가적 상징이었고, 둘째, 독일 음악 문화의 정점이라는 것이다. 오케스트라의 국가적 프로필은 괴벨스의 문화 선전에서도 중요한 위치를 차지했다. 그가 베를린 필하모닉 오케스트라를 장악하고자 한 이유였다.

나치가 권력을 장악한 후, 오케스트라는 여전히 유럽 전역에서 공연했다. 예를 들어, 1933~1938년 영국, 1933~1935년, 1937년, 1940~1941년 네덜란드, 1933~1944년 프랑스, 1937~1938년과 1941년 이탈리아, 1941~1944년 스페인, 1941~1944년 포르투갈, 1933~1934년, 1938년, 1941~1942년 스위스, 1936, 1940, 1943년 발칸, 1940, 1942~1943년 헝가리, 1936, 1940, 1943년 루마니아, 1937, 1940~1942년 스칸디나비아, 1941~1944년 폴란드 등이다.

과거에는 경제적 이유로 공연 여행이 종종 수년 전에 계획되었지만(현재도 마찬가지), 1934년부터 1944년 마지막 해외 투어 사이, 매 시즌 몇 주를 투어를 위해 확보했음에도, 결정은 종종 단기간에 이루어졌다. 오케스트라의 해외 투어는 "제국장관의 지시에 따라" 이루어졌으며, 결정적 요인은 괴벨스와 선전부가 유럽의 정치 상황을 판단한 결과였다. 이 평가는 언제든 바뀔 수 있었는데, 예를 들어 1942년 슈테크만의 보고를 보자. "바로 이 시기에 장관께서 오케스트라의 스위스와 스웨덴 파견을 원하지 않으시고—특히 이 두 나라를 위한 투어를 예정했었음에도 불구하고—대신 5주간의 스페인/포르투갈 투어를 지시하셨습니다."

해외 투어의 목적은 오케스트라의 선전 효과를 극대화하는 것이었으며, 따라서 정치 지도부가 가장 효과적이라고 판단한 시기와 장소에 따라 달라졌다. 이러한 목적은 비유적으로 음악적 정복을 통해 이루어질 수도 있었고, 오케스트라가 친근한 음악적 교류의 분위기를 조성함으로써 달성될 수도 있었다.

나치 시대 이전부터도 민족주의적 이데올로기는 유럽을 문화적 전쟁

터로 만들었으며, 그 전장에서 베를린 필하모닉 오케스트라는 독일의 깃발을 들고 있었다. 오케스트라가 프랑스로 갈 때는 프랑스의 문화적 우월성에 대한 환상을 깨뜨리라는 임무를 받았다. 스페인, 이탈리아, 심지어 1939년까지 영국에서 공연할 때는 오케스트라가 아리아 인종의 예술적 성과를 잠재적 동맹국에게 설득시키는 역할을 수행해야 했다. 베를린 필하모닉 오케스트라는 독일 문화 선전의 무기로 활용되었으며, 이는 심지어 비밀이 아닌 방식으로 각 문화전쟁의 필요에 따라 매우 효과적으로 사용되었다. "해외 신문에서 우리 공연에 대한 평가는 높은 예술적 성과의 결과로서, 매우 효과적인 문화 선전을 입증합니다. '필하모닉 여러분은,' 작년에 레발(탈린)에서 한 외국 외교관이 우리에게 말했습니다. '정말 대단한 사람들이군요.' 또한 파리와 이후 런던에서 활동한 회슈 대사도 오케스트라를 최고의 독일 선전 도구라고 언급했습니다."

베를린 필하모닉 오케스트라는 1937년 파리 세계 박람회에서도 제국을 대표했다. 나치 정권은 또한 자신들의 국제 문화 행사에서도 오케스트라를 중추적 역할로 활용했는데, 뒤셀도르프의 제국음악제, 뮌헨 독일미술의 날, 1936년 베를린 올림픽 등이 그 예다. 가장 큰 효과를 발휘한 무대는 해외였다. 비올라 주자 베르너 부흐홀츠는 이렇게 강조했다. "아마 누구든 콘서트 및 선전 투어의 필요성을 부정할 수 없을 것입니다. 왜냐하면 선전이라는 것은 다른 나라에서 이루어지는 이러한 초청 공연을 의미하기 때문입니다. 단순히 뛰어난 개인 예술가를 보는 것보다, 전체 오케스트라가 예술적 규율과 민족적 특색의 음색, 그리고 독특한 연주 방식으로 조국을 대표할 때 훨씬 더 큰 효과를 발휘합니다. 베를린 필하모닉 오케스트라는 조국에 대한 가장 고귀한 임무를, 즉 독일 예술과 독일 국민을 전하는 사절로서 수행하는 데서 찾습니다.”

이처럼 해외 공연을 통해 나치 정권은 최대의 이익을 얻었고, 오케스트라에게도 국제 무대에서의 활동은 자부심의 원천이었다. 투어를 통해 음악가들은 자신의 탁월함과 오케스트라의 독창성을 전 세계에 과시할 수 있었으며, 이는 모두가 부러워할 만한 것이었다. 필하모닉의 자체 홍보지에서는 이렇게 언급되었다.

“세상은 이제 너무 좁아졌다. 언젠가 남대서양 위의 체펠린이나 힌덴부르크 비행선에서 라디오를 통해 베를린 필하모닉 오케스트라의 공연을 듣게 되더라도 우리는 놀라지 않을 것이다.”

순회 공연에서 필하모닉 단원들은 가능한 많은 관객에게 독일 문화의 최고 성과를 알리기 위해 다양한 행사와 청중을 대상으로 연주했다. 평균적으로 일주일에 다섯 번 공연을 했다. 공연 시간을 확보하기 위해 야간에 이동하는 경우도 많았다. 각 공연의 성격—공개 혹은 비공개, 현지인 대상 혹은 독일인 대상, 대중적 혹은 고급—은 선전부가 결정했다. 대부분의 공연은 공개 공연이었고, 관료가 참석하는 경우도 많았지만, 일반 대중, 또는 최소한 일정 계층을 대상으로 하여 독일 음악의 비교할 수 없는 위대함을 직접 경험하도록 했다.

전쟁 발발 이후, 오케스트라는 이러한 공개 공연 외에도 해외에서 독일 군인을 대상으로 공연했다. 예를 들어, 1940년 가을 네덜란드에서 군대를 위해 투어를 진행했고, 스페인에서 돌아오는 길에는 프랑스 보르도에서 아르투어 로터 지휘 아래 독일 군인을 위한 공연을 했다. 오케스트라는 점령지에서도 현지 행사에 참여했다. 1942년에는 클레멘스 크라우스 지휘로 파리 노동자를 대상으로 마티네 공연을 했다. 해당 프로그램은 전날 저녁 군인 대상 공연에서 연주된 슈베르트와 바그너 작품으로 구성되었으며, 다음 날 트로카데로에서 공개 공연으로 다시 연주되었다. 이와 유사하게, 오케스트라는 1년 후 바르샤바에서 같은 장소에서 서로 다른 관객을 위해 연속적으로 프로그램을 반복했다. 공개 공연은 헤르베르트 폰 카라얀 지휘로 진행되었고, 다음 날에는 "오직 군인과 부상병만을 위한 공연"으로 다시 열렸다.

1942년 덴마크, 프랑스, 폴란드에서 열린 공개 공연과 군인 대상 공연 외에도, 오케스트라는 해당 국가에서 '외국 거주 독일인'—코펜하겐, 파리, 크라쿠프에 거주하는 독일 민족 구성원과 나치 점령국 대표자—을 위한 특별 공연도 했다. 이들 공연에서 베를린 필하모닉 오케스트라의 프로그램은 항상 독일 고전 작곡가들의 작품으로 구성되었다. 베토벤, 브람스, 바그너, 슈베르트, 리하르트 슈트라우스. 이러한 레퍼토리는 독일 문화를 선전하는 콘서트의 목적과 부합했으며, 동시에 오케스트라의 최상의 면모를 보여주었다. 많은 공연이 바그너의 하이라이트, 예를 들어 『탄호이저 서곡』이나 『뉘른베르크의 마이스터징어』 발췌로 끝나는 경우가 많았는데, 이는 프로그램의 일부이거나 앙코르로 연주되었다.

프로그램 구성은 세밀하게 이루어졌다. 베를린에서와 마찬가지로, 해외 공연도 각 지역 관객의 관심에 맞추어 기획되었다. 파리, 런던, 마드리드와 같은 대규모 심포니 공연에서는 일반적으로 두 개의 완전한 교향곡, 협주곡 및/또는 교향시, 그리고 몇 편의 서곡이 포함되었다. 반면 노동자·군인 공연은 더 짧게 구성되었으며, 짧은 교향곡 한 편과 여러 가벼운 대중적 작품으로 구성되었다.

지휘자 문제 역시 예술적·정치적 측면을 내포하고 있었다. 1933/34 시즌에는 푸르트뱅글러가 오케스트라의 모든 순회 공연을 맡도록 예정되어 있었다. 그러나 1934년 12월 지휘자가 사임하면서 이 계획은 흔들리게 되었다. 1935년 1월 예정된 런던 공연은 취소되었다. 선전부 관리들은 런던 공연만이라도 맡아달라고 토머스 비첨 경에게 요청했으나, 비첨은 거절했다. 그는 1933년 리하르트 슈트라우스처럼 도덕적 함정에 빠지기를 원치 않았다. 결국 순회 공연은 취소되었고, 향후 오케스트라를 누가 지휘할 것인지 결정되기까지 시간이 걸렸다. 1회성 오케스트라 공연(요훔 지휘, 헤이그 제외)을 제외하고, 1934/35 시즌 동안 오케스트라는 해외 투어를 하지 않았다.

그러나 푸르트뱅글러는 비교적 빠르게 오케스트라로 돌아왔으며, 1935년 겨울에는 다시 오케스트라와 함께 영국에서 공연을 가졌다. 전후 그의 탈나치화 절차에서 푸르트뱅글러는 전쟁 발발 이후 점령지에서 베를린 필하모닉을 지휘한 적이 없다고 주장했다. 그러나 이 주장은 정확하지 않다. 그는 1941년 독일과 동맹국이었던 이탈리아에서, 1942년에는 스웨덴과 덴마크 투어에서 오케스트라를 지휘했으며, 1942년과 1943년에는 빈 필하모닉과 함께 점령지 덴마크에서 공연했다. 푸르트뱅글러의 베를린 오케스트라와의 몇몇 공연은 정치적으로 민감한 성격을 띠었다. 예를 들어 프라하 독일 국립극장 개관 공연과 1944년 보헤미아·모라비아 보호령 설립 5주년 기념 공연이 그랬다. 당시 보도에 따르면 "당시 당, 국가, 군 수뇌부의 대표들 앞에는 가울라이터 헨라인과 아이그루버, 보호령 재무관 겸 보헤미아·모라비아 군구 사령관인 장군 샤알, 그리고 정부 관계자가 있었다. 명예 손님으로는 프라하 병원에서 부상당한 수많은 환자들이 참석했다."

푸르트뱅글러는 정치적으로 민감한 상황, 특히 해외에서 베를린 필하모닉과 함께 공연하는 것을 주저함으로써, 오케스트라 행정에 지속적인 좌절을 안겼다. "저는 항상 가장 신중을 기해 왔다"며 폰 벤다는 지휘자가 처한 좁은 윤리적 경계를 강조했다.

푸르트뱅글러는 해외에서 필하모닉 오케스트라 없이 공연한 이유를 "예술가로서 개인적 초청에만 응했기 때문"이라고 설명했다. 그의 입장은 다른 지휘자들이 베를린 필하모닉과 장기적인 관계를 맺을 수 있는 기회를 제공했다.

오케스트라의 해외 투어는 중요한 문화 수출품으로서, 단순한 선전적 목적뿐 아니라 음악적 자부심 때문에 높은 예술적 수준이어야 했다. 정권과 오케스트라 모두에게 국제적 성공은 중요한 과제였다. 푸르트뱅글러가 최우선 지휘자였지만, "오케스트라가 다른 뛰어난 지휘자와 함께 여행할 수 있는 정도"는 여전히 불확실한 문제였다. 푸르트뱅글러가 해외에서 오케스트라를 지휘할 수 없거나 원하지 않을 경우, 적절한 수준의 지휘자가 그를 대신해야 했다. 오이겐 요훔, 클레멘스 크라우스, 한스 크나퍼츠부슈, 카를 뵘, 로베르트 헤거, 그리고 헤르베르트 폰 카라얀이 순회공연 지휘자로 지명되었으며, 이들의 참여를 위해 모든 수단이 동원되었다. 지휘자 선정은 오케스트라의 예술 책임자가 결정했으나, 선전부 역시 발언권을 가졌다(모든 지휘자 계약은 괴벨스의 승인을 받아야 했다). 선정된 지휘자들은 오케스트라와 마찬가지로 정권의 목적에 봉사할 의무가 있었다. 필요하다면, 선전부는 지휘자들의 기존 의무를 해제하여 자신의 우선순위를 관철시켰다.

"전보. 산세바스티안 소재 크나퍼츠부슈 교수에게 독일 영사가 보냄. 장관부 요청에 따라 9월 24일부터 10월 16일까지 발칸 여행 지휘를 긴급히 부탁함. 전보로 확인 및 기존 의무 해결 필요 사항 통보 요청. 필요 시 장관부 개입 조치. 프로그램은 준비된 레퍼토리에서 구성."

오케스트라의 순회공연 계획은 명확하게 규정되어 있으면서도 동시에 자의적이었다. 1942년 여름휴가를 앞두고 음악가들은 "9월 전체에 걸쳐 진행되는 선전부가 지시한 여행"에 대해 통보를 받았다. 그러나 휴가에서 돌아온 뒤 언제, 어디서, 어떤 지휘자와 함께 연주하게 될지는 출발 직전까지도 확실하지 않았다.

푸르트뱅글러는 순회공연에서 빠져나갔다. 이와 관련해 베스터만은 "푸르트뱅글러의 오만함"을 언급했다. 그에 앞서 이 지휘자는 오케스트라가 이스탄불을 방문하지 않도록 조처했는데, 그는 이스탄불 연주회를 "정치적인 목적만 있다고" 보았기 때문이다. 초기 여행 계획에는 아테네 공연도 포함되어 있었으나, 이는 결국 실현되지 않았다. 예상할 수 있었던 대로, 푸르트뱅글러는 막판에 불참을 선언했다. 또다시 크나퍼츠부슈에게 그 공백을 메워 달라는 요청이 들어갔다. 위에서 언급된 "준비된 레퍼토리"란, 지휘자와 오케스트라가 최근 베를린에서 연주했던 프로그램을 통해 이미 익숙해져 있던 독일 표준 레퍼토리를 의미했다. 예를 들어 1942년 발칸 순회공연에서는 베토벤의 『에그몬트 서곡』과 교향곡 1번과 3번으로 구성된 베토벤의 밤이 마련되었다. 여기에 더해 두 개의 혼합 프로그램이 있었는데, 그 내용은 모차르트의 『아이네 클라이네 나흐트무지크』를 중심으로 바그너 발췌곡, 리하르트 슈트라우스의 『틸 오일렌슈피겔』, 리스트의 『전주곡』, 또는 슈베르트의 『로자문데』 발레 음악, 피츠너의 스케르초, 브람스의 『교향곡 4번』 등이었다.

오케스트라가 외부 초청 독주자와 함께 순회연주하는 경우는 드물었고, 대신 오케스트라 단원들에게 독주 파트를 맡김으로써 비용을 절감하는 동시에 자신들의 특별함을 부각시킬 수 있었다. 1942년 스칸디나비아 공연에서는 악장 게르하르트 타슈너가 베토벤의 『바이올린 협주곡』 독주를 맡았고, 에리히 뢴은 티보르 데 머출러와 함께 브람스의 『이중 협주곡』을 연주했다. 같은 해 후반 스페인 순회공연에서는 타슈너와 뢴이 브루흐의 『바이올린 협주곡 1번』에서 번갈아 독주를 맡았고, 다른 프로그램에서는 뢴이 모차르트의 『바이올린 협주곡』을, 후반부에서는 슈트라우스의 『영웅의 생애』 독주 파트를 연주했다. 때로는 객원 피아니스트와 성악가가 초청되기도 했는데, 1940년 9월 프랑스와 네덜란드 공연이 그러했다. 이때의 솔리스트들은 노골적으로 정권에 충성하는 인물들이었다. 엘리 나이, 빌헬름 켐프, 그리고 로잘린트 폰 쉬라흐가 그들이었다. 1943년에는 이미 제5장에서 언급된 바와 같이, 로베르트 헤거의 지휘로 리스본 오페라 극장에서 열린 바그너의 『트리스탄과 이졸데』 특별 공연 두 차례가 하이라이트를 이루었다.

오케스트라는 요청에 따라 소편성으로 순회공연을 떠났는데, 실내악 앙상블이나 한스 폰 벤다의 체임버 오케스트라 형태였다. 폰 벤다는 1935년 오케스트라에 합류한 직후 베를린 필하모닉 체임버 오케스트라를 창설했다. 이 체임버 오케스트라는 개인적·정치적 이유가 복합적으로 작용해 탄생했다. 지휘자로서 자신의 야심을 충족시키기 위해, 폰 벤다는 약 25명의 오케스트라 단원으로 구성된 소규모 앙상블을 조직했다. 또한 이 체임버 오케스트라는 무엇보다도 순회공연과 음반 녹음을 목적으로 만들어졌다.

더 나아가 체임버 오케스트라의 창설은 폰 벤다가 주도한 정치적 행위이기도 했다. 그는 자신의 조치를 설명하면서, "약 25명 규모의 체임버 오케스트라의 장점은 기동성이 뛰어나고 대편성 오케스트라에 비해 비용이 훨씬 적게 든다는 점, 그리고 해외 선전에 유리하다는 점에 있다"고 밝혔다. 이 지점에서 벤다 자신의 야심과 문화 수출을 원하던 제국의 요구가 맞물렸고, 그 결과 필하모닉의 체임버 오케스트라는 해외에서 베를린 필하모닉 오케스트라와 제국을 대표하는 존재가 되었다. 선전부는 체임버 오케스트라의 독자적인 순회공연을 독일 국내는 물론 스칸디나비아와 발트 지역 등에서 지원했다. 이 앙상블은 대단히 성공적이어서 1938/39년에는 필하모닉 오케스트라보다 더 많은 해외 연주를 가졌다. 1939년 해임 이후에도, 한스 폰 벤다는 필하모닉 단원이 아닌 베를린 음악가들로 구성된, 이제는 '벤다 체임버 오케스트라'라 불린 앙상블과 함께 독일 전역을 순회했다.

베를린 필하모닉 오케스트라의 다양한 편성들 역시 공연을 가졌다. 에리히 뢴, 카를 회퍼, 베르너 부흐홀츠, 볼프람 클레버로 구성된 필하모닉 사중주는 별도의 연주 여행을 떠났다. 이 음악가들은 단독으로 공연하기도 했지만, 때로는 오케스트라의 다른 단원들과 함께 '베를린 필하모닉 단원들의 실내악 협회'라는 명칭으로 연주하기도 했다. 이러한 활동의 조직은 오케스트라 경영진의 손에 맡겨져 있었다. 1943년 크라쿠프 총독부의 선전 부서는 "드레베스 총감독 박사의 강연을 위한 음악적 장식"을 원한다는 뜻을 표하며 베를린 필하모닉 오케스트라에 연락해 왔다. 이에 카를 슈테크만은 베토벤과 슈베르트 프로그램을 위해 필하모닉 사중주에 콘트라바스 주자 한 명과 관악 삼중주를 추가한 편성을 제안했다. 그는 또한 여행 조건과 하루짜리 일정에 대한 비용으로 2,000제국마르크를 책정했다. 선전부의 위탁 연주가 반드시 무상일 필요는 없었음을 보여주는 사례금이다. 2,000제국마르크라는 금액은 실내악의 출연료가 대편성 오케스트라 출연료의 약 4분의 1에 해당했음을 보여준다.

정치적 목적이건 아니건 간에, 베를린 필하모닉 오케스트라는 해외 공연에서는 보수를 지급 받았다. 여기에 더해 이동과 운송 및 숙박비용도 지급되었다. 국가 보조금과 상관없이, 순회공연은 필하모닉 오케스트라에 수익성 높은 사업이었다. 푸르트뱅글러의 사임으로 1935년 1월의 영국 순회공연이 위태로워졌을 때, 카를 슈테크만은 이 순회공연을 무산시키지 않기 위해 선전부에 도움을 요청했다. 그는 "이러한 해외 여행은 독일 문화를 위한 최고의 선전"이라고 썼고, 이어서 "매번 좋은 재정적 성과를 거두어 왔기 때문에, 이 순회공연만은 성사시키고 싶습니다"고 덧붙였다.

1934년 이후 새롭게 도입된 재정 시스템에서 제국은 오케스트라의 해외 여행 비용을 부담했다. 즉, 교통비와 숙박비, 그리고 부대 비용이 오케스트라 예산에 부담을 주지 않았다. 오케스트라는 가능한 한 제국이 제공하는 기반 시설을 활용했고, 그 밖의 추가 비용은 정부에 청구했다. 협상은 주로 카를 슈테크만을 중심으로 한 오케스트라 경영진이 담당했다. 비용은 제출된 추산을 바탕으로 사전에 보조금 형태로 지급되거나, 혹은 사후에 환급되었다. 이러한 지원 덕분에 오케스트라는 더 이상 공연 수입에 의존할 필요가 없었다. 이 제도는 매우 관대해서, 오케스트라는 1938/39 시즌에만 해도 공연 수입 가운데 6,000스위스프랑, 41,100이탈리아리라, 57,000프랑을 제국은행에 되돌려주기까지 했다.

폭격으로 필하모니 건물이 파괴된 이후 순회공연이 오케스트라의 가장 중요한 활동이 되었을 때조차, 이러한 전략적 시스템은 유지되었다. 선전부는 오케스트라를 특정 지역으로 파견하고, 그에 수반되는 비용을 부담했다. 1944년에도 여전히 "다시 대규모 순회연주를 떠날 것으로 예상된다"고 했지만, "순회연주는 매번 정부 보조금이 필요하므로, 현재로서는 정확한 사항을 밝힐 수 없다"고 덧붙였다. 이러한 상황에서는 관련 비용에 대한 추산 자체가 불가능했다. 괴벨스가 1936년, 아마도 히틀러 자신의 요청에 따라 베를린 필하모닉 오케스트라에 부여했던 투어 보조금은 이제 "예술적 성과와 특별한 문화정책적 중요성"에 대한 인정으로서 단원들에게 지급되는 수당이 되었다. 투어 보조금과 일당은 1인당 계산되었고, 해외 순회공연과 연계된 지급금으로서, 해외 순회공연 한 번당 100,000제국마르크가 넘는 비용 환급 외에 선전부로부터 이를 추가로 받았다. 그 결과 오케스트라는 매우 유리한 위치에 놓이게 되었다. 음악가들은 정규 급여 외에 개별 보너스를 받았고, 오케스트라는 출연료나 입장권 판매를 통해 수입을 올렸으며, 순회연주 비용을 국가에 전가할 수 있었다.

해외에서 단원들에게 지급되는 일당 문제는 훨씬 더 복잡하고 논쟁적이었다. 투어 보조금은 월급의 일부였지만, 일당은 각 국가의 생활비

추산에 따라 하루 단위로 계산되었다. 자부심이든 박수갈채든 간에, 단원들은 순회연주가 선전부의 명령으로 이루어진다는 사실을 잘 알고 있었다. "여행 중 오케스트라 단원들의 하루 업무는 실제로 이른 아침부터 밤늦게까지 이어진다"고 슈테크만은 국가가 명령한 노고에 대해 더 높은 개런티를 요구했다.

피로감을 주는 관료적 희극 속에서, 장관부는 각 국가별로 일당을 정하려고 반복해서 시도했지만, 경제적 조건의 변화나 정치적 지침의 수정 때문에 그 수치는 대부분 오래 유지되지 못했다. 이론적으로는 일당이 교통비와 숙박비와는 별개였지만, 실제로는 보조금과 마찬가지로 국가 재원에서 나왔고, 그 결과 재무부·경제부·선전부 사이의 다툼거리가 되었다. 오케스트라의 각 순회공연마다 조건이 달랐기 때문에, 비용을 사전에 확정하는 것은 어려웠다. 어떤 경우에는 호텔 비용이 일당에 포함되지 않았고, 또 다른 경우에는 주최 측이 식사를 제공했다. 여행 조건은 실로 다양했다. 최초의 추산이 실제 지출과 일치하지 않는 경우도 적지 않았고, 결국 어느 기관이든 추가 비용을 부담해야 했다. 예를 들어 1941년에는 스웨덴 공연을 위해 호텔 비용을 포함하여 하루 27제국마르크가 책정되었다. 같은 순회공연에서 노르웨이와 덴마크의 경우 숙소는 국방군이 제공했으며, 일당은 초라한 13.80제국마르크에 불과했다. 이듬해에도 스웨덴의 일당은 그대로 유지되었으나, 그 외 지역에서는 하루 18제국마르크가 지급되었다. 이번에는 숙소가 포함되었지만 식사는 주지 않았기 때문이다.

1942년 선전부가 정한 그리스의 일당은 18제국마르크였으나, 아테네에 대한 사전 방문 이후 카를 슈테크만은 이 나라의 급격한 인플레이션을 지적했다. "생수 한 병은 상인이 어떻게 팔고자 하느냐에 따라 4제국마르크에서 5제국마르크까지 하며, 구두 한 켤레는 1,500제국마르크, 감자 1kg은 20제국마르크, 와인 한 병은 17제국마르크, 과자 없는 차 한 주전자는 11제국마르크, 호텔에서의 점심 한 끼는 40제국마르크입니다. 따라서 애초부터 18제국마르크 + 30%의 일당으로는 도저히 충당할 수 없었습니다."

또 다른 경우 슈테크만은 이렇게 보고했다. "프랑스에서 식사 때 와인을 마시는 것이 관례입니다. 와인은 상당히 비쌉니다. 당시[1942년] 프랑스에서도 와인이 부족해졌고 가격이 비정상적으로 상승했기 때문입니다. […] 일당이 14제국마르크였다면, 식사 외의 일상적인 필요를 충당할 돈은 전혀 남지 않았을 것입니다."

협상은 끝없이 이어졌다. 어떤 나라에서는 승인된 금액이 최소한의 필요를 충족했을 뿐이었고, 선전부의 일당이 관대하게 32제국마르크였던 스페인에서는 음악가들이 일당으로 호화로운 식사를 하고 값비싼 기념품을 살 수도 있었다. 문제는 단순한 회계상의 문제를 넘어 보다 근본적인 성격을 지니고 있었다. 행정은 그 본질상 규정의 집행에 끊임없이 힘썼던 반면, 나치 정권의 이데올로기적 목표는 규범적 가치관을 요구하는 데 있었다. 일당은 공식적으로 성과급의 한 형태로 규정된 적은 없었지만, 적어도 오케스트라 경영진과 선전부 관료들의 인식 속에서는 독일 오케스트라의 임금 체계와 연동되어 있었다. 따라서 카를 슈테크만은 "다른 오케스트라들이 순회공연에서 필하모닉보다 더 높은 일당을 받는 일이 있어서는 안 된다"고 썼다. 즉, 이는 정부가 해외로 파견한 어떤 단체라도 당연히 요구할 수 있는 단순한 비용 보전의 문제가 아니었다. 오히려 베를린 필하모닉 오케스트라는 자신들이 받는 막대한 업무 부담과 질적으로 탁월한 성과를 근거로, 다른 오케스트라들보다 더 나은 대우를 받아야 한다고 느꼈다.

슈테크만의 요구가 제기된 계기는 또다시 행정 문제에 대한 정치의 개입이었다. 다시금 오케스트라의 지역 경쟁자가 이 사안에 얽혀 있었다. 바로 괴링의 베를린 슈타츠카펠레였다. 1941년 슈타츠카펠레는 파리 오페라에서 일련의 객원 공연을 가졌다. 슈타츠카펠레 단원들은 하루 40제국마르크라는 엄청난 일당을 받았다. 이 과도한 여비에 더해 슈타츠카펠레 일행은 최고급 호텔에 묵었고, 같은 해 이탈리아에서는 숙박비를 제외하고 하루 27제국마르크를 받으며 "호화로운 호텔"에 투숙했다. 그 배경에는 분명 유치한 책략이 숨어 있었다. 괴링과 괴벨스 사이의 어린아이 같은 경쟁은 그들 각자의 음악적 장난감에 대한 후한 보상으로 표현되었다.

설상가상으로 단원들은 괴링의 슈타츠카펠레가 최근 프랑스, 네덜란드, 헝가리, 이탈리아에서의 객원 공연에서도, 소위 '독일 예술의 사자'로 불린 필하모닉보다 훨씬 더 높은 일당을 받았다는 사실까지 알게 되었다. 따라서 슈테크만의 요구는 결국 행정 사안에 대한 정치적 개입이 불가피하다면, 적어도 성과와 공정성에 근거해 이루어져야지 유치한 힘겨루기의 형태여서는 안 된다는 것이었다. 필하모닉 오케스트라의 총무는 다음과 같이 썼다. "우리는 처음부터 검약과 정확한 지출이라는 원칙을 지켜왔습니다. 결국 이 모든 자금을 국민의 세금에서 받기 때문입니다." 그러고는 뒤늦게 슈타츠카펠레가 최근 파리 투어에서 단원 1인당 2제국마르크를 더 받았다는 내역에 대한 청구서를 제출했다. 이러한 공방은 전쟁 초기 몇 년 동안 계속되었고, 불만과 청원은 끊임없이 오갔다. "음악가 사회에서는 아무것도 숨겨지지 않습니다. 뮌헨에서 일어난 일은 곧 베를린의 음악가들도 알게 되고, 그 반대도 마찬가지입니다."

단원들은 해외에서의 식사비, 와인, 담배 가격에 불평하면서도 공공 자금에 대해 일정한 존중을 느꼈을 것이다. 그러나 무엇보다 중요한 것은 책임의 원칙이었다. 그것은 납세자에 대한 책임이 아니라, 독일 해외 선전 체계 내부에서의 책임이었다. 마침내 나치 정부는 이러한 사치를 더 이상 감당할 수 없게 되었다. 1943/44년, 오케스트라의 연간 예산이 증가하고 있던 시점에 자금은 다른 곳에서 훨씬 더 시급하게 필요해졌다. 필하모니 건물이 파괴된 이후, 오케스트라가 1944년 봄에 순회공연에 나서자 다음과 같은 경고를 받았다. "해외에서의 일당은 가능한 한 최소한으로 제한할 것." 단원들은 이제 자신들의 가장 큰 특권이 독일을 벗어날 수 있다는 사실임을 인식하고 있었을 것이다. 어쨌든 이번에는 일당을 둘러싼 다툼이 벌어지지 않았다.

정부가 순회공연을 관대하게 재정 지원했음에도 불구하고, 경영진은 1933년 이전의 오케스트라 매니저들처럼 해외 주최자 및 콘서트 기획사들과 직접 계약 조건을 협상했다. 국가에 편입된 이후 베를린 필하모닉 오케스트라는 국가 조직과 민간 조직이 기묘하게 혼합된 형태를 발전시켰다. 선전부는 국경까지의 여행을 조직했지만, 그 이후에 대해서는 오케스트라가 현지 주최자들과 직접 출연료, 수입 배분, 공공 연주회의 방송권 등에 관해 협상했다. 전쟁 중에도 이러한 협상에서 사업적 이해관계가 중요한 역할을 했다. 예를 들어 선전부의 승인을 받아 1943

년 가을 폴란드, 루마니아, 체코슬로바키아, 크로아티아, 헝가리로 떠난 순회공연에서 베를린 필하모닉은 부다페스트에서 연주할 예정이었는데, 카를 슈테크만은 민간 기획사를 운영하는 피셔 씨라는 사람에게 빈 필하모닉이 받았던 조건보다 더 나은 조건을 요구했다. 그 내용에는 매표 수입의 3분의 2, 최소 보장액 7,500헝가리펭괴, 그리고 발생 가능한 방송 출연료의 10퍼센트가 포함되어 있었다.

피셔는 빈 필하모닉과는 실제로 60:40의 비율로 수익을 나누었을 뿐이라고 설명했다. 동시에 그는 빈 필하모닉의 성공이 상당 부분 푸르트뱅글러의 참여 덕분이었다고 경고했다. 푸르트뱅글러는 "부다페스트 관객에게 엄청난 센세이션이며, 이를 통해 입장권 가격을 대폭 인상할 수도 있기 때문"이었다. 즉, 관객은 푸르트뱅글러 같은 스타를 위해 더 많은 돈을 지불할 준비가 되어 있었고, 피셔는 슈테크만에게 유명 지휘자를 반드시 데려오라고 압박했다.

결국 필하모닉은 7,500헝가리펭괴를 받았고, 부다페스트 관객은 아벤트로트를 보게 되었다. 때로는 상황에 따라 베를린 필하모닉 오케스트라는 최소 보장액이 있는 수익 배분 방식을 원하기도 했고, 대개 약 8,000제국마르크에 달하는 고정 출연료를 원하기도 했다. 이 과정에서 선전, 예술적 성취 등 이해관계의 결합이 워낙 이례적이었기 때문에, 사업과 이데올로기가 때때로 충돌하기도 했다. 그 대표적인 사례가 스위스였다. 1942년 순회공연에서 칸토로비츠라는 유대인 회사가 오케스트라의 제작 파트너였기 때문이다.

유고슬라비아에서도 비슷한 방식으로 나치의 인종주의 원칙이 무시되어야 했다. 슈테크만의 말에 따르면 그곳에는 "유대인 콘서트 기획사만 존재하기 때문에 오케스트라는 그들과 협력할 수밖에 없"는 상황이었다. 오케스트라는 유고슬라비아를 반복해서 방문했다. 베를린 필하모닉 오케스트라는 탁월한 위상 덕분에 나치 시대 전반에 걸쳐 해외의 유대인 기업들과 협력할 수 있었다. 유대인 콘서트 주최자들이 나치 독일의 음악적 대사를 위한 행사를 조직하면서 어떤 감정을 느꼈는지는 알 수 없지만, 적어도 몇몇 경우에는 경제적 이해관계가 이데올로기적 원칙을 압도했다. 그리고 독일 측에서는 반유대주의적 격정보다 효과적인 선전이 더 높은 가치를 지니는 경우도 있었다.

베를린 필하모닉 오케스트라는 해외 공연을 위해 민간 주최자들과 협력했을 뿐만 아니라, 국가와 당의 여러 기관으로부터 모든 지원을 적극적으로 요청했다. 특히 전쟁 기간 동안 독일군이 광범위한 지역을 통제하고 있었기 때문에, 국방군은 오케스트라에 식량, 교통, 숙박, 공식 여행 서류(비자, 허가증 등)를 정기적으로 제공했다. 이러한 지원은 무상으로 이루어졌으며, 오케스트라는 침공 과정에서 구축된 통신망과 보급로를 활용할 수 있었다.

약 100명의 음악가 집단을 유럽 전역으로 편안하고 신속하게 이동시키는 복잡한 과제를 수행하기 위해, 국방군과 특히 '기쁨을 통한 힘(KdF)'은 민간 여행사들과도 협력했다. 그 예로 프랑스 여행사(MER)가 1943년 벨기에·프랑스·스페인 순회공연의 이동 조직을 맡았다. 단 하루의 여행 일정은 다음과 같았다.

1943년 8월 30일 월요일
브뤼셀 출발 7시 35분, 파리 북역 도착 14시 40분

1. MER: 악기 화물칸을 북역(Gare du Nord)에서 오스테를리츠역(Gare d'Austerlitz)으로 이동, 침대칸 특별열차에 연결

2. KdF: 예술가들을 버스로 북역에서 오스테를리츠역으로 수송. 특별열차는 15시 정각에 이미 대기 중이며, 각 예술가는 즉시 자신의 침대칸 객실에 휴대하물을 둘 수 있음. 침대칸 열차는 MER 직원과 침대칸 승무원이 경비함.

3. KdF: 식량 배급권 배부

4. KdF: 19시 예술가 회관에서 저녁 식사

5. KdF: 저녁 식사 후 예술가 회관에서 오스테를리츠역으로 이동

6. MER: 파리-앙다유(국경) 구간 침대칸 특별열차 제공(식당칸 없음, 따라서 1943년 8월 31일 아침 식사는 스페인에서 하는 것으로 가정)

7. MER: 슈테크만 국장께서는 파리에서 손수하물에 대한 도난 보험을 원하시는지?

8. ?: 브뤼셀-파리 구간 2등석 100석 예약은 누가 담당하는가?

9. ?: 브뤼셀-파리 구간 악기 화물칸은 누가 담당하는가?

10. ?: 브뤼셀-파리 열차 내 중식 주문은 누가 담당하는가?

MER에서 구매한 승차권: 베를린-브뤼셀-파리-앙다유-파리

KdF는 인원 및 악기용 국방군 승차권 제공: 파리-베를린

제국은 국방군, '기쁨을 통한 힘(KdF)', 그리고 해외에 존재하던 여러 기관들을 오케스트라의 순회공연 계획에 통합함으로써—예컨대 파리에서처럼 식량, 교통수단, 여행 서류를 제공함으로써—상당한 경제

적 시너지 효과를 달성할 수 있었다. 이는 전쟁 발발 이후 오케스트라가 훨씬 더 많은 순회공연을, 그것도 현저히 줄어든 비용으로 수행할 수 있게 했다.

베를린 필하모닉 오케스트라의 순회공연을 둘러싼 행정적·기술적·물리적·정치적 조직은 매우 복잡한 과제였다. 악기 운송과 같은 문제는 오케스트라의 순회 공연에서 언제나 존재해 왔다. 그러나 경찰 허가, 병적 증명서, 외국 경유 비자와 같은 경우는 나치 정부의 엄격한 여행 제한 정책에서 비롯된 것이었다. 독일 외부에서는 규정이 훨씬 느슨했으며, 영사관의 도움으로 국경에서 비자를 발급받고 현장에서 입국 허가를 받을 수 있었다.

베를린 필하모닉 오케스트라의 단원에게는 외국으로 입국하는 것보다 독일을 출국하는 것이 더 어려웠다. 여행 허가를 받기 위해 음악가들은 세 단계를 거쳐야 했다. 이 때문에 이 과정은 예정된 순회공연 훨씬 이전, 경우에 따라서는 공연 일정과 목적지, 동행자조차 정해지기 전에 이미 시작되었다.

"봄 순회공연: 계획은 되어 있으나, 지휘자와 목적지는 아직 미정임. 그럼에도 지금 당장 여권을 점검하고, 여권이 [6개월 이내에] 유효기간이 만료되는 경우 이를 보고해 주기 바람."

단원들은 반드시 유효한 여권을 소지해야 했다. 단순히 만료 전에 연장하는 것뿐 아니라, 정상적인 만료일 이전에 서류를 무효로 만드는 규정 변화에도 항상 주의를 기울여야 한다는 뜻이었다. 여권은 선전부의 특별 공문과 함께 관할 경찰서에 제출해야 했다. 그 문서에는 다음과 같이 적혀 있었다. "관할 경찰서 앞. […]는 베를린 필하모닉 오케스트라의 단원이며, 제국장관 괴벨스 박사의 지시에 따라 […]로의 콘서트 여행에 참가할 의무가 있음. 상기 단원에게 필요한 출국 허가를 부여하고 이를 서면으로 확인해 주시기 바람."

경찰서는 해당 음악가의 신원과 평판을 조사한 뒤, 승인 결정을 내렸다. 또한 단원들은 관할 군관구 사령부 또는 병무청으로부터 '병역 휴가(Wehrurlaub)'를 받아야 했다. 괴벨스가 서신을 통해 그들의 병역면제 대상 지위를 확인해 주었음에도 불구하고, 대부분의 오케스트라 단원들은 연령과 건강 상태에 따라 병역 의무의 대상이었다. 따라서 그들은 해당 군 당국에 등록되어 있어야 했고, 언제든 연락이 가능해야 했다. 휴가를 앞두고도 단원들은 연락처를 반드시 제출해야 한다는 점을 반복적으로 주의 받았다. 병역 휴가와 콘서트 여행을 위해 베를린을 떠날 수 있는 허가는 결코 쉽지 않았다. 때로는 필하모닉 행정실이나 선전부가 개입해, 오케스트라가 완전한 편성으로 여행할 수 있도록 보장해야 했다.

유효한 여권, 경찰서의 확인서, 군 휴가 확인서, 그리고 최대 열두 장의 여권용 사진을 지참한 채, 음악가들은 오케스트라 행정실에 관련 서류를 제출할 수 있었다. 그곳에서는 한 명의 비서가 모든 단원의 서류를 공식 여행 일정표와 공식 참가자 명단과 함께 경찰청으로 전달하는 책임을 맡고 있었다. 서류 심사가 끝나면 경찰청은 음악가들과 수행 인원에게 공식 출국 비자를 발급했다. 어떠한 경우에도 아내, 자녀 또는 다른 가족 구성원들이 오케스트라와 함께 여행하는 것은 허용되지 않았다. 음악가들에게는 다음과 같은 경고가 주어졌다.

"제때 제출되지 않은 여권은 더 이상 경찰청으로 가져갈 수 없게 되므로, 해당 단원들은 이 절차와 그에 수반되는 작업을 직접 처리해야 할 것입니다." 이처럼 복잡한 절차에서 어느 음악가가 마감일을 놓친 적이 있었는지는 알려져 있지 않다. 어쨌든 이를 방지하기 위한 충분한 경고와 독촉이 존재했다.

베를린 필하모닉 오케스트라는 여행의 거의 전부를 철도로 이동했다. 예외는 1935년부터 1938년까지 영국으로 향한 선박을 이용한 해외 투어와 1941년 스칸디나비아반도로의 항공을 이용한 투어였다. 그 밖의 경우, 오케스트라의 여행 계획은 유럽 전역의 철도 노선들이 얽힌 복잡한 네트워크로 이루어져 있었다. 철도 여행은 신뢰할 수 있고 비용이 적게 들었지만, 시간이 많이 소요되었다. 전쟁 중에는 베를린에서 뮌헨까지 9시간 이상, 부다페스트에서 빈까지 5시간, 바르셀로나에서 발렌시아까지 10시간이 걸렸다. 오케스트라는 정기 열차, 임시 특별열차, 그리고 군 수송열차를 이용해 이동했다. 이용 가능 여부, 일정, 비용에 따라 정기 열차에서는 2등석이나 3등석, 또는 침대칸이 예약되었다. 침대칸을 이용할 때, 단원들은 종종 추가 요금을 직접 부담해야 했다. 정기 열차에서 좌석을 예약할 수 없는 경우, 음악가들은 같은 열차 안에서 서로 다른 등급으로 나뉘어 이동하거나, 여러 그룹으로 나뉘어 서로 다른 열차를 타기도 했다. 스페인과 같이 장거리 이동이 필요한 경우에는 오케스트라 단원들이 함께 여행할 수 있도록 특별열차나 특별 객차가 예약되었다.

전쟁 중 베를린 필하모닉 오케스트라는 이동 시 군부대와 유사하게 취급되었고, 유럽 거의 전역을 덮고 있던 국방군의 수송망을 이용했다. 오케스트라는 종종 비교적 편안한 교통수단에 속했던 군 수송열차로 이동했다. 1942년 폴란드, 오스트리아, 발칸 지역으로의 순회공연에서 베를린 필하모닉 오케스트라는 전적으로 국방군 열차만을 이용했다. 이 열차들에는 대개 식당칸이 있었는데, 이는 일반 열차에서는 흔하지 않은 시설이었으며, 공간이 있을 경우 침대도 제공되었다. 또한 국방군 열차는 혼잡한 철도 노선에서 우선권을 가졌기 때문에, 오케스트라의 정시 도착이 보장되었다. 오케스트라의 빡빡한 일정 때문에 환승을 제때 맞추는 것은 극히 중요했다. 공연 당일에 이동하는 경우도 전혀 드문 일이 아니었다. 국방군의 지원을 받지 못하는 경우에도, 오케스트라는 제국교통부나 제국철도국으로부터 우대 조치를 받았으며, 이에 대해 오케스트라는 깊은 감사를 표했다. "베를린으로 돌아온 뒤, 귀하의 관할 구역에서 필하모닉을 이처럼 세심하게 배려해 주신 데 대해 다시 한번 진심 어린 감사를 드리고자 합니다. 빈에서의 귀환 여정조차도 우리가 기대했던 대로 진행될 수 있었고, 그 덕분에 비록 마지막 순간이었지만 예정된 베를린행 열차를 탈 수 있었습니다."

원래 여행 스케줄의 책임은 베르타 가이스마르에게 있었다. 그녀는 1922년부터 1933년까지 푸르트뱅글러의 개인 비서실을 통해 오케스트라의 모든 순회 관련 업무를 사실상 총괄했다. 1933년부터 1934년까지도 그녀는 비공식적이지만 급여를 받는 오케스트라 직원으로서 이 일을 계속했다.

푸르트뱅글러의 사임과 가이스마르의 마지못한 망명 이후, 순회연주 계획 업무는 오케스트라의 행정 책임자들에게 넘어갔다. 1933년 이후에도 필하모닉은 같은 곳을 다시 찾는 경우가 많았다. 이러한 여행에서는 이동, 숙박, 프로그램 구성, 그리고 계약이 비교적 간단했으며 전화나 서신으로 예약할 수 있었다. 오케스트라가 그리스나 포르투갈처럼 이전에는 익숙하지 않았던 나라로 파견될 경우, 행정 책임자의 대표—주로 카를 슈테크만이었으나 때로는 게르하르트 폰 베스터만이나 심지어 로렌츠 회버가 직접—가 사전에 해당 지역을 방문해 필요한 준비를 진행했다.

오케스트라의 연주 여행 중 숙소는 매우 다양했으며, 개인 주택부터 압류된 호텔, 임대한 철도 객차, 군사 시설에 이르기까지 폭넓었다. 단원들은 2인실이나 3인실에 묵었다. 숙소의 질은 누가 비용을 부담했는지에 따라 달라졌다. 국방군을 위한 연주회인 경우에는 비용을 충당할 수입이 거의 없었고, 그 결과 국방군이 제공한 숙소는 "그저 그런" 수준이었다. 반면, 영국이나 이탈리아의 초청 공연처럼 입장권 판매 수입이 보장된 경우에는 호텔이 예약되었다. 1942년 포르투갈에서는 단원 일부가 리스본 독일 공동체의 주택에 숙박했는데, 이 해결책을 모두가 반긴 것은 아니었다. "비용 절감을 위해 리스본의 독일인 공동체가 오케스트라 단원 약 30명을 받아들이겠다고 해주셨습니다. 이에 저는 필하모닉 단원들의 공동체 의식에 호소하며, 단원 30명이 이 숙소에 지원해 주실 것을 간곡히 요청합니다."

숙소 제공자들은 사전에 검증되었으며, 그중 적어도 몇몇은 확고한 히틀러 지지자였다. 전쟁 중에는 순회연주가 점점 더 어려워졌지만, 실제 상황은 미화되었다. 1942년 카를 슈테크만은 푸르트뱅글러에게 다음과 같이 썼다. "슈페어 제국장관께서 우리의 모든 연주 여행을 전쟁 수행에 중요한 것으로 간주하고 있다는 뜻을 전해 주셨습니다."

이러한 지원에도 불구하고 사정은 점점 어려워졌다. 1943년 이탈리아 순회공연은 취소되었다. 음악가들은 전쟁이 오케스트라의 순회연주에 미치는 영향에 대해 상당히 알지 못한 채로 남겨졌다. 1943년과 1944년에는 이베리아 반도로의 왕복 여행이 특히 문제를 일으켰다.

동부 전선에서도 1943/44년에는 상황이 더욱 불안정해졌다. "불운했던 점은, 오스트로보를 경유해야 했던 단원들 대부분이 포젠에 늦게 도착했고, 그로 인해 공연 전에 잠시 숨을 돌릴 시간조차 없었다는 것입니다. 이런 일들은 전쟁 5년 차가 되면 어쩔 수 없이 생기는 일입니다."

좋은 시기든 나쁜 시기든, 베를린 필하모닉 오케스트라의 순회연주는 중대한 사건이었고, 현지 언론이 보도했다. 관객들은 세계 최고의 오케스트라를 듣기 위해 비싼 입장료를 냈으며, 실망하는 경우는 거의 없었다. 언론은 자유 언론이든 통제된 언론이든 대체로 관객의 열광을 공유했다. 해외 공개 연주회에서 노골적인 선전이 드러나는 경우는 드물었다. 레퍼토리와 연주의 질만으로도 관객을 끌어들이고 설득하기에 충분했다. 관객이 오케스트라에 대해 진정한 존경심을 가졌는지, 아니면 정치적 선전의 허세에 속아 넘어간 것인지는 구분할 수 없었다. 이 사실은 정부뿐 아니라 단원들 역시 인식하고 있었다. 베를린 필하모닉 오케스트라는 음악적 수준을 유지하는 데 최대의 가치를 두었고, 제국은 가능한 한 많은 나라에서 외교사절단처럼 돌렸다. 그 과정에서 정권은 대개 미묘한 방식으로 외국 여론 속에서 위신을 얻었다. 실제로 1933년 이전과 이후를 비교해 보아도, 유럽의 어느 대도시에서든 오케스트라의 공연은 거의 달라지지 않았다. 세계 박람회, 프라하 독일 국립극장의 개관식, 혹은 나치 고위 인사들이 참석한 공연처럼 명백한 정치적·이데올로기적 성격을 지닌 행사에서만 노골적인 나치 상징이 드러났다.

나치 정부는 오케스트라를 국가 선전 기구에 새롭게 통합하려 했다. 이를 위해 해외에서 거둔 성과를 라디오 중계나 독일 언론의 열광적인 보도를 통해 독일 국민들에게 전달하고자 했다. 오케스트라의 해외 연주는 오히려 본국에서 더 큰 선전 효과를 발휘하기도 했다. 독일 언론에 실린 '프랑스에서 다시 한번 독일 음악의 승리'와 같은 환호성 가득한 논평은 특별한 반향을 불러일으켰다. 독일 언론은 종종 필하모닉의 연주를 정치적 맥락 속에서 묘사했는데, 이런 맥락은 해외 공연에서는 기껏해야 암시적으로만 존재하거나, 실제로는 전혀 없었던 경우도 많았다.

1942년에는 다음과 같은 보도가 나왔다. "포르투갈 국민은 이제 독일 음악이 세계에 무엇을 의미하는지 알게 되었다. 전쟁 사이의 중립적 토양에서, 그리고 최근 한 영국 신문이 '보이지 않는 전선'이라 불렀던 그 전선에서 베를린 필하모닉이 거둔 이 승리는 리스본에서 잊히지 않을 것이다."

해외에서 오케스트라가 어디서나 환영받은 것은 아니었다. 유럽의 몇몇 대도시에서는 필하모닉을 치욕적인 정권의 대표자로 보았다. 오케스트라의 콘서트는 종종 방해를 받았고, 항의 시위가 동반되었다.

히틀러가 제국 수상으로 임명된 지 불과 한 달 뒤, 파리에서는 '반유대주의 반대 연맹'의 한 단체가 휴식 시간에 공연장 안으로 들어와 발코니에서 전단을 뿌렸다. 그 메시지는 다음과 같았다.

"이 아름다운 음악을 감동 속에 들으신 파리의 엘리트 여러분, 문명 국가에서 70만 명의 남성, 여성, 아이들이 굶어 죽고 있다는 사실을 생각해 보십시오. 우리는 이 끔찍한 범죄가 끝나도록 가능한 모든 일을 해 주실 것을 호소합니다! 히틀러 독일에 대한 보이콧을 하고 있음에도, 우리는 이 음악적 사건을 방해하고자 하지 않았습니다. 콘서트는 현재의 사태보다 훨씬 이전에 기획되었고, 그 책임자들은 예술의 이름으로 이 끔찍한 권력 남용에 용감하게 항의해 왔기 때문입니다. 인류의 존엄성과 우리들의 양심을 위해, 이 야만으로의 퇴행을 용납하지 않고 세계 평화를 지키고자 하는 분들은 동참해 주십시오."

시위자들은 이 호소문에서 히틀러 독일이 지닌 위험성을 명확히 지적했지만, 베를린 필하모닉 오케스트라를 나치 정권과 동일시하지는 않았다. 오히려 그들은 이 콘서트를 유럽에 닥쳐올 야만의 위협을 경고하기 위한 시위의 계기로 활용했다. 이 메시지는 교양 있는 프랑스의 콘서트 관객을 향한 것이었으며, 특히 이 연주가 '지금보다 훨씬 이전에 기획된' 공연이라는 점을 고려해 음악의 중립적 성격을 존중했다.

1935년, 히틀러 집권 2년 반이 지난 뒤 베를린 필하모닉 오케스트라는 영국을 방문했다. 런던에서는 '독일 반파시스트 음악가들'이라는 단체가 콘서트에 반대하는 시위를 벌였다. 그들은 다음과 같이 선언했다. "우리는 베를린 필하모닉 오케스트라의 단원들을, 한때 인류 역사에서 문화의 정점에 이르렀던 나라의 대표자로 환영한다. 이 필하모닉은 다른 나라 사람들에게 독일의 고전 음악을 소개했고, 독일 오케스트라의 최고 수준을 보여주었다. 해외 연주를 통해 오케스트라는 독일과 그 문화에 대한 많은 숭배자를 얻었으며, 이번에도 분명 그럴 것이다. 그러나 진보와 자유가 오늘날 이처럼 위태로운 상황에서, 우리는 『에그몬트 서곡』을 들으면서도 독일 파시즘의 끔찍한 감옥 속에서 공포에 시달리며 투옥된 수십만의 의로운 남자들을 잊어서는 안 된다. 이들은 독일 민족의 명예를 지키려 했을 뿐이다. 그들은 민중의 진정한 평화에 대한 염원을 배반하고 위대한 문화를 파괴한 정권에 맞서 싸웠으며, 지금도 여전히 용감하게 싸우고 있다. 필하모닉의 연주를 듣는 이 음악적 경험이 반파시스트 영웅들을 기리는 추모가 되게 하라. 지금 이 순간 여러분 앞에서 오케스트라에 앉아 있든, 아니면 독일·이탈리아·오스트리아 등지에서 전쟁과 반동 세력, 문명의 파괴에 맞서 위험한 지하 활동을 계속하고 있든, 그 무명의 반파시스트에게 박수로 경의를 표하라.”

이 항의 역시 음악 연주 자체를 방해하지는 않았고, 오히려 필하모닉 오케스트라의 콘서트를 정치적 메시지를 전달하는 플랫폼으로 활용했다. 그러나 이는 파리에서의 시위보다 한층 더 나아간 것이었다. ‘독일 반파시스트 음악가들’(아마도 독일 망명 음악가들 및/또는 공산주의자들의 단체로 추정됨)은 오케스트라와 정권을 구분했을 뿐만 아니라, 연주 자체를 저항의 표시로 받아들이자고 했다. 더 나아가 그들은 오케스트라 단원들 역시 정권 비판자일 수 있으며, 그것도 단지 음악 활동을 통해서가 아니라 위험한 지하 활동을 통해서도 가능하다고 암시했다.

베토벤이 전체주의에 맞서는 보루이며, 그의 예술과 관계를 맺는 음악가들은 본질적으로 자유를 위한 투쟁에 가까운 위치에 서 있다는 생각은 푸르트뱅글러와 토마스 만이 공유했던 관점[1]이었다. 베를린 필하모닉 오케스트라의 음악가들이 자신들의 『에그몬트 서곡』 연주를, 그

---

1 확인되지 않은 일화이기는 하나, 토마스 만이 푸르트뱅글러에게 “어떻게 힘러의 독일에서 베토벤을 연주할 수 있단 말이오?” 하고 질책하자, 푸르트뱅글러가 화를 내며 “힘러의 독일만큼 베토벤이 필요한 데가 또 어디 있습니까?”라고 반박했다는 이야기가 있다.

들의 존재를 보장하고 오케스트라를 영국으로까지 보냈던 체제에 대한 항의의 상징으로 이해했는지는 알지 못한다. 다만 필하모닉 단원들의 시각에서 볼 때, 국가사회주의자들의 정치적 목표와 '위대한' 독일 문화의 보존 사이의 모순은 그다지 극단적으로 느껴지지 않았을 것이다. 그들이 오케스트라와 순회연주 활동을 지원했기 때문에, 국가사회주의자들이 자신들이 속한 위대한 문화의 후원자로 보였을 가능성이 크다.

마침내 전쟁이 벌어지고 나서야 베를린 필하모닉 오케스트라는 결국 나치 제국과 동일시되기 시작했다. 활발한 순회연주 활동 덕분에 오케스트라는 '공수부대의 선봉대(Vorkämpfer der Fallschirmjäger)'라는 별명까지 얻게 되었고, 때로는 독일의 미점령 국가들에서 콘서트 방해를 각오해야 했다. 1940년 베오그라드에서는 격렬한 항의 시위로 인해 공연이 취소되었으며, 일주일 뒤 예정되어 있던 자그레브 공연도 마찬가지였다. 시위대는 다음과 같이 경고했다.

"베를린 필하모닉 오케스트라는 1940년 5월 18일 베오그라드에서 첫 콘서트를 연다. 이것은 1939년 3월 15일 프라하에서, 그리고 독일의 공격 직전에 오슬로와 코펜하겐에서 연주했던 바로 그 필하모닉이다. 118명의 독일 음악가들의 도착은 군사적 정복의 불길한 전조이다. 그들의 악기가 빚어내는 매혹적인 음향 뒤에서는 전차와 군용 버스의 굉음이 들린다."

오케스트라는 더 이상 아름다운 음악을 연주하는 중립적인 오락단체가 아니었다. 필하모닉의 등장은 그 자체로 위협적으로 느껴졌다. 점령지에서 오케스트라의 안전을 책임진 것은 독일 군대였다. 네덜란드나 폴란드에서는 별다른 문제에 대한 보고가 없지만, 비점령 지역에서는 반복적으로 항의가 발생했다. 1942년 비시 프랑스에서는 시위가 오케스트라의 연주를 방해했다. 베를린으로 돌아온 뒤, 폰 베스터만은 상세한 보고서를 제출해야 했다.

"제목: 1942년 5월 17일과 18일 마르세유와 리옹에서 열린 베를린 필하모닉의 콘서트에 대한 보고. 이 콘서트들은 휴전 이후 비점령 프랑스에서 열린 최초의 독일 문화 행사였다. 모든 공연장 출입구는 약 40미터 거리의 교차로에서 경찰에 의해 봉쇄되었고, 관객들은 입장권과 신분증을 제시한 뒤 단 한 곳의 통로를 통해서만 공연장에 들어갈 수 있었다. 경찰 저지선 앞에는 시위대가 모여 큰 소리로 야유를 보내거나 '라 마르세예즈'를 불렀다. 시위대를 해산시키기 위해 소규모 군 병력도 투입되었다. 그럼에도 시위는 콘서트가 진행되는 동안 계속되었다. 리옹 콘서트의 입장권 판매 과정에서 모든 표가 유대-공산주의 진영에 의해 매입되려 했다는 사실이 확인되었다. 콘서트 당일 오전에는 공연이 방해될 것이며 필하모닉 오케스트라는 연주하지 못할 것이라는 협박이 담긴 전단지가 시내에 배포되었다. 아마 이러한 징후들 때문에 이례적이면서도 다소 곤혹스러워 보이는 대규모 경찰 배치가 이루어진 것으로 보인다."

마르세유와 리옹에서의 시위가 전반적으로 나치 정권을 겨냥한 것이었는지, 아니면 특히 필하모닉의 존재를 겨냥한 것이었는지는 불분명하다. 어쨌든 선전부는 폰 베스터만의 보고를 받은 뒤, 프랑스 비점령 지역과의 모든 추가적인 '문화 교류'를 중단했다.

마침내 푸르트뱅글러와 함께한 스위스 순회연주에서 오케스트라와 지휘자는 도덕적 정당성을 둘러싸고 벌어질 격렬한 논쟁을 미리 맛보게 되었다. "푸르트뱅글러는 괴벨스의 은총으로 임명된 프로이센의 '국무참사관'이다. 우리는 푸르트뱅글러라 할지라도, 국가가 지휘하는 예술의 관료를 우리나라에서 원하지 않는다. 여러분은 이렇게 생각할지도 모른다. '나치가 브람스와 브루크너를 들고 온다면 그렇게까지 나쁠 것은 없지 않은가.' 그러나 바로 그것이 괴벨스가 여러분에게 암시하고자 하는 바이다. 이를 위해 베를린 선전부에는 '스위스 부서'가 생겼다. 작곡가들은 무력하게도, 그들의 작품이 정교한 국가사회주의 해외 선전 기구의 봉사 속에 편입되는 것을 지켜봐야만 한다. 그리고 이를 위해 취리히에서는 유대인 콘서트 기획사의 도움까지 이용하고 있다!

푸르트뱅글러: 노예적 종속의 상징!

토스카니니: 자유로운 천재!

토스카니니 만세!"

이것은 선전 체계가 얼마나 정교하게 작동했는지를 드러낸 최초의 항의 가운데 하나였다. 그 체계 속에서는 푸르트뱅글러와 베를린 필하모닉 오케스트라의 모든 단원이 사실상 서로 대체 가능한 존재였다. 비평가는 예술가들의 높은 수준을 인정하면서도, 스위스 동포들에게 그들의 순진함에서 깨어나라고 호소했다.

푸르트뱅글러와 로렌츠 회버는 골수 국가사회주의자들이 아니었음에도, 이들 모두는 나치 정권의 대사로 만들어졌다. 제국은 하나의 체계를 구축했는데, 그 안에서 음악가들의 정체성은 자신들이 만들어내는 모든 것을 정치화하는 하나의 기계 장치에 삼켜졌다. 나치 정권은 음악과 음악가들을 물질적으로, 정신적으로 국가에 결속시킴으로써 예술을 정치화했다. 푸르트뱅글러, 그리고 그와 연결된 오케스트라가 히틀러 체제의 노예로 묘사되면서, 베를린 필하모닉 오케스트라에 대한 국제적 인식은 아름다움의 대표자에서 악의 화신으로 전환되었다. 물론 이러한 비판적 시각이 다는 아니었다. 베를린 필하모닉 오케스트라는 해외에서 호의적인 환영을 받았는데, 이는 관료나 광적인 숭배자, 열광적인 음악 평론가들뿐만 아니라 평범한 음악 애호가들과 일반 대중에게서도 마찬가지였다. 단원들이 해외로 여행할 수 있다는 점은 하나의 특권이었다. 필하모닉 단원들은 인간관계를 맺고, 해외에 있는 친척을 만나며, 독일에서는 구할 수 없는 물품을 살 수 있었다. 특히 마지막 사항은 음악가들에게 큰 관심사였고, 그들은 커피, 향신료, 보석 또는 가족과 친구들을 위한 다른 선물을 사들이기 전에 언제나 해당 국가의 수입 규정을 긴장 속에서 기다리곤 했다.

많은 단원들은 해외에 친구나 가족을 두고 있었고, 이들은 독일에서 들려오는 소식에 큰 관심을 보였다. 음악가들은 소포와 메시지를 전달하는 전령 역할을 했다. 순회연주 중 필하모닉 단원들은 수많은 정보를 접했다. 전쟁 중에도 그들은 그림 같은 도시들을 방문할 수 있었고, 이동의 자유를 누렸다. 현지인들과의 접촉에 관해서는 베르너 부흐홀츠가 다소 이상화된 방식으로 다음과 같이 보고했다. "순회연주에는 거의 100명의 단원들이 동행하고, 그들은 도중에 어떤 식으로든 사람들과 개인적인 만남을 갖게 된다. 그 과정에서 외국인들에게 우리 조국에 대해 더욱 생생한 이미지를 전할 수 있는 기회를 얻게 된다. 예술가는 특별한 신뢰를 받는 경우가 많다. 따라서 그의 판단과 견해를 객관적인 것으로 여긴다. 특히 필하모닉 단원들은 다른 민족들과의 교류 속에서 진정한 환대와 따뜻한 호의에 대한 잊을 수 없는 증거들을 경험할 기회를 자주 가졌다.”

베를린 필하모닉 오케스트라의 대다수 음악가는 외국인들에게 조국의 위업을 선전하는 데에는 분명 관심이 없었다. 다만 자신들이 독일의 문화대사라는 사실을 인식하고 있었고, 그에 상응하는 행동이 요구된다는 점도 알고 있었다. 단원들은 항상 단정한 복장을 갖추고 품위 있게 행동해야 했다. 사실 부흐홀츠의 보고와는 달리 음악가들이 현지 주민들과 접촉할 기회는 그리 많지 않았다. 언어 문제도 있었고, 오케스트라의 일정은 빽빽했으며, 무엇보다도 단원들의 활동은 결코 감시에서 벗어나 있지 않았다. 오케스트라 내에 첩보원이 있었다는 증거는 없었고, 투어 중 정부의 특별 감시원도 동행하지 않았다. 음악가들은 극도의 신중함을 유지했고, 당원과 경영진(클레버, 슐데스, 보이보트, 슈테크만)이 날카롭게 관찰했다. 오케스트라 규율은 자기 통제와 위압의 결과였다. 당시 지침에 따르면, “모든 구성원에게는 경영진의 지시를 반드시 따르는 것이 당연한 의무”였다.

단원들은 대부분의 식사를 함께 했고, 리셉션과 같은 행사에는 초청받은 손님만 참석했다. 오케스트라는 매우 규율 있게 운영되어, 오히려 내부 첩보원이 아니라 오케스트라 자체가 다른 사람을 감시하는 게 아니냐는 의심이 생기기도 했다. 푸르트뱅글러의 탈나치화 절차에서도 “순회연주가 첩보 목적에 악용되었을 가능성에 대해” 지적되었다. 이런 아이디어는 나치당 주간지에도 풍자로 등장했다. “베를린 필하모닉 오케스트라는 이제 비밀 조직으로 변모했습니다. 곧 중립국으로 투어를 떠날 예정입니다. 오케스트라 단원 대부분이 게슈타포 소속이라는 증거가 있습니다." 오케스트라를 첩보 목적으로 활용하는 건 특별히 영리한 행동으로, '예술가'들은 통상적인 스파이가 접촉할 수 없는 고위 인사들과 호통할 수 있는 기회가 있기 때문입니다. 물론 이는 농담이었다. 하지만 이례적으로 빈번한 오케스트라의 연주 투어로 음악가들이 얻은 부러울 정도의 기회 때문에 이 농담에는 현실적인 핵심이 있었다. 더 나아가 여기에는 오케스트라의 임무가 정권의 이해관계와 일치한다는 점이 매우 구체적으로 표현되었다.

베를린 필하모닉에 대한 불신은 해외에서도 존재했다. 1942년 11월에는 다음과 같은 날조된 소문이 떠돌았다. "어느 날 코펜하겐에서 이런 일이 일어났다. 사건은 오스카 다비드센 레스토랑에서 일어났다. 덴마크쪽 주최자들은 손님인 독일 오케스트라 단원들이 잔뜩 취하는 모습을 흥미롭게 지켜보았다. 곧 그들 중 음악가로 위장한 나치 당원이 만취해서 당시 중립국이던 덴마크 사람들은 말할 것도 없고 심지어 독일 사람의 귀에도 들어가면 안 되는 이야기를 늘어놓기 시작했다. 이들 중 일부는 간첩으로 활동했고, 일부는 오케스트라에서 동료들을 감시하는 '감독자' 역할을 맡았다. 덴마크인들은 대화 도중 언급된 이름 몇몇을 기록했고, 그 뒤로는 이런 '예술가들'이 있는 자리에서는 언제나 얼어붙은 듯한 침묵이 흘렀다. 게슈타포 음악가들의 비밀은 처음에는 소수의 음악가들에게만 알려졌으나, 곧 오케스트라가 나치의 '베를린 불협화음 오케스트라(Berliner Disharmonisches Orchester)'라는 이름으로 알려지게 되었다."

물론 이 이야기는 사실이 아니다. 아마도 부흐홀츠가 이야기한 어떤 만남에 소문이 덧붙여져 선정적으로 꾸며진 허구의 이야기일 가능성이 크다. '입소문'이나 간첩 활동은 음악가들의 가장 중요한 임무에 오히려 해가 되었을 것이다. 베를린 필하모닉은 음악을 연주함으로써 최고의 선전 활동을 수행했기 때문이다. 하지만 사적으로는, 단원들이 바깥 세상과 인맥을 형성하고 유지할 수 있어서 다행이었다. 특히 전쟁이 장기화되면서 음악가들은 이를 통해 상황을 파악할 수 있었다. 특히 스위스는 비교적 자유로운 정보의 요새였다. 단원들은 1942년에 처음으로 스위스에서 "너희 나라는 이 전쟁에서 졌다"라는 말을 들었다. 단원뿐 아니라 오케스트라 경영진도 투어를 통해 맺은 인맥을 개인적인 용도로 활용했다. 카를 슈테크만은 바르샤바 관구의 지역 책임자에게 폴란드를 경유하는 오케스트라의 이동을 도와준 데 감사를 표하는 편지를 보내면서, 동부 전선에서 부상을 당한 병사인 자기 아들의 안부를 물었다.

1944년 프랑스와 스페인 공연 여행에서는 민간 제작사가 필하모닉을 소재로 영화 제작을 진행했다. 괴벨스는 일기에서 "이 작품은 대히트가 될 것"이라고 기록했다. 영화 제목은 『필하모니커』였고, 당시 유명 배우들이 오케스트라 단원으로 출연했다. 줄거리보다 흥미로운 것은, 수백 명의 프랑스와 스페인 관객이 베토벤과 브루크너 작품에 감명받는 장면을 담은 영화의 배경이었다. 영화는 이 순간의 의미를 놀라운 방식으로 포착했다. 이는 예술에 대한 예술, 선전에 대한 선전의 작품이었다.

구(舊) 필하모니, 1944년 2월. 바이올린 주자 알프레트 호르노프 촬영. 사진 뒷면에는 다음과 같은 글귀가 적혀 있다. "목숨을 걸고(사형을 무릅쓰고) 찍은 사진."

에필로그

제국 오케스트라의 유산

1933년 12월 14일, 베를린 시장 하인리히 잠은 베를린 필하모닉 오케스트라가 109명의 직원 가운데 중증 장애인은 딱 한 명만 고용한다고 불만을 제기했다. 이는 가을에 체결된 합의와 어긋나는 것이었는데, 오케스트라는 음악 부문과 행정 부문에서 각각 중증 장애인 두 명을 고용해야 했다. 시장은 인내심을 잃었다. 이 문제와 관련하여 그는 다음과 같이 밝혔다. "이 사안에서는 관청과 공공 부문의 기관들이 모범을 보여야 합니다. 이에 베를린 필하모닉에 즉각 또 한 명의 중증 장애인을 채용하도록 지시해 주시기를 요청합니다."

한 관료조직, 즉 괴벨스의 선전부가 1933년에 오케스트라를 장악하는 동안, 또 다른 관료조직인 베를린 시 행정 당국은 오케스트라에 압박을 가했다. 한 관청이 다른 관청을 부추겨, 사소한 관료적 사안에서 오케스트라에 영향력을 행사하도록 한 것이다. 이 초기 시점에서 이미 이후 수년 동안 베를린 필하모닉 오케스트라에 더 큰 중요성을 띠게 될 여러 주제들이 분명히 드러났다.

첫째, 절차를 중시하고 이를 강조했던 관료적 처리 방식이다. 독립조직이었던 시절, 오케스트라는 규정, 모델, 관행 또는 지침에 구속된 적이 없었다. 국가의 행정 시스템에 들어간 1933년부터 공적 서비스에 따르는 법적 의무에 적응해야 했다. 1933년 1월 30일 이후 정치의 급속한 변화가 일어나는 가운데, 오케스트라뿐만 아니라 독일 사회 전체가 익숙해져야 했던 일이었다. 이데올로기적 담론의 언어는 확산되었지만, 실질적인 문제들은 끊임없이 효과적인 해결책을 필요로 했다. 베를린 필하모닉 오케스트라 유한회사(GmbH)의 지분을 합법적으로 매입하는 과정, 새로운 오케스트라 규정의 공식화, 전문 경영진의 임명, 계약의 확인 또는 해지, 그리고 중증 장애인 직원을 고용해야 하는 의무까지도 이 모든 것은 이러한 변화의 일부였다.

둘째, 가치의 정치화이다. 시장이 선전부에 보낸 편지에서 분명히 드러나듯, 문제의 핵심은 공공성이 아니라 하나의 본보기를 제시하는 것이었다. 실제적인 효용보다 상징적 의미가 우선시되었다. 바쁜 연주 일정을 소화해야 하는 음악 앙상블이 어떻게 중증 장애인을 수용할 수 있을지에 대해서는 아무런 설명도 없었지만, 시장에게는 그러한 실질적 고려는 중요하지 않았다. 오히려 오케스트라가 몇 명의 전쟁 부상자를 고용함으로써 '진정한 독일적 가치'의 상징을 보여준다는 것이 하나의 의무로 여겨졌다. 실무적인 측면에서 이러한 요구는 거의 우스꽝스러울 정도였지만, 오케스트라는 독일의 상징이 되었다. 그것은 독일 문화를 대표하는 존재였으며, 바로 그 문화가 폭력과 증오 속에서 스스로를 소모하고 있던 시기에도 그러했다.

셋째로, 나치 시대 필하모닉 오케스트라의 주변에서 복잡한 권력 관계와 연고주의를 특징짓던, 상호 영향력 행사의 지속적인 체계가 있었다. 당시 시장 하인리히 잠은 중증 장애인 문제와 관련해 오케스트라에 조치를 취해 달라고 선전부에 호소했다. 푸르트뱅글러는 1939년 벤다를 예술감독에서 해임시키기 위해 괴벨스의 선전부 관리들과 접촉했다. 오케스트라의 한 단원은 1935년 헤르만 슈탕에를 제거해 달라고 푸르트뱅글러에게 요청했다. 슈탕에는 다시 자신이 어디든 자리를 얻을 수 있도록 누구에게나 편지를 썼다. 이러한 체계 속에서의 상호 의존성은 그것을 착취에 취약하게 만들었다. 많은 경우 베를린 필하모닉 오케스트라는 이 체계가 낳은 결과들과 싸워야 했지만, 궁극적으로는 이데올로기적 가치, 정치적 야망, 예술적 능력의 결합을 활용했고, 바로 그 결합이 오케스트라를 음악 세계의 정점으로 올려놓았다.

1939년, 선전부는 베를린 필하모닉 오케스트라의 추가적인 재편을 위한 계획을 수립했는데, 바로 '유한책임회사를 제국 기관으로 전환하는 것'이었다. 이렇게 되면 앙상블은 부처의 직접적인 관리 아래 놓이게 되며, 비록 형식적일 뿐이었지만 오케스트라의 독자적 조직은 더 이상 존재하지 않게 될 예정이었다. 이 계획은 비밀에 부쳐져야 했지만, 슈테크만이 이를 알게 되었고, 비밀리에 선전부에 다음과 같이 서신을 보냈다.

"우리 오케스트라의 중요한 임무 가운데 하나는 외국에서 연주회를 개최함으로써 독일 문화 선전을 수행하는 것입니다. 가장 훌륭한 선전이란 애초부터 그 의도가 명확히 드러나지 않는 경우입니다. 이러한 이유에서 지금까지의 우리 회사가 유한책임회사라는 외형을 유지해 왔고 그 덕분에 오케스트라는 하나의 사적 단체로 인식될 수 있었기 때문입니다."

슈테크만의 주장은 타당했다. 이미 잘 작동하고 있는 메커니즘을 왜

바꾸려 하는가? 어쩌면 이는 오케스트라가 체제에 성공적으로 통합되었음을 보여주는 신호였는지도 모른다. 즉, 관료제에는 더 이상 불필요한 조치를 남발하는 무의미한 메모를 작성하는 일만이 남았던 것이다. 이는 관료제가 정책을 단순히 보조하는 것이 아니라 스스로 정치를 수행했던 하나의 사례였다. 오케스트라가 계획을 전해 들었는지, 혹은 푸르트뱅글러가 통보받았는지는 확실하지 않지만, 어쨌든 선전부는 몇 달 뒤 이 문제를 서류철 속으로 묻어버렸다. 슈테크만이 지적했듯이, 유한회사의 해산은 선전 도구로서의 오케스트라의 효율성을 약화시켰을 것이다. 이러한 반론을 괴벨스 역시 외면할 수 없었다.

1934년 12월 푸르트뱅글러가 사임했을 때, 많은 이는 이것이 새로운 시작이라고 여겼다. 로렌츠 회버는 푸르트뱅글러의 보호가 없었다면 "필하모닉 오케스트라는 나치 오케스트라가 되었을 거고, 틀림 없이 예술적 쇠퇴를 겪었을 것이다"고 확신했다. 1934년 당시 이 두 가지 모두 충분히 가능했지만, 그것은 정권의 의도와는 달랐다. 권력자들에게는 또 하나의 평범한 나치 오케스트라가 필요하지 않았다. 베를린 필하모닉 오케스트라를 완전히 편입시키는 일은 괴벨스의 구상과 정면으로 배치되었을 것이다. 오히려 나치들은 오케스트라의 유일무이함을 요구했고, 협조에 대한 대가로—그 협조가 아무리 소극적이었다 하더라도 —오케스트라와 푸르트뱅글러에게 소소한 호의를 베풀었다.

콘트라바스 주자 에리히 하르트만은 오토 클렘페러가 1947년 베를린으로 돌아왔을 때 보였던 퉁명스러운 태도에 대해 전했다. "아마도 독일을 떠나야 했던 유대인으로서, 그는 결코 나치 오케스트라는 아니었다 해도 나치 시대에 특권을 누렸던 오케스트라와 마주한다는 사실이 불편했을 것이다." 클렘페러의 동기가 무엇이었든, 하르트만은 여기서 전후에 오케스트라가 직면한 딜레마를 정확히 묘사하고 있었다. 베를린 필하모닉 오케스트라는 나치 정권으로부터 높은 평가를 받고, 보호와 배려를 받았다. 동시에 그 정신, 헌법적 성격, 당적 관계에 비추어 볼 때, 필하모닉은 분명 나치 오케스트라가 아니었다. 그러나 정권의 의도에 봉사하기 위해 반드시 나치 오케스트라일 필요는 없었다. 오히려 그것은 결코 나치 오케스트라여서는 안 되었던 것이다. 그리고 정권은 이 귀중한 음악적 보석의 예외적 지위를 장려하고 보장하기 위해 막대한 노력을 기울였다.

베를린 필하모닉 오케스트라도 더 이상 나치 정권이 독일과 유럽 전역에 가져온 고통으로부터 비켜나 있을 수 없게 되었다. 1943/44년 겨울, 경고 신호들은 분명해졌다. 상황의 불안과 혼란은 1944년 1월 3일자 제국선전부의 한 통지문에 잘 드러나 있다. "슈테크만 경영책임자는 11월 22일의 공습으로 필하모닉의 사무용 건물이 완전히 전소되었음을 알려왔다. 오케스트라의 행정 업무는 개인 주택에 임시로 수용되어 있다."

필하모니의 파괴는 오케스트라의 취약함을 보여주는 가장 구체적인 상징에 불과했다. 사실 많은 음악가의 집이 폭격으로 파괴되었다. 콘트라바스 주자 에리히 하르트만은 "우리로서는 이 모든 일을 받아들이기가 힘들었다"고 회고했다.

오케스트라는 여전히 특권을 누렸다. 1944년 여름, 단원들은 베를린에서 비교적 안전한 바덴바덴으로 보내졌다. 악기들은 이후 바이에른에 보관되었다. 1944년 가을, 대부분의 문화 기관들이 문을 닫았다. 많은 인력이 무의미한 전투 속으로 소모되었지만, 베를린 필하모닉 오케스트라는 예외였다. 알베르트 슈페어의 보호 아래, 돌격대 지휘관들이 소년들을 붉은 군대의 전차 앞에 돌맹이로 맞서도록 내몰고 있을 때에도 필하모닉 단원들의 병역면제는 유지되고 있었다. 천재성과 오만함이 뒤섞인 방식으로, 베를린 필하모닉은 나치 독일의 문화적·정치적 구조와 밀접하게 결합되어 있었기에 끝까지 존속할 수 있었다. 그 종말은 결코 영광스럽지 않았지만, 베를린 필하모닉에게 그 끝은 빠르게 찾아왔고 또한 숨가쁘게 지나갔다.

베를린 필하모닉 오케스트라의 마지막 공연은 1945년 4월 둘째 주에 열렸다. 폐허가 된 필하모니 건물에서 가까운, 난방조차 되지 않는 베토벤홀에서 베토벤, 바그너, 베버, 브람스의 작품이 연주되었다. 푸르트뱅글러는 그보다 몇 달 앞서 스위스로 도피해 있었다. 마지막 공연은 로베르트 헤거와 게오르크 슈만이 지휘했으며, 독주자로는 게르하르트 타슈너, 지크프리트 보리스, 티보르 데 머출러, 그리고 소프라노 게르트루트 뤼거 등이 참여했다. 마지막으로 연주된 작품은 상징성과 감정적 무게를 동시에 지닌 선택이었다. 리하르트 슈트라우스의 『죽음과 변용』이었다. 그로부터 2주 뒤, 히틀러는 자살했다.

1945년 5월 4일, 독일 제국의 항복을 나흘 앞두고, 붉은 군대가 베를린을 함락했다. 오케스트라는 대략 4월 17일경부터 해체 상태에 들어갔다. 몇몇 음악가는 자발적으로 국민돌격대에 들어갔고, 어떤 이들은 강제로 끌려갔으며, 또 다른 사람들은 도시를 탈출했다. 1943년 겨울부터 1945년 4월까지, 오케스트라는 전쟁의 직접적 영향으로 여섯 명의 단원을 잃었다. 바이올린 주자 알로이스 에데러와 팀파니 주자 쿠르트 울리히는 폭격으로 사망했고, 비올라 주자 쿠르트 크리스트카우츠는 국민돌격대에 의해 끌려가 동부 전선에서 죽음을 맞이했다. 바이올린 주자 베른하르트 알트, 콘트라바스 주자 알프레트 크뤼거, 바순 주자 하인리히 리버룸은 스스로 목숨을 끊었다. 이 외에도 바이올린 주자 한스 알그림은 1945년 4월, 베를린을 둘러싼 마지막 전투에서 사망했다. 독일의 패전 이후의 혼돈과 무법 상태 속에서, 오보에 주자 빌리 렌츠와 하프 주자 롤프 나우만은 도시 외곽에서 폭도들에게 습격당해 목숨을 잃었다. 트럼펫 주자이자 나치당원이었던 안톤 슐데스는 보도에 따르면 전쟁 마지막 주에 자원하여 군에 입대했다. 그는 1947년에 공식적으로 전쟁 실종자로 선언되었다. 아마도 그는 소련 수용소에서 영원히 사라진 수천 명의 독일군 포로 중 한 명이었을 것이다.

전쟁이 끝나자마자 베를린 필하모닉 오케스트라의 음악가들은 서로에게 연락을 취하려 했다. 전화도, 우편도, 다른 공공 통신 수단도 없는 상황에서, 쇠네베르크, 빌머스도르프, 슈테글리츠에 근처의 단원들이 가장 먼저 모일 수 있었다. 동부 지역에 있거나 베를린을 완전히 떠났던 이들은 며칠, 혹은 몇 주 동안이나 연락이 닿지 않았다. 독일의 항복 직후 며칠 동안 열린 비공식적인 모임들에서, 오케스트라 단원 대다수가 생존했으며, 또한 상당수의 악기와 악보도 건재하다는 사실이 확인되었다. 이 초기 모임이 열린 장소는, 감동적이지만 아마도 의도하지 않았을 상징적 측면을 지닌다. 바로 클라리넷 주자 에른스트 피셔와 그의 유대인 아내 에디트의 빌머스도르프 아파트였는데, 에디트는 나치를 피해 살아남은 인물이었다.

1945년 5월, 당시 베를린 필하모닉 오케스트라가 살아남을 수 있을

지는 확실하지 않았다. 오히려 오케스트라의 미래는 위태로운 상태였다. 베를린의 정치적 권위는 붕괴되었고, 문화 행정 기관은 존재하지 않았다. 오케스트라는 연주 장소도, 법적 지위도, 자금도 없이 방치되어 있었다. 그것은 전쟁으로 큰 충격을 받은, 거의 100명에 달하는 세계적 수준의 음악가들로 이루어진 반백수의 공동체에 불과했으며, 그 이름은 심각하게 더럽혀진 상태였다. 이들은 제국 오케스트라의 단원으로서, 나치 정권을 위한 문화 외교관 역할을 해왔었다. 앙상블이 생존하려면, 오케스트라의 미래 모습, 지도 체계, 구성에 대해 스스로 결정해야 했다.

이 위기의 시기에 베를린 필하모닉 오케스트라의 두 가지 중요한 특성이 발휘되었다. 그것은 공동체 정신과 뛰어난 정치적 수완이었다. 공동체 정신은 앙상블이 스스로를 재조직하고 포기하지 않도록 움직였다. 베를린 필하모닉 오케스트라는 1933년 이전부터 존재해 왔고, 어려운 시기들을 헤쳐 왔으며, 히틀러의 폭정을 넘어 생존해야 했다. 그리고 살아남기 위해서는 스스로 주도권을 잡아야 했다. 독재자의 몰락 이후 소용돌이치는 상황 속에서, 오케스트라는 선전부라는 꼬리표를 떼어내려고 몸부림치고 있었다. 나치와 연관된 모든 것에 대한 혐오의 파도 속에서, 그들 자신의 정체성을 새롭게 규정해야 했다. 해결해야 할 문제는 산적해 있었다. 오케스트라는 어디에서 연주할 것인가? 누가 재정을 책임질 것인가? 누가 연주회를 주관할 것인가? 누가 오케스트라를 지휘할 것인가? 그리고 무엇보다도, 히틀러 이후의 독일에서 베를린 필하모닉 오케스트라는 어떤 역할을 맡게 될 것인가? 이 질문들에 답하기 위해, 오케스트라는 원래의 조직 형태였던 자치 체제로 되돌아가야 했다.

베를린 필하모닉 오케스트라의 완전한 자치는 두 가지 이유로 현실적이지 않았다. 첫째, 1945년 5월 당시 베를린에서는 모든 사업, 모임, 이동이 허가를 받아야 했다. 스스로를 재조직하기 위해 오케스트라는 대표자들과 협력 파트너들의 도움이 필요했다. 둘째, 한때 자율성을 자랑하던 이 오케스트라는 나치 체제에서 그 독립성을 상실했다. 오케스트라 공동체는 여전히 기관의 머리와 몸통을 이루고 있었지만, 유한회사(GmbH)는 더 이상 기초를 이루는 다리가 아니었다. 공공 부문에서 보낸 11년 이후, 베를린 필하모닉 오케스트라는 자신을 새롭게 규정하기 위해서, 그리고 무엇보다도 해체되지 않기 위해서 당국의 도움이 필요했다.

당장의 과제는 오케스트라를 하나의 음악적 단위로 다시 세우는 것이었다. 이 새로운 출발에 결정적인 역할을 한 인물은, 이미 오래전부터 앙상블에 없어서는 안 될 존재였던 두 사람이었다. 지칠 줄 모르는 로렌츠 회버는 음악가들의 대변인이자 조직 책임자로서 다시 한번 주도권을 잡았다. 항복 직후의 며칠과 몇 주 동안은 엄밀한 의미에서의 '지도자'라고 말하기 어려웠지만, 회버는 오케스트라와 수많은 지방·시·지역·군사·점령 당국 사이의 연락을 책임졌다. 그의 첫 번째 성과는 모임 허가와 통행증을 확보한 것이었다. 그 결과 오케스트라 단원들은 자전거를 타고 빌머스도르프 회의에 참석할 수 있게 되었다. 회버는 히틀러 독일의 무조건 항복 후 불과 일주일 만에 이를 성취했다.

오케스트라는 명목상 여전히 제1경영책임자였던 게르하르트 폰 베스터만에게도 도움을 요청했다. 폰 베스터만은 광신적인 나치는 아니었지만 당원이었다는 점은 분명했고, 그의 임명은 괴벨스의 승인으로 이루어진 것이었다. 오케스트라 단원들은 그에게 도움을 요청하고 이를 받아들이는 것이 문제가 있다는 것을 알았지만, 다른 뾰족한 수가 없었다. 사실상 베스터만은 최선의 선택지였다. 단원들은 그의 경영 능력을 높이 평가했으며 무엇보다도 중요한 것은 그의 언어 능력이었다. 1945년 5월 초, 베를린은 소련군이 점령하고 있었고, 라트비아의 리가 출신인 폰 베스터만은 러시아어를 유창하게 구사했다. 이렇게 해서 베를린 필하모닉 오케스트라는 한때 나치가 임명했던 관리자를 활용해 소련 당국과 그들의 언어로 직접 협상할 수 있었다. 오케스트라 단원들의 통행증은 이중 언어로 발급되었다.

실용주의, 정치적 수완, 그리고 언어 능력은 오케스트라가 음악적 지도자를 찾는 과정에서도 중요한 역할을 했다. 정신적 지도자는 여전히 푸르트뱅글러였지만, 그의 운명은 여전히 불투명했다. 그 사이 오케스트라는 가능한 한 빨리 분명한 신호를 보내고자 했다. 이를 위해서는 메시지를 전달할 수 있는 지휘자가 필요했다. 선택이 레오 보르하르트에게 돌아간 것은 우연이 아니었다. 보르하르트는 1933년 1월 3일 하이든, 베토벤, 브람스를 연주한 콘서트를 계기로 오케스트라와 관계를 맺었다. 그는 오랫동안 정기적이고 존경받는 객원지휘자였으나, 1943년 제국음악국에 의해 블랙리스트에 올랐다. 이후 보르하르트는 독일 저항 운동에 가담했다. 에리히 하르트만은 이렇게 전했다. "그는 나치와 전쟁의 광기에 반대하는 전단을 우편함과 공동주택 복도에 넣었다. 신념을 위해 매일 목숨을 걸었다."

보르하르트는 필하모닉을 잘 알고 있었고, 오케스트라 역시 그를 잘 알고 있었으며, 베를린 관객들에게도 익숙한 인물이었다. 정치적 측면에서 그는 나치의 희생자이자 저항 운동의 일원으로서, 오케스트라가 어두운 과거와 단절했다는 도덕적 선언을 상징할 수 있었다. 상트페테르부르크에서 독일인 부모 사이에서 성장한 그는 러시아어를 완벽하게 구사해, 소련 당국과의 관계를 더욱 원활하게 만들었다. 무엇보다도, 전쟁이 끝날 무렵 그는 이미 베를린에 있었다. 나치 정권의 몰락을 앞두고 베를린을 떠났던 푸르트뱅글러, 뵘, 요훔, 카라얀 등 다른 지휘자들과 달리, 그는 코앞에 있었고 오케스트라는 말 그대로 곧바로 재출발할 수 있었다. 보르하르트는 베를린 필하모닉 오케스트라의 부활을 위한 이상적인 후보였다.

공동의 의지, 정치적 수완, 그리고 회버·폰 베스터만·보르하르트의 역량 덕분에, 베를린 필하모닉 오케스트라는 1945년 5월 26일 슈테글리츠의 티타니아 팔라스트에서 전후 첫 연주회를 열 수 있었다. 프로그램에는 멘델스존의 『한여름 밤의 꿈』 서곡, 울리히 그렐링을 협연자로 한 모차르트의 『바이올린 협주곡 A장조』, 그리고 차이콥스키 『교향곡 4번』이 포함되었다. 멘델스존을 선택한 데는 물론 상징적 의미가 있었다. 보도에 따르면, 오케스트라의 트롬본 주자이자 악보 담당자였던 프리드리히 크반테는 언젠가 멘델스존의 음악이 다시 연주될 날을 위해, 악보를 나치의 야만으로부터 구해냈다고 한다. 멘델스존과 보르하르트를 통해 자신들을 드러냄으로써, 베를린 필하모닉 오케스트라는 나치 시대의 반유대주의와 분명히 거리를 두려 했다.

전후 첫 연주회는 그 자체로 하나의 승리였지만, 다시 연주를 시작하는 것은 첫걸음에 불과했다. 파시즘 아래에서 고통을 겪었던 많은 단원들은 보상과 회복의 필요성을 느끼고 있었다. 국가사회주의 체제에 비판적인 입장을 취했던 것으로 보이는 바이올린 주자 에리히 바더는 나치당원들을 오케스트라에서 제거해야 한다고 주장했다. 다른 오케스트라 단원들은 유화적인 태도를 보였는데, 그들 모두가 살얼음 위에 서 있다는 사실을 인식하고 있었기 때문이다. 양측은 베를린 필하모닉 오케스트라의 새로운 노선을 둘러싼 일종의 내전과도 같은 상황 속에서 각각 승리와 패배를 경험했다.

전후에 처음으로 열린 오케스트라 단원들의 첫 회합에서 정확히 무엇이 논의되었는지는 전해지지 않는다. 다만 몇몇 단원들이 오케스트라 재편에 참여하기를 원하지 않았거나, 혹은 배제되었다는 사실은 분명하다. 여기에는 악장 에리히 뢴과 게르하르트 타슈너, 비올라 주자 라인하르트 볼프, 첼로 수석 아르투어 트뢰스터, 그리고 트럼펫 주자 아돌프 셰어바움이 포함되었다. 이러한 이유가 정치적, 개인적, 음악적, 혹은 경력상의 이유였는지는 분명하지 않다. 몇몇 음악가들은 스스로 떠났고, 다른 이들은 집단적 결정에 의해 강요되었을 가능성도 있다. 볼프처럼 나치당원이었거나 또는 트뢰스터처럼 그렇지 않았던 경우도 있었다. 셰어바움은 당원이었겠지만 기량이 떨어졌기 때문에 트럼펫 수석 자리를 유지할 수 없었을 것이다. 어떤 요인이 결정적이었는지는 알 수 없다. 1944년 말부터 특별 계약을 맺고 있었고, 징집 유예 덕분으로 오케스트라에 남아 있었던 타슈너는 솔리스트로서 발벗고 나섰다. 뢴, 트뢰스터, 라인하르트 볼프는 곧 함부르크에서 더 안정적이고 두둑한 연봉의 직위를 받아들였다.

오케스트라의 단원들 사이에서도 격렬한 논쟁이 벌어졌다. 여기에는 시 당국의 공무원들과 연합군 조사관들까지 끼어들었다. 1945년 5월, 바이올린 주자 알프레트 그라우프너, 콘트라바스 주자 아르노 부르크하르트, 비올라 주자 베르너 부흐홀츠, 첼로 주자 볼프람 클레버, 바이올린 주자 한스 보이보트는 나치 활동을 이유로 정직 처분을 받았다. 이러한 조치는 매우 신속하게 이루어졌는데, 단원들이 동료들을 고발했을 것이다. 그라우프너와 부르크하르트는 곧 명예가 회복되었다.

베를린 필하모닉 오케스트라의 법적 지위는 여전히 불분명했다. 회버와 폰 베스터만의 성공적인 노력 덕분에, 베를린 시 행정부는 오케스트라에 재정 지원을 해주기로 했다. 티타니아 팔라스트는 기한을 정하지 않은 채, 임시로 오케스트라에 거처를 마련했다. 첫 연주회를 통해 오케스트라는 과거와 결별하기 시작했고, 1945년 6월 점령군 당국은 오케스트라의 기록을 검토하는 것보다 더 시급한 과제들을 안고 있었다. 그때까지 당국은 베를린 필하모닉을 레오 보르하르트에게 맡겼으며, 그는 오케스트라의 모든 사안을 자신의 재량에 따라 처리할 수 있었다. 이에 따라 보르하르트는 "최종 결정이 내려질 때까지 베를린 필하모닉 오케스트라의 행정을 책임지며, 또한 연주회의 지휘자로 임명된다. 또한 나치 전력의 단원들을 제명할 권한이 주어진다".

보르하르트는 당원 배제 권한을 행사하는 데 있어 놀라울 만큼 관대했다. 부흐홀츠와 클레버 같은 나치당원들은 도덕적으로 신뢰를 잃은 상태였고, 그들의 존재는 오케스트라의 부활을 위태롭게 했다. 이들의 배제가 보르하르트의 결정이었는지, 당국의 지시에 따른 것이었는지, 아니면 오케스트라 공동체의 요구였는지는 분명하지 않다. 결국 그들은 다른 곳에서 일자리를 얻었지만, 베를린 필하모닉 오케스트라에서의 각자의 경력은 그들이 지탱했던 정권과 함께 종말을 맞이했다.

베를린을 점령한 네 개 연합국의 지시로 독일인들은 나치 시대에 행한 각종 활동, 가입 단체, 관계들에 대해 긴 설문지를 작성해야 했다. 이 답변지들은 이후 지역 당국에 의해 검토되었다. 나치 정권의 공공 부문에서 일했기 때문에, 단원들은 연합군 조사관들에게 개별 심문도 추가로 받아야 했다. 소련군이 동부 관할 구역으로 철수한 뒤, 슈테글리츠에 임시 사무실을 두고 있던 베를린 필하모닉 오케스트라는 미국 관할권 아래 놓이게 되었다. 이는 오케스트라 단원들이 최소 두 차례 조사를 받아야 했다는 뜻이었다. 즉, 거주지와 근무지를 기준으로 각각 조사를 받은 것이다. 이 제도는 수많은 불일치를 초래했다.

단원들은 서로가 서로를 위해 증언해야 했다. 예를 들어 제1바이올린 요하네스 바스티안은, 1932년부터 당원이었던 동료 한스 기젤러를 옹호하는 진술을 제출했다. 기젤러가 자신이나 다른 사람들에게 정치적 견해를 강요하려 한 적이 결코 없었다고 증언했다. 바스티안의 진술은 신빙성이 있다고 여겨졌고, 그 결과 기젤러는 찜찜한 전력이 있음에도 필하모닉 오케스트라에 남아 있을 수 있었다.

'좋은' 나치당원과 '나쁜' 나치당원을 구분하는 일은 도덕적으로도, 법적으로도 위험한 문제였다. 알프레트 그라우프너와 아르노 부르크하르트에 대해 에리히 하르트만은 이렇게 썼다.

"이 두 사람은 그 누구에게도 고통을 준 적이 없었다. 그들은 위대한 예술가였고 진정한 동료였다." 이런 방식은 나치당 가입을 끝까지 거부했던 이들의 용기와 도덕적 온전함을 가리는 결과를 낳았다. 도덕적으로 민감한 문제는 개인적 평가가 조율되지 않은 방식으로 이루어졌다는 점 때문에 더욱 복잡해졌다. 각 점령 구역의 조사관들은 서로 다른 견해를 가지고 있었고, 미국·소련·영국·프랑스 관할 구역마다 적용되는 처벌 기준도 일관되지 않았다.

기젤러를 비롯해 프리드리히 크반테와 헤르베르트 토이브너 같은 이들은 나치당원 경력으로 인해 아무런 불이익도 받지 않았다. 반면 트롬본 주자 하인츠-발터 틸레의 경우 엄격한 판단을 받았다. 1933년부터 나치당원이었던 틸레는 미국 당국의 조사를 받고 다음과 같은 판결을 받았다.

"미군 당국의 지시에 따라 귀하에게 통보합니다. 귀하는 미국 관할 구역 내에서 어떠한 문화 활동도 수행할 수 없으며, 이 조치는 즉시 효력을 발합니다. 따라서 베를린 필하모닉 오케스트라와의 소속 관계가 즉시 종료된 것으로 간주해 주시기 바랍니다. 귀하는 베를린 W.15, 슐뤼터슈트라세 45번지에 위치한 독일 심사위원회에 귀하의 사건을 제출하여 조사와 명예회복을 요청할 수 있습니다."

이러한 결정은 각 점령 구역의 당국이 내렸으며, 이후 오케스트라에 전달되어 해당 단원들에게 통보되었다. 베를린 필하모닉 오케스트라의 공식 문서로 작성된 유사한 편지는 최소 아홉 명의 음악가에게 발송되었다. 그라우프너와 부르크하르트와 마찬가지로 하인츠-발터 틸레 역시 직무에서 정직되었지만, 그는 독일 심사위원회에 항소할 권리를 행사했다. 재조사 끝에 틸레는 명예회복 판정을 받았다. 그러나 호른 주자이자 전 나치당원이었던 게오르크 헤틀러의 경우, 당국은 관대하지 않았다. 헤틀러는 열성적인 국가사회주의자는 아니었지만, 나치 정권에서 수행한 가장 중요한 직무는 신임위원회에서의 활동이었다. 이것만으로도 오케스트라에서의 그의 미래를 잃기에는 충분했던 것으로 보인다. 그의 항소가 기각되었을 수도 있고, 아예 제출되지 않았을 수도 있다. 어쨌든 헤틀러는 24년간의 복무 끝에 1945년 12월 말 해임되었다.

각 점령 구역마다 다르게 운영된, 탈나치화 절차가 반드시 해고된 음악가들이 실업 상태로 남았다는 것을 의미하지는 않았다. 그들은 특정 구역에서만 연주 금지 처분을 받았는데, 예를 들어 틸레는 미국 관할 구역에서 연주할 수 없었지만, 도시의 다른 관할 구역에서 일자리를 구할 수 있었다. 실제로 베를린에는 필하모닉 단원급 음악가들에 대한 수요가 충분했다. 비올라 주자 베르너 부흐홀츠는 소련 관할 구역의 슈타츠카펠레에 자리를 잡았고, 필하모닉의 전 대표였던 볼프람 클레버는 결국 영국 관할 구역의 슈타츠카펠레 첼로 주자로 일하게 되었으며, 게오르크 헤틀러는 미국 관할 구역에서 자리를 얻었지만, 필하모닉에 비해 급이 약간 떨어지는 오케스트라(RIAS)에 속하게 되었다.

나치 시기 동안 약 20명의 나치당원 가운데 두 명은 전쟁 중 사망했다. 일곱 명은 1945년과 1946년에 자발적으로 혹은 강제로 오케스트라를 떠났다. 또 다른 세 명은 1945년 연합군 조사관들에 의해 정직 처분을 받았으나 이후 명예를 회복했다. 나머지 인원들은 탈나치화 과정에서 혐의 없음 판정을 받았다. 푸르트뱅글러는 "나치 또는 파시스트 이데올로기의 확산에 책임이 있는 자들 가운데 한 사람"으로 간주되어 책임을 추궁받았다.

베를린 필하모닉 오케스트라는 나치 국가를 위해 수행한 역할이라는 관점에서도 조사를 받게 되었다. 이 조사 과정에서 오케스트라는 또다시 두 명의 단원을 잃었다. 첫 번째는 첼로 주자이자 베를린 필하모닉 단원 친목회의 창립 이사회원이었던 프리드리히 마이어였다. 전쟁이 끝났을 무렵, 마이어는 니더작센주의 슈타인후데에 머물고 있었다. 팀파니 주자 게라시모스 아브게리노스는 다음과 같이 전했다.

"전쟁이 끝나자 다시 베를린으로 돌아가려는 그의 노력은 헛된 것이었다." 마이어는 우선 뮌헨으로 향했다. 베를린으로 떠나기 위한 준비를 모두 마쳤을 무렵, 정치적 분위기는 이미 변해 있었다. 친목회 이사회원으로서 나치 정권과 협력했던 그의 행적은 이제 의심의 대상이 되었다. "어려운 전입 조건들"(아브게리노스)을 인식하게 되자, 마이어는 베를린 필하모닉으로 돌아갈 희망을 포기했다. 결국 뮌헨에 남았고, 그곳에서 옛 친구였던 한스 크나퍼츠부슈가 그를 위해 바이에른 국립 오케스트라의 자리를 마련하는 데 힘썼다.

베를린 필하모닉 오케스트라가 입은 마지막 손실은 아마도 가장 혹독한 것이었을 것이다. 1946년 4월 4일, 미국 당국은 로렌츠 회버를 오케스트라의 비올라 주자이자 '경영 책임자(Geschäftsführer)' 직무에서 정직시켰다. 이는 치명적인 타격이었다. 회버는 이 판결에 항소했지만, 1년여 뒤 영국 당국은 미국 측 동료들의 판단을 그대로 확정했다.

"귀하는 과거 정치 조직에 소속되었던 사실로 인해, 베를린 영국 관할 구역에서 공개 연주에 참여하거나, 공연을 위해 그 어떤 글도 쓰거나 작곡하는 것이 금지되었음을 이로써 통지받습니다. 이에 대해 어떠한 진술을 하고자 할 경우, 베를린 W.15, 슐뤼터슈트라세 45번지에 위치한 문화 종사자 심사위원회로 서류를 작성해 3부 제출하시기 바랍니다."

베를린 필하모닉 오케스트라의 경영자이자 버팀목이며 후원자였던 로렌츠 회버는 나치당원이었던 적이 한 번도 없었다. 그가 속해 있었던 '정치 조직'이란, 나치 시대에 모든 직업 음악가가 의무적으로 가입해야 했던 제국음악국과 베를린 필하모닉 오케스트라였다. 조사를 담당한 장교는 혐의를 다음과 같이 구체화했다. "해당 인물은 베를린 필하모닉 오케스트라 유한회사의 이사였다." 직위와 명예를 박탈당한 로렌츠 회버는 이 판결 후 6개월 만에, 회한 속에서 58세를 일기로 사망했다.

"오케스트라는 하나의 민족과 같다. 각자는 자기 자리에 서서 최선을 다하고, 전체에 자신을 종속시킨다." 이 말은 영화 「필하모니커」의 첫 번째 초안에서 가상의 빌헬름 푸르트뱅글러가 한 발언으로, 선전의 순환논리적 성격에 대한 괴벨스의 고백과도 같다. 자발적이고 공동의 복종을 찬양하는 이 문장은, 나치 시대 동안 베를린 필하모닉 오케스트라가 겪은 전체 경험에도 그대로 적용될 수 있다. 이 인용문은 또한 로렌츠 회버의 비극적 몰락을 초래한 힘들 역시 정확히 포착하고 있다.

회버는 극도로 어려운 시기를 거치며 비범한 헌신으로 베를린 필하모닉 오케스트라를 이끌었다. 개별 음악가들 역시 이 시기를 가능한 한 무사히 통과하려 애썼다. 이들은 독일 사회의 축소판이었으며, 나치가 유럽 전역에 가져올 혼란과 테러, 파괴를 미리 예견하지 못했던 사회의 모습과 다르지 않았다. 그러나 오케스트라와 시민들, 필하모닉 단원들과 독일인 모두는 결국 그들을 완전히 집어삼키고 공포의 길로 몰아넣은 폭력적인 독재 체제에 스스로를 결박했다. 국가사회주의자들은 폭력의 언어를 구사했지만, 베를린 필하모닉 오케스트라의 경험은 히틀러 국가가 끌어들일 수 있었던 변증법적 구조를 드러낸다. 로렌츠 회버는 유능한 지도자였다는 이유로—매력적이면서도 단호하고, 오케스트라의 성공을 보장하기 위해 나치와 협력할 준비가 되어 있었기 때문에—혹독한 대가를 치렀다.

그러나 회버의 지도 아래 베를린 필하모닉 오케스트라가 겪은 변화는 향후 오케스트라가 서 있게 된 토대를 마련했다. 회버는 1933년부터 1934년 사이에 오케스트라를 사적인 공동체에서 공적 영역의 기관으로 이끌었다. 공동 유한회사가 완전히 해체되었음에도 회버는 전체주의 아래에서도 자치 조직이라는 성격이 오케스트라의 근본적 특징으로 남도록 보장했다. 오늘날까지도 베를린 필하모닉 오케스트라의 지도부에 대한 최종 결정권은 음악가들 자신에게 있다.

회버가 오케스트라의 지도자로서 그가 남긴 마지막 행위 중 하나는 1945년에 베를린 시로 하여금 오케스트라의 가장 중요한 재정 보증을 서게 한 일이었다. 이 법적·재정적 결속은 2002년 베를린 필하모닉 재단(Stiftung Berliner Philharmoniker)이 설립될 때까지 유지되었다.

1934년 나치 국가가 오케스트라를 장악했을 때 회버는 단원 및 총책임자로 재직 중이었다. 여러 이유로 관리 구조 재편이 필요했지만, 전문성과 능력 덕분으로 그는 살아남았다. 필하모닉이 제국의 오케스트라로 활동하는 동안에도 음악가들의 목소리를 대변했다. 회버가 혼자 관리했던 업무는 후임자가 두 명이 되어야만 감당할 수 있었다. 그 결과 총감독(Intendant)과 상무이사(Kaufmännischer Direktor)라는 직위가 만들어졌다. 나치 시대에 신설된 이 두 직위는 오늘날까지 오케스트라에 확고히 자리 잡고 있으며, 오케스트라 이사회는 이들과 동등한 지위를 갖고 있다.

오케스트라 이사회 의장으로서 회버는 경영진, 정부, 언론, 그리고 대중을 상대로 오케스트라 공동체를 대표했다. 나치는 신임위원회를 설립했다. 전후에는 이사회가 다시 오케스트라 공동체의 공식 대변인 역할을 맡게 되었고, 한때 나치당원들로 가득 찼던 신임위원회는 이른바 '5인 위원회(Fünferrat)'로 개편되었다. 이 위원회는 이전에 이사회가 담당했던 많은 내부 사안을 넘겨받았다. 이 기구는 오늘날까지도 오케스트라 공동체에서 중요한 중재 기관으로 존재하고 있다.

나치 통치 기간 내내 회버는 베를린 필하모닉 오케스트라의 독립성이라는 전통을 포기할 의사가 전혀 없었다. 베를린 필하모닉 단원 친목회의 설립과 발전에서 회버를 빼놓을 수는 없을 것이다. 나치 정권은 오랜 망설임 끝에 이 단체의 설립을 승인했지만, 이 친목회는 괴벨스의 의도를 넘어 살아남았다. 이후 '필하모닉 공동체(Philharmonische Gemeinschaft)'로 이름이 바뀌었고 1937년 이래 중단 없이 사회적 활동에 전념해 오고 있다.

베를린 필하모닉 오케스트라는 나치 시기의 변화, 타협, 규제를 단순히 다시 폐기하는 대신, 하나의 유기체처럼 전후 구조 속에 통합했다. 이러한 이유로 로렌츠 회버의 유산뿐만 아니라, 국가사회주의 아래에서의 12년에 걸친 방황 전체가 오케스트라의 현재, 미래와 불가분의 관계를 맺고 있다.

1945년 8월 23일, 레오 보르하르트는 베를린의 영국-미국 공동 검문소에서 한 미국 병사의 오인사격으로 죽음을 맞이했다. 바이올린 주자 헤르만 베트만은 33세의 루마니아 출신 지휘자 세르주 첼리비다케를 보르하르트의 후임으로 추천했다. 보르하르트와 달리 첼리비다케는 오케스트라와 인연을 갖고 있지 않았다. 그러나 앙상블은 다시 자리를 잡았고, 시 및 군 당국에 허가를 내줄 것을 강력히 요구했다.

첼리비다케는 오케스트라의 새 출발을 위한 새로운 얼굴이었다. 감독 당국은 동의할 수밖에 없었다. 그가 독일 출신이 아니라는 점은 오히려 장점이었다. 호기심과 우려가 동시에 존재했지만, 음악가들은 첼리비다케 같은 인물만이 오케스트라를 전진시키는 동시에 푸르트뱅글러의 귀환을 위한 공간을 남겨둘 수 있다는 것을 알고 있었다. 그것은 위험하고 어느 정도는 혁명적인 선택이었지만, 첼리비다케는 오케스트라가 나치라는 과거와 완전히 결별하는 데 필요한 완성을 상징했고, 동시에 미래로 향하는 길이었다.

1945년 12월 1일, 첼리비다케는 미국 당국에 의해 베를린 필하모닉 오케스트라의 '운영책임자(Lizenzträger)'로 임명되었다. 그는 직함에 걸맞게 음악적 면만이 아니라, 오케스트라의 모든 사안에 대한 책임을 부여받았다. 첼리비다케는 오케스트라가 이전의 관행에서 벗어나도록 이끌 임무를 맡았다. 그의 지도 아래 프리드리히 마이어와 로렌츠 회버 같은 인물이 해임되었다. 말러와 쇼스타코비치를 비롯한 여러 작곡가들의 작품이 다시 레퍼토리에 포함되었고, 브루노 발터와 오토 클렘페러도 조심스럽게 복귀했다. 베를린 필하모닉 오케스트라는 순회공연을 떠났는데, 그 목적지는 마드리드, 파리, 부쿠레슈티, 스톡홀름이 아니라 포츠담, 라이프치히, 뤼베케, 뷘데였다. 그것은 분명히 새로운 시대의 시작이었다.

1946년 12월, 푸르트뱅글러는 탈나치화 절차를 성공적으로 통과해서 베를린에서 다시 지휘할 수 있게 되었다. 이 판결로 베를린 필하모닉의 음악적, 정신적 지도자는 혐의에서 벗어났다. 공교롭게도 그 직후인 1947년 1월 1일부터는 세르주 첼리비다케와 더불어 바이올린 주자 리하르트 볼프와 첼로 주자 에른스트 푸어가 오케스트라의 공동 '책임자'로 임명되었다. 이는 특히 중요한 사건이었다. 미군 당국이 베를린 필하모닉의 집단적 명예를 회복시켜 주었기 때문이다. 베를린 필하모닉은 이제 자신의 운명을 공동으로 결정할 수 있을 만큼 충분히 성숙했음을 입증한 것이다.

1947년 5월 25일, 전쟁 후 보르하르트 지휘 아래 첫 연주회를 가진 지 거의 정확히 2년 만에, 빌헬름 푸르트뱅글러는 베를린 필하모닉 오케스트라의 지휘대에 복귀했다. 그것은 감동적인 사건이었음이 틀림없다. 지휘자와 오케스트라는 아름다운 기억과 고통스러운 기억을 모두 공유하고 있었다. 그러나 지휘자도, 오케스트라도, 세계도 변해 있었다. 푸르트뱅글러가 자신의 과거를 성공적으로 변호하는 동안, 오케스트라는 이미 새로운 길을 걸어왔다. 푸르트뱅글러는 더 이상 주도권을 쥐고 있지 않았다. 첼리비다케는 오케스트라의 전폭적인 동의는 얻지 못했지만, 미국 당국의 신뢰를 받고 있었다. 푸르트뱅글러 시대의 연주자들 중 상당수는 더 이상 남아 있지 않았고, 오케스트라의 예술적 관점도 변화하고 있었다. 게다가 필하모닉 단원들은 중요한 교훈을 얻었다. 그들의 가장 큰 자산은 공동의 힘이라는 사실이었다. 두 해에 걸친 격동의 시기 동안 오케스트라는 푸르트뱅글러 없이도 살아남았고, 1930년대 초와 마찬가지로 위험한 도전들을 극복해 냈다. 단원들은 이제 다른 길을 가기로 결심하고 있었다.

교훈이라는 말 대신, 베를린 필하모닉 오케스트라는 어쩌면 자신들이 본래 어떤 존재였는지를 다시 기억해 냈다고 말하는 편이 나을지도 모른다. 즉, 반란 속에서 태어난 독립적인 오케스트라 공동체라는 정체성이다. 연로한 지휘자의 복귀 이후 푸르트뱅글러와 첼리비다케 사이의 권력 투쟁은 사실상 피할 수 없었지만, 언제나 그렇듯 오케스트라는 먼저 자신들의 이익을 돌보았다. 푸르트뱅글러는 사랑받았지만 씁쓸한 뒷맛을 남긴 과거를 상징했고, 첼리비다케는 당시의 영감 어린 선택이었으나 오케스트라의 미래를 대표하지는 못했다. 전후 오케스트라의 재조직은 1954년에 완성되었는데, 이때 오케스트라는 푸르트뱅글러 사후 "베를린 필하모닉 오케스트라의 전통을 이어갈 수 있는 예술적 인격체"로 자임하는 인물을 선택했다. 괴링의 총애를 받았고, 푸르트뱅글러의 숙적이자 반(反) 첼리비다케파였던 헤르베르트 폰 카라얀이다.

독일 오케스트라의 나치 과거와 연결된 세력들이 특히 이 결정을 공동으로 유도하려 했다. 많은 압력에도 불구하고, 오케스트라는 다시 한 번 도덕적으로는 의심스럽지만 정치적·경제적·음악적으로는 영리한 선택에 자신을 묶었다. 제국 오케스트라라는 실패한 실험의 반복이었을까? 아니다. 1954년의 베를린 필하모닉 오케스트라는 약자의 위치에서 행동한 것이 아니었다. 괴벨스의 '독일 예술의 전령'이라는 폐허 위에 세워진 전후 오케스트라는 과거를 포괄하면서도 숨 막힐 정도의 속도와 정교함으로 개혁을 단행해 독보적인 명성을 유지하는 데 성공했다. 동시에 기관으로서의 원숙함을 발휘하여, 심지어 나치당에 두 차례 가입했던 인물을 수석지휘자로 선출하고도 아무런 손상을 입지 않을 수 있었다.

1955년 베를린 필하모닉 오케스트라가 첫 북미 순회공연을 떠났을 때, 10년 전의 사건이 잊히는 것을 용납할 수 없다는 시위대의 격렬한 항의가 일어났다. 그러나 그 항의는 전쟁 시기처럼 오케스트라 자체를 겨냥한 것이 아니었다. 당시 필하모닉은 점점 더, 인간을 경멸하는 히틀러 정권의 도구로 간주되었고, '공수부대의 선봉대'라는 별명까지 얻었다. 1955년의 시위 대상은 과거 나치당원이었던 헤르베르트 폰 카라얀과 1952년에 그가 그토록 원하던 총감독 직함을 얻은 게르하르트 폰 베스터만이었다. 결국 오케스트라는 '천년 제국'의 과거로부터 상당 부분 자유로운 공적 이미지를 만들어내는 데 성공했다. 기지, 결속, 그리고 원대한 시야를 통해 '베를린 사람들'은 다시 한번 위대한 예술적 전통에 연결되었고, '베를린 필하모닉 오케스트라 유한회사'의 중요한 음악적 유산을 이어갈 수 있었다.